ROWOHLT
BERLIN

Jochen von Lang

Erich Mielke

Eine deutsche Karriere

Unter Mitarbeit von
Claus Sibyll

Rowohlt · Berlin

Umschlaggestaltung: Walter Hellmann
Foto: Harald Schmitt/Stern

1. Auflage April 1991

Fotohinweise finden sich auf S. 303
Satz Century Schoolbook (Linotronic 500)
Gesamtherstellung Clausen & Bosse, Leck
Printed in Germany
ISBN 3 87134 014 6

Inhalt

Vorwort

Der Armeegeneral Erich Mielke hat nie eine Schlacht geschlagen noch je eine Division ins Gefecht geführt. Dennoch verloren durch ihn und seine Heerscharen viele Menschen ihr Leben; er verbreitete Furcht, wo er auftrat. Seinem Befehl gehorchten Büro-Generale in Kompaniestärke, eine Brigade Schreibtisch-Offiziere und ein nach Hunderttausenden zählendes Fußvolk von Informanten, inoffiziellen Mitarbeitern, Zuträgern und Spitzeln. Von ihm ist keine Heldentat bekannt; dennoch zierten seine Brust ungezählte Orden. Die meisten hatte er sich im Kampf gegen Deutsche verdient, die er mit Drohungen und Terror in eine Gesellschaftsordnung zwängte, die er und seine Genossen «Sozialismus» nannten. Doch er kapitulierte, als unbewaffnete Massen gegen ihn und gegen den Staat demonstrierten, den zu schützen seine Aufgabe gewesen war.

Als er von den Genossen gezwungen wurde, sein Büro als Minister für Staatssicherheit und auch seinen Sitz im Politbüro zu räumen, war er 82 Jahre alt. Für das Ministeramt hatte er sich mit der Beteiligung an einem Mord im Auftrag der Kommunistischen Partei Deutschlands empfohlen, als er und sein Mittäter Erich Ziemer 1931 dabei waren, als zwei Offiziere der preußischen Polizei auf dem Berliner Bülowplatz hinterrücks erschossen wurden. Zwei Morde also, und mindestens einen soll der damals 23jährige kaufmännische Angestellte Erich Mielke verübt haben. Mit hinreichender Sicherheit wurde das in einem Strafprozeß 1934 festgestellt, in dem eine Anzahl Mitverantwortlicher verurteilt wurden. Die Schützen selbst blieben straffrei, weil ihnen mit Hilfe der Partei gleich nach der Tat die Flucht in die Sowjetunion gelang. Nach dem Zweiten Weltkrieg nutzte der heimgekehrte Mielke selbst noch diesen Prozeß für seine Karriere, indem er log, er sei damals zum Tode verurteilt worden. Jochen von Lang hat die lange Zeit unauffindbaren Aktenbände dieses Prozesses studiert. Er fand Dokumente über den Aufenthalt Mielkes in der Sowjetunion.

Über das Gastspiel im Spanischen Bürgerkrieg schwieg sich Mielke aus; er wirkte dort nicht im Auftrag der deutschen Partei, sondern als Gehilfe der sowjetischen Geheimpolizei. Darüber wußten Genossen Bescheid, die in der Internationalen Brigade gekämpft hatten. Dies muß ihm lästig gewesen sein; denn wer immer von den Spanienkämpfern in der DDR zu Einfluß gelangte, wurde von Mielke aus dem Amt gedrängt oder gar ins Gefängnis geworfen. Nach den Lehrjahren in der Moskauer Geheimpolizei und den Gesellenjahren in Spanien war Mielke der Anspruch auf das Amt des Staatspolizisten kaum abzuschlagen. Er versorgte Walter Ulbricht und Erich Honecker mit fast allen Erkenntnissen seines Ministeriums. Wie weit er ihnen auch treu war, zeigte sich erst, als er half, erst den einen, dann den anderen zu stürzen.

Jochen von Lang hat vor Jahren eine Biographie Martin Bormanns geschrieben, eines ehrgeizigen Aufsteigers, der es mit List und Brutalität schließlich zum Sekretär des Führers brachte. Auch er gewann mit einem Mord die Eintrittskarte in die Spitzengruppe seiner Partei. Auch er zog jahrelang im Hintergrund des Geschehens die Fäden, und auch er forderte unentwegt einen harten Kurs gegen alle, die der Partei im Wege standen. Beide mußten ihren Aufstieg ganz unten beginnen:

Mielke kam aus einer Proletarierfamilie und aus einem Berliner Stadtteil, wo die Hauptstadt am proletarischsten war; Bormann war der Sohn eines ehemaligen Militärmusikers, der mit seiner Kapelle durch die Lande tingelte. Beide schlossen sich schon in jungen Jahren den politischen Kreisen an, in deren Sog sie dann groß wurden.

Als Jochen von Lang seinerzeit die Karriere Martin Bormanns nachzeichnete, beginnend bei dessen Freikorpszeit und dem damit verbundenen Fememord und endend mit dem tödlichen Biß auf eine Blausäurekapsel auf einer Berliner Straßenbrücke, entdeckte er in Hitlers grauer Eminenz die Inkarnation des Nationalsozialismus. Das Pendant fand er in Erich Mielke. Vergleiche hinken fast immer; auch wenn sich die Stasi nicht in der Grausamkeit mit der Gestapo vergleichen läßt, so werden doch in den Methoden verwandte Züge sichtbar. Der für Mielke stimmige Untertitel «Eine deutsche Karriere» hätte für die Biographie Martin Bormanns genauso gepaßt.

Jochen von Lang ist gewiß nicht der erste, der auf diese Gleichartigkeit hinweist. Er kann sich auf einen weltweit verehrten Zeugen berufen: Thomas Mann, der 1949 im Goethejahr sowohl Frankfurt am Main, die Geburtsstadt, wie auch Weimar als Stätte des Wirkens besuchte. Er wurde damals von Walter Ulbricht und dessen Gefolgschaft mit organisiertem Enthusiasmus empfangen. Weil er den aufgezwungenen Jubel erkannte, nannte er die gerade im Entstehen begriffene DDR einen «autoritären Volksstaat». Auf einem Bankett, das man ihm zu Ehren in Weimar gab, sagte er: «Ich bin fremd dem totalitären Staat, seiner Jakobiner-Tugend, seinen Geheimpolizei-Methoden, seinem humorlosen Optimismus, seiner Verpönung bourgeoiser Verfeinerungen und all dessen, was er dekadent, volksfremd und formalistisch nennt.» Mancher Zuhörer mag diese Worte als eine allzu sanft ausgefallene Verurteilung des untergegangenen NS-Staates gedeutet haben, doch tatsächlich distanzierte sich damit der höfliche Gast von den Gastgebern. Ihn irritierte die stürmische Begeisterung vom Straßenrand; er fand, «daß die äußeren Formen der Volksdemokratie eine fatale Ähnlichkeit aufweisen mit der Regie des Hitlerstaates».

Ein Erich Mielke hatte für subtile Empfindungen dieser Art kaum Verständnis. Er wußte auch – wie Martin Bormann –, daß er nicht das Zeug hatte zum ersten Mann im Staat, aber gedeckt vom jeweiligen Parteichef waren sie dennoch dominant, am meisten in der Schlußphase von NSDAP und SED. Diese Parallele war es dann auch gewesen, die Jochen von Lang veranlaßte, schon vor Beginn der eigentlichen Krise der DDR den Spuren des Ministers Mielke nachzugehen.

Claus Sibyll *Hamburg, im Februar 1991*

Der Mord am Bülowplatz

Erich, der Sohn des Stellmachers Emil Miehlke, wurde am 28. Dezember 1907 in einer für jene Zeit typischen Arbeiterwohnung des Berliner Nordens geboren, in einer Mietskaserne, als ältester von insgesamt vier Geschwistern. Die Mutter starb kurz nach der letzten Geburt. Der Vater heiratete bald darauf zum zweiten Mal; er war aus Westpreußen, aus der Gegend um die Stadt Thorn, in die verlockende Hauptstadt des Kaiserreiches gekommen, um dort sein Glück zu finden. Er fand es nicht: Er blieb ein Tagelöhner, der mit seiner Familie von der Hand in den Mund lebte. Nur die Schreibweise seines Namens veränderte sich mit der Zeit: Irgendeine Behörde strich das überflüssige Dehnungs-h. Dagegen hat er nie protestiert, vielleicht weil ihm das Schreiben – wie er einem Polizisten gestand – ohnehin nicht lag.

Als der Sohn Erich nach 1932 Gegenstand polizeilicher Ermittlungen wurde, behauptete seine Stiefmutter Luise Mielke, um Politik habe sich in der Familie eigentlich niemand gekümmert. Das war eine Lüge, aber sie war entschuldbar, denn der Fragende im Frühjahr 1933 war ein Beamter der Berliner Kripo, deren Dienstherr neuerdings Hermann Göring hieß.

Nur einmal – so gab Mutter Mielke dem Kripo-Vernehmer 1933 zu Protokoll – sei Erich politisch straffällig geworden, als er an einer verbotenen Demonstration teilgenommen habe und dafür mit 20 Mark bestraft worden sei. Unerwähnt ließ sie, daß auch Vater Mielke schon einmal wochenlang im Gefängnis gesessen hatte, weil er eine politische Meinungsverschiedenheit mit einem stehenden Messer hatte austragen wollen, und sie erinnerte sich auch nicht daran, daß er bei Straßenkämpfen im Wedding 1929 nach Kräften mitgemischt hatte. Wann immer der Vater wegen solchen Eifers in Haft geraten war, hatte die ihres Ernährers beraubte Familie den Beistand der «Roten Hilfe», einer KPD-Hilfsorganisation, gern in Anspruch genommen. Ihre eigene zeitweise Mitgliedschaft in der KPD verschwieg Luise Mielke ebenso wie die des jüngeren Sohnes Heinz, der 1931 in die KPD eingetreten war, und auch die Mitarbeit beider Töchter im kommunistischen Propagandaapparat.

Als der Sohn Erich zwölf Jahre später im Frühsommer 1945 für die Bürokraten der sowjetischen Besatzungsmacht und der sich neu installierenden Kommunistischen Partei einen Fragebogen ausfüllen mußte, ließ er über seine ganze Familie die Gnadensonne früher antifaschistischer und proletarischer Gesinnung leuchten. Selbst einen in einem Sowjet-Kolchos («leider unbekannt, wo») arbeitenden Vetter Kurt Mielke erwähnte er, ebenso die Ehe seiner Schwester Hertha, die einen Juden geheiratet habe und diesem in die Emigration nach London gefolgt sei. Er selbst – meldete er – sei mit 14 Jahren in den Kommunistischen Jugendverband Deutschlands und 19jährig in die KPD eingetreten, sei in der Jugend des Rotfrontkämpferbundes marschiert und habe anschließend dieser Organisation als Schriftführer und Kulturobmann gedient. Die Partei vertraute ihm das Amt eines Politischen Instrukteurs für die Belegschaft eines großen Metallbetriebes an, ließ ihn das Blättchen einer Straßenzelle redigieren, als er noch Lehrling war, und als Mitglied des «Parteiselbstschutzes», einer paramilitärischen Organisation zum Schutz kommunistischer Demonstrationen und Versammlungen, mußte er sich mit den politischen Gegnern herumschlagen.

Unberichtigt hingegen ließ er die Angabe seiner Mutter, Erich sei als Kind seiner auffallend hohen Intelligenz wegen von der Volksschule auf eine Freistelle an ein Gymnasium versetzt worden, habe aber dann nach dem Einjährigen-Zeugnis ins Berufsleben abgehen müssen, weil die Familie die Fahrtkosten und das Geld für Bücher nicht habe aufbringen können. In Wahrheit war er am 19. Februar 1924, also vor dem abschließenden Frühjahrszeugnis, von der Schule gegangen, «auf eigenen Wunsch... da er den hohen Anforderungen der Schule nicht in allen Fächern genügte». So zu lesen in der vom Oberstudiendirektor unterschriebenen Bescheinigung.

Der Schüler Erich Mielke – so heißt es darin – habe gewünscht, «ins praktische Leben zu treten». Er wurde Lehrling bei der Internationalen Spedition Adolf Koch in Berlin, mit der Aussicht, in drei Jahren zum Expedienten, also zum Transportkaufmann, ausgebildet zu werden. Sein abschließendes Zeugnis im Frühjahr 1927 bescheinigte ihm gute Kenntnisse im Expeditionsfach, eine leichte Auffassungsgabe, Fleiß, Interesse an der Arbeit und eine einwandfreie Führung. Vom Chef gut empfohlen, konnte er gleich am nächsten Tag in einem Betrieb der gleichen Branche beginnen. Ein zum Siemens-Konzern gehörendes Unternehmen beschäftigte ihn anschließend zweieinhalb Jahre lang als kaufmännischen Angestellten, bis er «wegen Umorganisation» zum Oktoberende 1930 in die Arbeitslosigkeit entlassen wurde. Beim Arbeitsamt Berlin-Nord holte er sich seine «Stempelkarte», die ihm auferlegte, jeden Dienstag nachzufragen, ob nicht eine Stelle für ihn frei sei, und die ihn anwies, jeweils am Mittwoch seine Unterstützung abzuholen. Sie dürfte für einen Unverheirateten, der bei seinen Eltern wohnen konnte, kaum mehr als zehn Mark die Woche betragen haben.

Diese kärgliche Existenz war gewiß nicht geeignet, den jungen Mann mit der Republik zu versöhnen, doch so wie ihn traf es in jener Zeit Millionen Deutsche, die ihre Tage damit zubringen mußten, vor den Schaltern ihres Arbeitsamtes Schlange zu stehen. Angesichts dieser sozialen Not in den abstandslos aneinandergereihten Mietskasernen mit den Durchlässen zu Hinterhäusern und Hinterhöfen bedurfte es nur eines Funkens, um aus Unzufriedenheit und Empörung das Feuer klassenkämpferischer Gewalt auflodern zu lassen.

Am 1. Mai 1929 hatte der Berliner Polizeipräsident Karl Zörgiebel kommunistische Demonstrationen eben deshalb verboten, weil er militante Ausschreitungen befürchtete. Die KPD hatte trotzdem zum Aufmarsch aufgerufen, und in den folgenden zweitägigen Barrikadenkämpfen hatten 31 Zivilisten im Wedding und im Stadtviertel Neukölln das Leben eingebüßt. Ein paar Tage später war dann der Rotfrontkämpferbund RFB verboten worden. Seitdem marschierten die roten Kämpfer nicht mehr in den Uniformen aus grauem Segeltuch, gegürtet mit Lederkoppel und Schulterriemen, auf, doch ihre Schalmeienkapellen waren immer noch zu sehen und zu hören.

Seit dem 1. November 1930 hatte der arbeitslos gewordene Erich Mielke viel freie Zeit. Die Familie in der Stettiner Straße beanspruchte ihn kaum; also widmete er sich der Parteiarbeit. Zusätzlich verdiente er ein paar Mark als «Arbeiterkorrespondent» mit Beiträgen für «Die Rote Fahne», dem Zentralorgan der Partei. Dessen zeitweiliger Chefredakteur Alexander Abusch (nach dem Zweiten Weltkrieg in führenden Positionen der DDR) fand Gefallen an dem jungen Talent. «Ich lernte in ihm einen Arbeiterjungen vom Wedding mit echtem Berliner Witz und erstaunlicher Bildung kennen», schrieb er viele Jahre später in seinen Memoiren. Mehr als je zuvor trieb Mielke jetzt Sport im Arbeitersportverein «Fichte»; er wurde zum geschätzten Mitglied in der ersten Mannschaft für Feldhandball. Durch seinen Spielerpaß war er auch für die Faust- und für die Schlagballmannschaft zugelassen. Trotzdem hatte er, wie schon in der Schule, keine Freunde, nur Bekanntschaften. Seine Mutter sagte der Polizei, er habe nie einen Schulkameraden in die elterliche Wohnung mitgebracht; offenbar schämte er sich damals wie später des proletarischen Milieus. So blieb er auch unter den Genossen ein verschlossener Einzelgänger, der zwar für die Partei alles gab, aber dessen Genossen-Du abständlicher wirkte als das bürgerliche Sie.

Wer – wie Erich Mielke – eine Parteikarriere anstrebte, mußte Vorsicht und Umsicht walten lassen, bei welcher Gruppe in der Partei er Anschluß suchte. Die KPD krankte seit Jahren an inneren Auseinandersetzungen, in denen sich die Gruppen nicht nur diskutierend um den marxistisch richtigen Kurs stritten, sondern Ketzer mit Degradierung, wenn nicht gar mit dem Ausschluß aus der Partei bestraft wurden. Wollte jemand in der Partei reüssieren, dann war es falsch, sich vorzeitig einer Gruppe anzuschließen oder auch nur zu früh die eigene Meinung laut werden zu lassen. So oder so driftete der Parteigänger Mielke jedoch gerade in jenen Tagen auf eine Fraktion zu, die am Ende den Machtkampf innerhalb der KPD verlieren sollte.

Noch zwei Jahrzehnte später, nach dem Krieg, bekannte er in einem für die Parteiführung geschriebenen Lebenslauf, daß er in jungen Jahren – nach Diskussionen mit «Abweichlern» wie Ruth Fischer und mit ultralinken Trotzkisten – «erst unter Führung des Genossen Thälmann... richtig politisch bewußt geworden» sei, und daß er «von dem Moment an, wo Genosse Thälmann Vorsitzender des ZK» (Zentralkomitees der KPD) «wurde..., diese Linie vertreten» habe.

In diese Jugendsünden, von denen er sich durch Selbstkritik freizubeichten versuchte, war er geschliddert, als er sich nach dem Verbot des RFB für den sogenannten Parteiselbstschutz anwerben ließ. Eine solche Gruppierung hatte es in der KPD schon früher gegeben. Sie firmierte anfangs als Ordnungsdienst, dessen Mitglieder bei Aufmärschen und Versammlungen für Disziplin in den eigenen Reihen sorgten und zum Rausschmiß störender Gegner eingesetzt wurden. Nun aber wurden diese Gruppen neu und gestrafft aufgezogen bei verengter Auswahl der Mitglieder und erweiterten Aufgaben. Die Initiatoren waren Kreise, die bis 1925 in der KPD führend gewesen waren, als noch die Intellektuelle Ruth Fischer an der Spitze stand, die aber inzwischen Amt und Macht an den Bilderbuchproletarier Ernst Thälmann hatte abgeben müssen. Ihre Anhänger, die sie einst an die Schaltstellen des Parteiapparats gesetzt hatte, wurden nun von der Thälmann-Gefolgschaft langsam, aber sicher an den Rand gedrängt. Zur Fraktion der Verlierer zählten auch der Reichstagsabgeordnete Hans Kippenberger und der Schriftsteller Heinz Neumann. Sie gedachten nun, das Verbot des Roten Frontkämpferbundes (Bundesführer Ernst Thälmann) zu nutzen, um die führerlos gewordenen und aktivsten Klassenkämpfer in einer eigenen Gruppe zusammenzufassen, scheinbar als Nachfolgeorganisation des Ordnungsdienstes, in Wahrheit war es aber eine zunehmend konspirativ operierende Bürgerkriegstruppe, «Kader für die Revolution».

Weder Kippenberger noch Neumann stammten aus proletarischem Elternhaus. Der 33jährige Kippenberger war kriegsfreiwillig ins königlich-preußische Heer gegangen, Oberleutnant geworden, hatte Orden erstritten und nach seiner Entlassung begonnen, an der Hamburger Universität zu studieren. Bald war er Führer einer linken Studentenschar geworden, und als im Oktober 1923 die kommunistischen Arbeiter der Hafenstadt gegen die Weimarer Republik aufstanden, waren auch Kippenberger und seine Akademiker dabei.

Der Aufstand war nach wenigen Tagen blutig niedergeschlagen worden. Kippenberger war als Verwundeter zunächst einmal verschwunden, und weil er wegen Hochverrats vom Staatsanwalt gesucht wurde, war er schließlich nach Moskau entflohen. Nachdem er dort an einem Militärlehrgang der Kommunistischen Internationale teilgenommen hatte und durch eine Amnestie im Reich außer Verfolgung gesetzt worden war, hatten ihn Ruth Fischer und ihre Parteigenossen als Militärberater und Spezialisten für Bürgerkrieg in den Funktionärskader eingesetzt.

Der drei Jahre jüngere Heinz Neumann war für den Krieg noch nicht alt genug gewesen, war aber schon als Schüler politisch hervorgetreten. Nach der Revolution von 1918 beteiligte er sich an den kommunistischen Aufständen in Mitteldeutschland, Sachsen und im Ruhrgebiet. Er bezeichnete sich als Schriftsteller, aber keine Literaturgeschichte hat je ein Werk des Heinz Neumann vermerkt. Kippenberger und Neumann waren Berufsrevolutionäre.

Der von diesen beiden aufgezogene Parteiselbstschutz war straff, nach ziemlich strengen Regeln organisiert. Das einzelne Mitglied durfte nur wenige Genossen kennen, und nur der Führer der kleinen Gruppe kannte einen Vorgesetzten, der seinerseits wieder nur wenige Gruppenführer kennen sollte. Von den Genossen hatten möglichst nur die Vornamen oder Spitznamen bekannt zu sein. Über Aufträge oder Aktionen sollten sie untereinander nicht reden. Begegneten sie sich zufällig, so durften sie einander zunächst nicht kennen. In den Hinterzimmern der Parteistammkneipen erhielten die Parteischützer Unterricht in Waffenkunde, geschossen wurde zur Übung im einsamen Wald. Dort wurde nachts auch die Benutzung eines Kompasses und der Umgang mit Sprengstoff gelehrt.

Der Feind stand rechts, die Nazis, die Stahlhelmer, auch die Reichswehr und in Berlin und fast überall in Preußen die Polizei, die mehr verteufelt und gehaßt wurde als alle anderen. Sie war den aufrührerischen Klassenkämpfern verhaßt, weil sie durchsetzte, was «reaktionäre» Präsidenten und Minister anordneten. Freilich waren dies in Preußen fast ausschließlich Sozialdemokraten, von Kommunisten als «Sozialfaschisten» bekämpft, angefangen vom preußischen Ministerpräsidenten Otto Braun über den preußischen Innenminister Carl Severing bis zum Berliner Polizeipräsidenten Zörgiebel. Die Rechtsradikalen waren zwar politische Rivalen, aber bislang besaßen sie weder Ämter noch eine systematisch begründete Ideologie. War erst einmal der Staat kommunistisch, würde es ein Kinderspiel sein, mit den Nazis fertig zu werden.

Momentan waren sie sogar brauchbar als Verbündete, um die Sozialdemokraten in Preußen aus den Ministersesseln zu kippen. Der monarchistische «Stahlhelm, Bund der Frontsoldaten» hatte es geschafft, daß die Wahlberechtigten des Landes Preußen mit dem Stimmzettel entscheiden durften, ob der amtierende Landtag aufgelöst und ein neuer gewählt werden sollte. Vorauszusehen war, daß steigende Not die Wähler in die Arme der radikalen Parteien treiben würde. Profitieren würden die Deutschnationalen und die Nationalsozialisten, aber gewiß nicht minder die Kommunisten. Diese Parteien forderten deshalb ihre Anhänger auf, am 9. August 1932 die Landtagsabgeordneten mit einem «Volksentscheid» nach Hause zu schicken. Der nach seiner Auflösung neu zu wählende Landtag, spekulierten sie, würde mit Sicherheit der sozialdemokratisch ausgerichteten derzeitigen Landesregierung des Ministerpräsidenten Otto Braun und des Innenministers Carl Severing die Basis entziehen. Würde sie zurücktreten, mußte über kurz oder lang auch der mit einer Minderheitsregierung amtierende Reichskanzler Heinrich Brüning vom Zentrum seinen Platz räumen, denn er konnte sich schon jetzt in seinem Amt nur noch halten, weil ihn die

SPD mit ihren Abgeordneten im Reichstag tolerierte. Wer immer dann die Macht in Deutschland übernehmen würde, konnte zunächst dahingestellt bleiben, die Braunen oder die Roten – darauf spekulierten beide extremistische Parteien.

In Berlin verliefen die politischen Auseinandersetzungen stürmisch. Die in Preußen und im Reich regierenden Parteien von den Sozialdemokraten bis zu den halbrechten Bürgerlichen forderten ihre Anhänger auf, radikalen Sirenentönen zu widerstehen und den Stimmlokalen fernzubleiben. Der «Stahlhelm» karrte allerdings feldgraue Kompanien aus dem Märkischen Land in die Stadt und ließ sie dort, wo sie unbehelligt blieben und die Rechtsparteien ohnehin stark vertreten waren, mit klingendem Spiel auftreten. Die SA der Nationalsozialisten fühlte sich in ihrem Tatendrang etwas gehemmt, weil sie den schwarz-weiß-roten Bündnispartner lieber bekämpft als unterstützt hätte und weil etliche abtrünnige Einheiten sich dem gegen Hitler rebellierenden SA-Führer Walter Stennes angeschlossen hatten.

Anders die Kommunisten in Berlin. Sie rumorten auf Straßen und Plätzen, propagierten ihre Parolen in Versammlungen, durch Sprechchöre, Plakate, wilde Pflastermalereien und vor allem durch ihre rührige Presse. Zentrale aller Aktionen war das Karl-Liebknecht-Haus am Bülowplatz. Hier residierte die Parteiführung in einem breit ausladenden vielstöckigen Klinkerbau unweit des Stadtzentrums. Hier hatte das Zentralkomitee der KPD seinen Sitz, hier hatten Ableger-Organisationen ihre Büros und etliche Reichstagsabgeordnete ihre Arbeitszimmer. Von der Fassade verkündeten rote Stoffbänder mit weißen Buchstaben die Forderungen der Partei über die Weite des Platzes hinweg, wo vom Morgen bis in den späten Abend die Arbeitslosen als unfreiwillige Müßiggänger den Staat und alle seine Diener lautstark verfluchten. Erich Mielke kannte das Haus von außen und innen; seit einiger Zeit stellte der Selbstschutz am Eingang die Wache. Die dafür eingeteilten Männer lösten sich im Abstand von jeweils zwölf Stunden ab. Ihr Auftrag war es, Unbefugten den Eintritt zu verwehren, Gegner an die frische Luft zu setzen und Alarm zu schlagen, wenn vor dem Haus Polizisten in größerer Zahl auftraten.

Schon am Freitag vor der Abstimmung, am 7. August 1931, war es in der Umgebung zu Aufläufen gekommen. Gruppen, die sich scheinbar ungeplant zusammenfanden, die dann die Parolen der Partei skandierten oder das Kampflied vom roten Wedding sangen, fügten sich zu Demonstrationszügen, die unangemeldet und also auch ungenehmigt waren. Woraufhin Polizisten der nahen Wache oder der nicht allzu fernen Polizeikaserne den Befehl erhielten, die Menge auseinanderzutreiben, was mit mehr oder weniger Gewalt geschah. Die Beamten aus dem Revier kannten ihre ständigen Widersacher aus manchem Scharmützel, von vorübergehenden Festnahmen oder gar aus Vernehmungen. In diesem Teil Berlins herrschte bitterböse Feindschaft zwischen roter Gesinnung und blauer Uniform.

Besonders verhaßt war bei den Kommunisten der Revierhauptmann Paul Anlauf, «Schweinebacke» genannt. Seinen ständigen Begleiter, den Oberwachtmeister Willig, nannten sie «Husar», und einer seiner Kameraden hieß bei ihnen, seiner hageren Gestalt und seines blassen Gesichtes wegen, «Leichenheinrich». An jenem Freitag klebte an der Litfaßsäule des Bülowplatzes ein großer Bogen Papier. Darauf war in handgemalten Buchstaben zu lesen: «Achtung! Schupos der Bülowwache! Nehmt euch in acht! Eure Stunde ist jetzt gekommen. Der RFB lebt und nimmt Rache.»

Am folgenden Sonnabend, dem Tag vor dem Volksentscheid, waren Straßen und der Platz um das Karl-Liebknecht-Haus besonders dicht bevölkert. Hauptmann Anlauf ließ den Platz einige Male von Zusammenrottungen räumen. Dabei wurden von der Polizei Gummiknüppel eingesetzt. Als an einer Stelle eine Rangelei zwischen einem noch unerfahrenen jungen Beamten und dem 18jährigen Arbeiter Fritz Auge entstand, verlor der Polizist inmitten einer feindlichen Menge die Nerven, zog die Pistole und erschoß seinen Gegner. Fritz Auge war parteilos, aber wie fast alle Menschen auf diesem Platz zu dieser Stunde ein Sympathisant der Kommunisten. Aus ihrer Sicht hatte damit der offene Bürgerkrieg begonnen. Sie pinselten in der folgenden Nacht mit Farbe an eine Hauswand: «Für einen erschossenen Arbeiter fallen zwei Schupo-Offiziere. Rotfront nimmt Rache!»

Der durch seine Immunität als Reichstagsabgeordneter geschützte und durch seine Zugehörigkeit zum Zentralkomitee der KPD auch innerhalb der Partei noch Autorität genießende Hans Kippenberger sah die Gelegenheit gekommen, sich selber und den Parteiselbstschutz in den Vordergrund zu spielen. Seine Männer und nicht die Rotfrontkämpfer sollten die Rächer sein.

Als Kippenberger begonnen hatte, den Ordnungsdienst in Berlin zum Parteiselbstschutz umzufunktionieren, hatte er den damals 36jährigen Arbeiter Michael Klause zum Adjutanten ernannt. Wie Kippenberger war auch er als Freiwilliger in den Ersten Weltkrieg gezogen, mehrfach befördert und wegen Tapferkeit vor dem Feind dekoriert worden. Zeitweise hatte Klause im Wedding die Rotfrontkämpfer geführt, war dann aber wegen Aufmüpfigkeit aller Funktionen enthoben und mit dem Ausschluß aus der KPD bedroht worden.

Am Abend nach dem Tod des Jungarbeiters Auge – so haben Tatbeteiligte später ausgesagt – befahl Kippenberger, daß sich am folgenden Tag, also am Samstag, sieben der Berliner Selbstschutzgruppen auf dem Bülowplatz einzufinden hätten. Er besprach mit Klause den Plan, wie der Schupohauptmann Anlauf zu liquidieren sei. Selbstverständlich war auch die Gruppe aus dem Wedding dabei; sie galt nicht nur als diensteifrig und treffsicher mit ihren Pistolen, sondern hatte als proletarische Heimwehr die Ehre ihres Stadtteils zu verteidigen. Mit ihr geriet denn auch Erich Mielke in die Affäre.

Den Mordplan für den Sonnabend hatte Kippenberger gemeinsam mit dem Genossen Neumann entworfen. Vorgesehen war, daß im Laufe des Sonnabends die Rotfrontkämpfer auf einer benachbarten breiten Durchgangsstraße einen Krawall veranstalten und so den Beginn einer Demonstration vortäuschen sollten. Erfahrungsgemäß würde dann Hauptmann Anlauf, begleitet von einem oder zwei Beamten, an den Ort des Geschehens eilen, um einzugreifen. Auf dem Weg dorthin sollte er abgefangen werden. Auf beiden Straßenseiten seines Weges sollten Pistolenschützen auf ihn warten, die ihrerseits durch weitere schußbereite Genossen abgesichert sein würden. Für den Fall jedoch, daß zuvor schon ein Schuß von seiten der Polizei falle, würde der Selbstschutz Salven zurückschießen.

Der Plan sollte nicht aufgehen. Am 8. August warteten auf dem Bülowplatz die beiden Gruppen der Pistolenschützen; ihr Opfer lief ihnen nicht zu, Rotfront brachte in der Durchgangsstraße keine richtige Demonstration zusammen, und weil es auch auf dem Platz vor dem Karl-Liebknecht-Haus einigermaßen ruhig zuging, verließ Hauptmann Anlauf kaum seine Wache. Enttäuscht meldete Klause am Abend Kippenberger den Mißerfolg. Der meinte verärgert, dann müsse man es eben am Sonntag noch einmal versuchen. Er werde gemeinsam mit dem Genossen Heinz Neumann einen neuen Plan entwickeln. Die Selbstschutzmänner seien wiederum alle zu bestellen, und zwar diesmal schon auf den Vormittag. Klause machte dann noch darauf aufmerksam, daß die Leute bei so ausgedehntem Dienst Hunger und Durst bekämen; dafür kassierte er von der Partei etwas Geld.

Am Sonntagvormittag meldete sich Klause erneut bei Kippenberger. Dessen neuer Plan: Zwei Gruppen von Attentätern seien zu unbeweglich, auch zu auffällig und zu riskant im Hinblick auf eine unvermeidlich folgende Fahndung nach den Tätern. Deshalb sollten sich einzelne Späher unter das Volk mischen und melden, wenn der Hauptmann irgendwo auftauche. Sie sollten dann zwei treffsichere Schützen alarmieren, die nach getaner Arbeit in der Menge untertauchen könnten. Es sollten Freiwillige sein, jung und möglichst unverheiratet, denn hinterher müßten sie für einige Zeit verschwinden. Ihr Entkommen vom Tatort habe der Selbstschutz zu sichern. Für ein Geleit außer Landes würden Kippenberger und Neumann sorgen.

Die Schützen fanden sich schnell: Zwei aus der Gruppe Wedding, Erich Mielke, 23 Jahre alt, und der mit ihm lose befreundete Erich Ziemer, Techniker von Beruf, noch nicht ganz 25jährig. Beide waren ledig und sogar ohne feste Freundin, obschon Ziemer groß gewachsen und auch hübsch anzusehen war. Der eher unzugängliche Erich Mielke war dagegen etwas kurz geraten, einsilbig im Gespräch und aufbrausend, wenn etwas nicht nach seinen Wünschen lief. «Dollbräsig» sei er manchmal, sagte später einer seiner Genossen beim polizeilichen Verhör, was wohl besagen soll, daß seine Wut gelegentlich seinen Verstand überwältigte.

Für den Regisseur des geplanten Dramas, für Michael Klause, gab es an diesem Sonntagvormittag viel zu tun. Er mußte fünf bewaffnete Ordner als Nachhut gewinnen und unterweisen; ihnen wurde befohlen, auf der Straße herumzulungern und unauffällig den beiden Attentätern zu folgen, damit sie diesen mit ihren Pistolen notfalls den Fluchtweg freischießen könnten. Acht weitere Männer sollten sich in der Nähe dieser Akteure halten, durften aber keine Waffen besitzen. Ihre Aufgabe war es, schnellfüßigen Polizisten in die Quere zu kommen, wenn sie einen Ordner oder gar einen Täter verfolgten. Im Nebenzimmer einer Gastwirtschaft wurde beiden Gruppen ihre Rollen zugewiesen. Mielke und Ziemer wurden vorgestellt, und sie mußten noch einmal vor allen Mitwirkenden beteuern, daß sie die Aufgabe freiwillig übernommen hätten. Als Ziemer anmerkte, daß er den Hauptmann Anlauf nicht kenne, sicherten ihm Klause und Mielke zu, man werde ihm den richtigen Mann schon zeigen.

Kippenberger wurde nun mitgeteilt, alles sei für die Tat bestens vorbereitet. Zu Klause sagte er nur: «In Ordnung! Hoffentlich geht es nicht so wie gestern.» Die beiden Schützen im Wartestand bezogen gegen Mittag eine Beobachtungsstelle am Fenster einer Gastwirtschaft. Sie konnten von dort den ganzen Bülowplatz überschauen. Bis 14 Uhr hatte sich Anlauf noch nicht gezeigt. Doch wenig später entdeckten sie den Hauptmann mit einigen Polizisten, wie sie zusammen über den Platz gingen, aber als Mielke und Ziemer aus dem Haus kamen, war ihr Opfer schon so weit entfernt, daß sie es nur noch rennend hätten erreichen können. Sie wären damit aufgefallen. Enttäuscht kehrten die beiden zu ihrem Ausguck zurück.

Sie sahen, wie sich der Platz jetzt mehr und mehr belebte. Genossen und Parteigänger wollten am Abend durch die «Rote Fahne», ihre Parteizeitung, das Resultat des Volksentscheids erfahren. Das Gerücht ging um, es werde eine Demonstration geben, unangemeldet und damit illegal, und jeder wußte, die Polizei würde mit Gewalt dagegen einschreiten. Es seien für diesen Fall – behauptete ein Genosse – auch einige Leute auf dem Platz, die «etwas in der Tasche haben». Zwei- oder auch dreimal zerstreuten Polizisten die dichtesten Pulks mit der Aufforderung weiterzugehen, aber sie lösten sich nur widerwillig auf, und wer sich in eine Seitenstraße zurückzog, kehrte auf kurzem Umweg gleich wieder auf den Platz zurück. Die Polizisten wurden zwar beschimpft, aber das waren sie gewohnt. Sie meldeten auf der Wache, daß sich draußen wohl etwas zusammenbraue. Hauptmann Anlauf nahm sich vor, selber die Lage zu prüfen.

Als Klause im Laufe des Nachmittags am Eingang des Karl-Liebknecht-Hauses vorbeigekommen war, hatte ihn dort Kippenberger angehalten und gemahnt: «Was ist los? Klappt etwas nicht?» Er hatte Klause mitgenommen in seinen Büroraum, und dort hatten ihn einige Genossen erst erwartungsvoll und dann enttäuscht begrüßt. Auch Heinz Neumann war darunter. Er war wütend gewesen, hatte laut protestiert: «Was ist das für eine Schweinerei! Der Kerl läuft noch immer herum, und es passiert nichts! Der Rote Frontkämpferbund hätte den Fall längst erledigt.»

Gegen 19 Uhr waren bereits einige Ergebnisse aus Stimmlokalen bekanntgeworden, aber sie boten keinen Anlaß zum Jubel. Mielke und Ziemer war es auf ihrem Ausguck langweilig geworden. Sie lauerten jetzt vor einer Hauswand an der Westseite des Platzes, und dicht bei ihnen standen scheinbar zufällig ihre beiden Hilfstrupps. In ihrer Nähe stoppte ein Mannschaftswagen der Polizei, die Uniformierten stiegen ab und räumten, zur Kette ausgeschwärmt, den Platz. Wie üblich protestierte die Menge mit Gejohle und Gepfeife. Mielke, Ziemer und ihre Hilfstruppen waren bei dem Manöver hinter die Kette der vorrückenden blauen Uniformen geraten. Gemächlich folgten sie den Polizisten. Damit kamen sie unbehelligt hinter den Hauptmann Anlauf, den Oberwachtmeister Willig und den Polizeihauptmann Franz Lenck, der eigentlich einer ganz anderen Polizeiabteilung angehörte und aus purer Neugier gebeten hatte, einmal einen solchen Einsatz aus der Nähe erleben zu können. Die drei wollten nur noch auf einem Kontrollgang feststellen, ob die Räumung am Bülowplatz wiederholt werden müsse. Scherzend hatte Anlauf zuvor seinen Kameraden Lenck gewarnt: «Bleiben Sie besser auf der Wache, es genügt, wenn Willig und ich erschossen werden.»

Aus Spaß wurde Ernst. Willig hörte, wie hinter ihm jemand sagte: «Du – Husar! Du – Schweinebacke! Du – den anderen!» Er witterte die Gefahr, griff nach seiner Pistole und wollte sich umwenden, aber die Gegner waren schneller. Sie schossen – wie Kriminalisten später feststellten – aus nächster Nähe, aus etwa einem Meter Entfernung. Anlauf fiel gleich tot um. Lenck lief noch bis an den nicht weit entfernten Eingang des Kinos «Babylon», brach dort zusammen und starb. Willig schoß auf Flüchtende sein ganzes Magazin leer, hörte noch, wie da und dort mehrfach geschossen wurde, brach aber zusammen, als er ein zweites Magazin nachladen wollte. Mit einem Bauchschuß lag er lange im Krankenhaus.

Anlauf war, das ergab die Autopsie, durch einen Schuß in den Oberschenkel erst verwundet und durch einen zweiten Treffer in den Hinterkopf auf der Stelle getötet worden. Lencks Lunge und Luftröhre waren von einer am rechten Schulterblatt eingedrungenen Kugel zerrissen worden. Er war innerhalb einer Minute innerlich verblutet. Ob alle Schüsse aus nur zwei Pistolen oder aus mehreren stammten, ließ sich durch die Obduktion nicht feststellen.

Es versteht sich von selbst, daß die so brutal herausgeforderte Berliner Polizei ihr Mögliches tat, die Mörder zu ermitteln. Sie riegelte noch am Sonntagabend die Gegend um den Bülowplatz völlig ab, kontrollierte die Menschen auf den Straßen und in den Kneipen, durchsuchte Hauseingänge, Treppenhäuser und Dachböden, stöberte im Karl-Liebknecht-Haus und holte den einen oder anderen KPD-Funktionär des Viertels zur Vernehmung. Mit schußbereitem Karabiner wachten Schupobeamte, daß die Fenster der Häuser geschlossen blieben, in denen sie tätig waren. Das Ergebnis war mager. Sie fanden in einer Betonröhre an einer Baustelle einen Mann, der sich dort offensichtlich versteckt hatte und der sich bei näherem Zusehen auch als ein Parteigänger der KPD entpuppte. Ihn nahmen sie zunächst einmal in Polizeihaft. Es gelang aber nicht einmal, diesem Mann nachzuweisen, daß ihm die Pistole gehörte, die sie ebenfalls in der Baustelle gefunden hatten.

Der Berliner Polizeipräsident setzte umgehend 3000 Mark aus für Hinweise auf die Täter, wenige Tage später war die Belohnung bereits auf 23 000 Mark gestiegen. Das war in jenen Tagen, als ein Brötchen drei Pfennig kostete, ein Vermögen. Die Empörung über die Tat war groß. Zahlreiche Hinweise gingen ein, aber konkrete Erfolge konnte die Polizei nicht aufweisen. Sie hatte zwar am Bülowplatz etliche Verdächtige festgenommen, und von ihnen war nach drei Tagen noch nicht einer entlassen worden, aber es war bereits erkennbar, daß man ihnen eine Beteiligung an der Tat kaum nachweisen konnte. Selbst als die Polizei das Karl-Liebknecht-Haus besetzte, alle Kommunisten daraus vertrieb und in den Akten wühlte, kam sie der Aufklärung des Verbrechens keinen Schritt näher.

Die Kommunistische Partei ließ sich Zeit, ehe sie von den Mördern abrückte. Die parteiinterne Rüge kam erst ein Vierteljahr nach der Tat: Am 10. November 1931 faßte das Zentralkomitee der KPD einen Beschluß, in dem «Einzelterror gegen Faschisten… sinnlose Einzelaktionen und bewaffnete Einzelüberfälle» verurteilt wurden. Solche «anarchistisch-terroristischen Bestrebungen» dienten nur dazu, «die Arbeitermassen vom wirklichen Klassenkampf abzulenken». Wer gegen diesen Beschluß handle, habe mit den schärfsten disziplinarischen Maßnahmen bis zum Ausschluß aus der Partei zu rechnen.

Die verspätete Drohung galt kaum dem kleinen Genossen Erich Mielke. Sie zielte auf Heinz Neumann, den immer noch mit einflußreichen Parteiämtern bestallten Genossen, der dem Ersten Vorsitzenden der KPD Ernst Thälmann dieses Amt abjagen und die Partei gemeinsam mit seinem keineswegs unbedeutenden Anhang auf anderen Kurs bringen wollte. Kippenberger war einer seiner Mitstreiter, ein anderer war Willi Münzenberg, der in der Weimarer Republik einen roten Pressekonzern schuf, indessen der Genosse Kurt Müller den Kommunistischen Jugendverband auf die Neumann-Linie ausrichtete. Gestützt wurde diese innere Opposition von Hermann Remmele, einem der altgedienten Spitzenfunktionäre der Partei. Alle diese Namen bedeuten im letzten Jahrzehnt unseres Jahrhunderts nicht mehr viel – aber der Leser sollte sie in sein Gedächtnis aufnehmen, denn sie werden in der Lebensgeschichte Erich Mielkes noch eine Rolle spielen.

Erich Mielke und sein Mittäter waren für den intellektuellen und ehrgeizigen Neumann im August 1931 nur Bauern auf dem Schachbrett, Figuren, die der Spieler opfert, wenn er damit einen Stellungsvorteil gewinnt. In den folgenden Jahren wird sich Mielke bemühen, seinen Platz in diesem Spiel selbst zu bestimmen. Bis zu einem gewissen Grad sollte ihm das auch glücken, aber in die Meisterklasse konnte er nie aufrücken. Über ihm wird immer ein anderer sitzen, und immer wird er sich sagen lassen müssen, welche Strategie und Taktik er anzuwenden habe. Eine Beurteilung des Oberstudiendirektors des Berliner Köllnischen Gymnasiums, geschrieben am 14. Februar 1924 bei Mielkes Abgang von der Schule, wird ihm sinngemäß als Genosse in der Partei und als Polizist in der DDR immer wieder zuteil: «Sein Betragen war sehr gut.» Was immer ihm aufgetragen wurde, erledigte er gründlich und ohne Widerspruch.

Flucht nach Moskau

Daß politische Meinungsverschiedenheiten zwischen Nationalsozialisten und Kommunisten, zwischen SA-Mitgliedern und RFB-Angehörigen in Mord und Totschlag endeten – daran waren die Berliner in jenen Jahren gewöhnt. Die Ermordung zweier Polizeioffiziere allerdings rief eine Welle der Empörung hervor. Viele wollten den beiden Polizisten die letzte Ehre erweisen. Dicht gedrängt standen die Berliner an den Straßen, die der Trauerzug passieren sollte. Trommelwirbel hallte über den Bülowplatz, als der Trauerzug ihn erreichte. Schwadronen berittener Polizisten, marschierende Hundertschaften der Schutzpolizei mit umgehängtem Karabiner, viele Fahnen, Prominenz in offenen Kraftwagen, eine Parade von Zylinderhüten – ein solches Schaustück bot sich den Berlinern nicht oft.

Ungestört erreichte der Zug den Friedhof. Ihre in einer Halle aufgestellten Särge versanken förmlich unter Kränzen und Blumen. Die preußischen Landesminister, die hauptstädtische Polizeiprominenz und auch ein General der Reichswehr saßen in den ersten Reihen als Ehrengäste. Ranghöchster Trauergast war Reichsinnenminister Josef Wirth.

Die Kommunisten, wie anders, ließen sich weder sehen noch hören, und ihre Presse versuchte, die Morde herunterzuspielen. Sie berichtete von einem Gefecht zwischen Polizisten und provozierten Arbeitern, bei dem von beiden Seiten geschossen worden und kaum noch zu ermitteln sei, wer wen getroffen habe. Dann wurde es ruhig um den Fall; Berlin hatte ständig neue Sensationen.

Nicht etwa, daß die Morde vom Bülowplatz in Vergessenheit geraten wären, aber die für politische Straftaten zuständige Abteilung Ia der Berliner Polizei wußte schon lange nicht mehr, wo ihr der Kopf stand. Sie sollte eine Flut von Straftaten aufklären: Landfriedensbruch, Körperverletzung, Totschlag und Mord – täglich kamen neue Fälle hinzu.

Erst als die Deutschen Hitler zur Macht verhalfen und sein Gefolgsmann Hermann Göring preußischer Innenminister wurde, gingen die Beamten von Ia daran, alte Fälle aufzuarbeiten. Sie hatten jetzt mehr Zeit dafür, wurden Straftaten der Nazis vor und nach 1933 doch gar nicht mehr verfolgt und mit deren Gegnern kurzer Prozeß gemacht. Verdächtige konnten auch ohne Schuldbeweise eingesperrt und ohne richterliche Verfügung in ein Konzentrationslager eingewiesen werden.

Beim Studium der unerledigten, handgebundenen Akten vom Mordfall Anlauf/Lenck mußte wohl einem Beamten aufgefallen sein, daß einer der Festgenommenen jener Tage – nämlich der Mann aus der Betonröhre – in den Verdacht geraten war, einer der Pistolenschützen gewesen zu sein, und daß er beim Verhör durch schwache Nerven aufgefallen war. Diesen Mann, den Kutscher Max Thunert, 27 Jahre alt, einschlägig politisch vorbestraft und ebenfalls im Wedding zu Hause, wollte er noch einmal verhören. Am 29. März 1933 wurde Thunert als Untersuchungsgefangener in das Gefängnis Moabit eingeliefert.

Der Verdächtige gab jetzt zu, daß die Tat organisiert worden sei, und nannte auch Namen. Nein, geschossen habe er nicht, und auch die in der Baustelle gefundene Pistole habe ihm nicht gehört; der Genosse Max Matern, Former von Beruf und 31jährig, habe ihn zum Tatort befohlen und in die Gruppe ein geteilt, die die Polizisten an einer Verfolgung hindern sollten. Kaum war Matern festgenommen, gestand auch er bereitwillig, was er wußte. Er bezichtigte sich selbst, der Initiator des Anschlags gewesen zu sein, aber es war erst noch zu prüfen, ob er sich damit nur wichtig machen oder höherrangige Genossen schützen wollte. Einer der Drahtzieher war er auf jeden Fall, und er bestätigte, daß der Genosse Erich Mielke sich zur Rolle des Attentäters freiwillig gemeldet hatte.

Am 13. September 1933 konnte die Berliner Presse verkünden: «Kommunistenmord an den Polizeihauptleuten Anlauf und Lenck aufgeklärt». Sie veröffentlichte auch eine Liste von Personen, die nun polizeilich gesucht wurden und auf deren Festnahme erneut eine Belohnung ausgesetzt wurde. Die Liste wurde angeführt von Hans Kippenberger, dessen Frau Thea und von Heinz Neumann. An vierter Stelle wurde Walter Ulbricht genannt, «Markthelfer, zuletzt ohne Wohnung», zum Zeitpunkt des Mordes der damalige politische Leiter der Bezirksparteiorganisation der KPD Berlin-Brandenburg, und gleich dahinter folgten Mielke und Ziemer. Doch zu dieser Zeit befand sich keiner der Gesuchten mehr auf dem Boden des Reiches.

Ein Bericht der Polizei faßte am 25. September 1933 das Ergebnis der Untersuchung zusammen und stellte fest: «Das schwere Verbrechen ist restlos geklärt.» Mielke und Ziemer werden darin beschuldigt, die Morde begangen zu haben, Kippenberger sei der Anstifter gewesen. Thea Kippenberger habe unmittelbar nach dem Verbrechen Mielke und Ziemer in ein Versteck gebracht und sie entweder in Hamburg oder in einem deutschen Ostseehafen auf einem sowjetischen Frachter abgeliefert. Selbst das As der Berliner Mordkommission, der Kriminalrat Gennat, schaltete sich in die Aufklärung des Falles und in die Jagd nach den Tätern ein. Er ließ sich Ende März 1933 Luise Mielke zum Verhör vorführen. Scheinbar hatte sie keine Ahnung, weshalb die Polizei nach ihrem Stiefsohn fragte.

«Er war damals arbeitslos», behauptete sie, um zu begründen, weshalb Stiefsohn Erich Berlin so abrupt verlassen habe. In einem späteren Verhör mußte sie jedoch einräumen, daß er einen Monat vor seinem Verschwinden beim Wohlfahrtsamt des Bezirks Kreuzberg als Angestellter untergekommen war. Es sei wohl im Herbst 1931 gewesen, als er mit der Mannschaft des Sportvereins «Fichte» abgereist sei, zu einem Wettkampf vermutlich, vielleicht nach Leipzig, vielleicht aber auch nach Moskau. Genau wisse sie das nicht. Sie wurde nach mitreisenden Sportkameraden gefragt. Sie kenne nicht einen, sagte sie, «es kam ja niemand zu uns». Ob er denn nie geschrieben habe während der eineinhalb Jahre? Sie tat, als erinnere sie sich dunkel: «Ja, einmal eine Postkarte. Vermutlich aus Süddeutschland, aber das möchte ich nicht mit absoluter Bestimmtheit behaupten.» So wenig glaubhaft diese Aussage heutzutage klingt, so waren doch tatsächlich in jenen Jahren Tausende von jungen Männern auf zielloser Wanderschaft unterwegs in der Hoffnung, vielleicht Arbeit zu finden, oder auch nur, um dem Stumpfsinn der Untätigkeit am Wohnort zu entkommen.

Zur gleichen Zeit wie die Mutter wurden auch Erich Mielkes Bruder Heinz und der Vater Emil Mielke vernommen. Dabei kam zutage, daß die Familie doch einige Briefe von Erich erhalten hatte. Einer sei auf jeden Fall aus Moskau gekommen mit der Nachricht, daß es dem Absender gutgehe. Er hatte sich – wie man jetzt erfuhr – seinerzeit von allen Familienmitgliedern verabschiedet, aber angeblich hatte ihn niemand gefragt, weshalb er so plötzlich aufbreche und wohin er reise. Er sei bald wieder zurück, habe er gesagt. Er habe nur ein paar Oberhemden und etwas Wäsche mitgenommen. Der bisher letzte Brief sei aus Odessa gekommen, und Erich habe darin mitgeteilt, daß er am Strand es Schwarzen Meeres vergnügliche Ferien verbringe.

Während dieser Verhöre ließ Kriminalrat Gennat die Wohnung in der Stettiner Straße durchsuchen. Die Beute war mager. Beschlagnahmt wurden 18 Dokumente, von der Geburtsurkunde des Erich Mielke über einen Impfschein bis zu einer Quittungskarte der Angestelltenversicherung. Sie brachten die Kriminalisten kaum weiter. Das Berliner Postamt N 20 wurde von ihnen am gleichen Tag angewiesen, «eingehende Briefsachen, gerichtet an die Familienmitglieder Mielke, von der Bestellung zurückzuhalten und fernmündlich nach hier (Kriminalinspektion I) entsprechende Mitteilung zu machen».

Anfang April 1933 war die Kriminalpolizei überzeugt, daß Mielke und Ziemer die tödlichen Schüsse abgegeben hätten. Zwar saßen erst wenige Beteiligte an diesem Anschlag in den Zellen des Gefängnisses Moabit, aber einer nach dem anderen gestand. Am 4. April forderte Gennat in einem sechsseitigen Bericht über den Stand der Ermittlungen die Staatsanwaltschaft auf, die bereits Festgenommenen richterlich vernehmen zu lassen. Auch wenn es vorerst nur einige wenige waren, so glaubte der Kriminaldirektor doch, er halte bereits die wichtigsten Fäden in der Hand.

Wenige Tage später erfuhr Gennat, daß Mielke tatsächlich in der Sowjetunion war. Bei der Hausdurchsuchung in der elterlichen Wohnung war ein Brief gefunden worden, der auf einen in Berlin lebenden kaufmännischen Angestellten Emil Crüger hinwies. Bei der Vernehmung «erwies sich der Mann als auskunftsfreudig», mit der Einschränkung, daß er nicht immer ganz die Wahrheit sagte. Er hatte Jahre zuvor in der sowjetischen Handelsvertretung in Berlin im Büro gearbeitet, bis er von seinem Arbeitgeber aufgefordert worden war, bei einer staatlichen Handelsgesellschaft in Moskau den Platz eines bisherigen Geschäftspartners einzunehmen. Er hatte dieses Angebot akzeptiert, angeblich weil er andernfalls arbeitslos geworden wäre. Selbstverständlich war er damals Mitglied der KPD gewesen; die Handelsmission beschäftigte ausschließlich zuverlässige Genossen. In jener Zeit lernte er auch in der Partei die Genossen Mielke und Ziemer kennen.

So sei er denn überrascht gewesen – erzählte Crüger – als er seinen beiden Landsleuten im Herbst 1931 im Deutschen Klub in Moskau begegnet sei. Sie hätten also eine alte Bekanntschaft aufgefrischt. Der Neuling im Lande, Erich Mielke, habe von den Erfahrungen Crügers profitiert, habe gelegentlich in dessen Wohnung übernachtet und auch dessen inzwischen geschiedene Frau kennengelernt, als sie ihren Mann in Moskau besucht habe. Einmal habe Crüger gefragt, was Mielke denn veranlaßt habe, Berlin zu verlassen. Mielke habe geheimnistuerisch erklärt, er sei in eine ganz große Sache im Reich verwickelt, und seine Situation sei dabei so heikel, daß ihn die Partei für einige Zeit habe verschwinden lassen. Mehr nicht...

Das reichte dem Amtsgericht Berlin-Mitte; es erließ am 23. April 1933 Haftbefehl gegen den «Kaufmann Erich Mielke, zuletzt in Berlin, Stettiner Straße 25, z. Zt. in Rußland» und zugleich auch gegen den Techniker Erich Ziemer.

Die Kriminalpolizei blieb allerdings erfolglos, auch, als sie am 1. Mai 1933 die Deutsche Botschaft in Moskau brieflich um Hilfe anging. In ihrem Schreiben schilderte sie die näheren Umstände der Morde am Bülowplatz, bat um Nachforschungen nach Mielke und Ziemer, die angeblich im Deutschen Club verkehrten, und bat auch zu überprüfen, ob die beiden Attentäter etwa durch «Mopr» (die «Rote Hilfe», eine internationale kommunistische Hilfsorganisation mit Sitz in Moskau) unterstützt würden, «weil man mit ihrer Tat sympathisierte». In dem über das Auswärtige Amt, also durch Kurierpost, beförderten Brief hieß es dann noch: «Es wäre für die hiesige Untersuchung von besonderer Bedeutung», wenn sich ermitteln ließe, was sich im Anschluß an die Morde «auf russischem Boden, insbesondere in Moskau, abgespielt» habe. «Es wäre auch von Interesse, ob Mielke oder Ziemer wegen ihrer Tat irgendwie verherrlicht worden sind bzw. sich dieser Tat gerühmt haben.»

Die Anklageschrift der Staatsanwaltschaft ließ lange auf sich warten. Seit dem 10. April 1933 war Hermann Göring preußischer Ministerpräsident, der sowohl mittels seiner neu installierten Geheimen Staatspolizei als auch über das Justizministerium auf eine Sühne des Attentats vom Bülowplatz drängte. Trotzdem zögerten die Staatsanwälte wohl, weil sie hofften, auch noch die in einem ersten Papier beschuldigten Anstifter zu fassen, also Kippenberger, Neumann und Walter Ulbricht. Doch die beiden ehemaligen Reichstagsabgeordnenten hatten sich längst in Sicherheit gebracht, und nach Ulbricht wurde zwar noch gefahndet, aber es schien immer weniger nachweisbar, daß er sich am Fall Bülowplatz aktiv beteiligt hatte. Selbst der anfänglich massiv angeschuldigten Thea Kippenberger war nun allenfalls noch die Fluchthilfe anzulasten, aber daraus konnte man ihr nach der Ende 1932 verkündeten Amnestie für politische Straftaten auch keinen Strick mehr drehen.

Schließlich wurde am 17. März 1934 die Anklageschrift dem Schwurgericht zugeleitet, ein Konvolut von 217 Schreibmaschinenseiten, das 25 Mitglieder der KPD beschuldigte, die Polizeioffiziere «vorsätzlich und mit Überlegung» getötet zu haben. Zehn dieser Angeschuldigten waren jedoch «zur Zeit flüchtig», und die Verfahren gegen sie mußten vorläufig ausgesetzt werden. Wer dann auf den Anklagebänken Platz nehmen mußte – alle wurden aus der Haft vorgeführt –, gehörte im Grunde nur zu den Hilfskräften der KPD. Diese Männer hatten als Statisten in einem Drama mitgewirkt, in dem zwei Menschen sinnlos gestorben waren.

Als am Montag, dem 4. Juni 1934, im Schwurgerichtssaal

des Landgerichts die Hauptverhandlung eröffnet wurde, waren die Zuhörerbänke dicht besetzt. Die Obrigkeit, also NSDAP und Staat, hatten Vertreter geschickt. Polizisten wollten dabeisein, wenn die Mörder ihrer Kameraden sich verantworten mußten, und außer den schlichtweg Neugierigen saßen auf den hinteren Bänken auch Angehörige von Angeklagten. Lärmende Proteste, wie sie vor dem Machtwechsel bei politischen Prozessen häufig vorkamen, wurden von den Zuhörern kaum mehr gewagt. Zumindest einer der Angeklagten war inzwischen Mitglied der SA geworden. Weil ihm gutzuschreiben war, daß er die Aufklärung des Falles wesentlich vorangebracht hatte, wurde er vom Staatsanwalt und dann auch im Urteil weniger hart angefaßt als seine früheren Genossen.

Das Urteil wurde nach zehntägiger Verhandlung am 19. Juni 1934 gefällt. Darin wird festgeschrieben, daß Kippenberger und Neumann die Morde geplant hatten, daß der angeklagte Michael Klause in deren Auftrag den Anschlag organisiert und gesteuert hatte und daß sich außer den flüchtigen Todesschützen fünf Pistolenträger und vier unbewaffnete Männer als Deckungsmannschaften aktiv an den Morden beteiligt hätten. Darunter fiel auch der inzwischen zu den Braunhemden übergelaufene Genosse. Er wurde, ebenso wie zwei weitere Genossen, «wegen Beihilfe zum gemeinschaftlichen Mord» zu vier Jahren Zuchthaus verurteilt. Sie kamen insofern noch glimpflich davon, als die neuen Herren an der Spitze des Staates bei Strafverfahren dieser Art drakonische Urteile wünschten. Vier ihrer Genossen wurden zu Strafen zwischen sechs und fünfzehn Jahren Zuchthaus verurteilt. Drei Angeklagte, die örtlich führend im Parteiselbstschutz engagiert waren, wurden zum Tode verurteilt. Hingerichtet wurde schließlich nur einer; ein zweiter brachte sich im Zuchthaus selber um, und Michael Klause wurde von Hitler zu lebenslangem Zuchthaus begnadigt – sei es, weil er mit seinem Geständnis das Verfahren befördert, sei es, weil er als Frontsoldat im Ersten Weltkrieg gekämpft hatte. Freigesprochen wurden zwei Angeklagte; ihnen war eine Beteiligung an den Morden nicht nachzuweisen. Das Verfahren gegen einen früheren Landtagsabgeordneten der KPD mußte aus juristischen Gründen eingestellt werden; er hatte zwar den Mordplan gekannt, sich aber daran in keiner Weise beteiligt. Es wäre allenfalls strafbar gewesen, daß er das Vorhaben seiner Genossen nicht durch eine Anzeige verhindert hatte. Doch dieses Vergehen fiel unter eine Amnestie, die Nationalsozialisten und Kommunisten Ende 1932 gemeinsam im Reichstag durchgesetzt hatten.

Das Zuchthaus war für den begnadigten Klause zu dieser Zeit der sicherste Aufenthaltsort. Er hatte als Vertrauter des Genossen Kippenberger erst der Polizei und dann auch den Richtern alles gesagt, was er über die Vorgänge in der Partei und über den Aufbau des Selbstschutzes wußte. Er mußte nicht nur befürchten, daß die noch immer im Untergrund wirkenden KPD-Kämpfer diesen Verrat rächen würden. Bedroht wäre er auch durch rabiate Nazis gewesen; sie hätten ihn in ein KZ gesteckt, und dort wäre ein Mann mit seiner politischen Vergangenheit seines Lebens nicht sicher gewesen. Aus seiner Zelle holte ihn erst der Zweite Weltkrieg, als die militärische Niederlage sich abzuzeichnen begann. Wenn schon die nach Hitlers Maßstäben besten Deutschen auf dem «Feld der Ehre» sterben mußten, so durften am Ende des Krieges keinesfalls die «minderwertigen Zuchthäusler» unter den Überlebenden sein. Klause wurde als «Freiwilliger» in die Bewährungseinheit des SS-Führers Oskar Dirlewanger gesteckt und mit ihr im April 1943 im Mittelabschnitt der Ostfront gegen die sogenannte «Partisanenrepublik» südlich Borisow eingesetzt. Dort verliert sich seine Spur.

Mit dem Urteil war der Fall Bülowplatz juristisch aufgeklärt. Offen blieben einige politische Fragen. So zum Beispiel: Was bewog die intellektuellen Reichstagsabgeordneten Kippenberger und Neumann, ein Verbrechen zu arrangieren, von dem sie wissen mußten, daß es der von der Führung der KPD seinerzeit befolgten Taktik zuwiderlief? Die Partei hatte selbstverständlich die proletarische Revolution und den Terror als Waffe gegen den Machtapparat der bürgerlich regierten Republik keineswegs für alle Zeiten aus dem taktischen Arsenal des Klassenkampfes verbannt, aber die momentane Situation in Deutschland ließ es zweckmäßig erscheinen, den revolutionären Kampf zurückhaltender zu führen. Die KPD mußte sich reputierlich geben, wollte sie weiteren Zulauf gewinnen. Morde an Ordnungshütern waren deshalb unerwünscht.

Genossen vom Schlage Kippenbergers und Neumanns waren nicht zuletzt durch ihre Beteiligung an Bürgerkrieg und Terrorakten in der Partei bis in deren Zentralkomitee aufgestiegen. Nach den blutigen Aufständen der frühen zwanziger Jahre waren im Mai 1929 die zweitägigen Kämpfe im Berliner Wedding das vorläufig letzte Gefecht im Klassenkampf geblieben. Sollten Mut und Kampfbereitschaft im Proletariat nicht absterben, dann mußte nach Ansicht dieser Aktivisten, so steht zu vermuten, eine neue Provokation gewagt werden. Die beiden Morde und die dann unvermeidlichen Repressalien der bürgerlichen Republik – so spekulierten offenkundig die Väter des Attentats – könnten sehr wohl den Anstoß geben zu einem Aufstand, der nirgendwo leichter auszulösen war als gerade in dem Viertel um den Bülowplatz. Wurde erst einmal im Wedding wieder gekämpft, dann würden Arbeitslosigkeit, Lohnabbau und Zukunftsangst schnell einen Flächenbrand entstehen lassen, der die roten Viertel der Reichshauptstadt erfassen und sich von hier aus weiter ausbreiten könnte.

Eine andere und vielleicht ebenso plausible Erklärung für die Vorgänge am Bülowplatz findet man in den Erinnerungen von Babette Gross. Sie war die Lebensgefährtin des kommunistischen Reichstagsabgeordneten Willi Münzenberg, eines ungeheuer betriebsamen Erfinders von Organisationen, die am Rande der KPD wirkten und sie propagandistisch unterstützten. Für die Partei schuf er einen Pressekonzern, der sehr geschickt die Ziele der Kommunisten propagierte und dabei im Gegensatz zur offiziellen Parteipresse sogar Gewinne abwarf. Münzenberg hatte mit Heinz Neumann wenig gemeinsam, doch immerhin gehörten sie zur gleichen Generation und hatten schon als Jugendliche gegen die Obrigkeit im kaiserlichen Deutschland opponiert. Im Temperament ähnlich, freundeten sie sich bei Parteiaktionen an und holten dann auch ihre Lebensgefährtinnen aus dem gleichen bürgerlichen Elternhaus. Babette Gross' jüngere Schwester Grete schrieb nach dem Zweiten Weltkrieg als Margarete Buber-Neumann ebenfalls ihre Erinnerungen auf.

Als die beiden Paare in den zwanziger Jahren zeitweise in der Sowjetunion lebten und dort in den Diensten der Komintern standen, reisten sie gemeinsam und auf Staatskosten durch den Kaukasus. Angesichts von Stalins Geburtsort sang Neumann voll Begeisterung georgische Volkslieder, gewissermaßen als eine Huldigung an die Adresse des Parteichefs. Damals scheint der Enthusiasmus des jungen Deutschen bei Stalin bewirkt zu haben, daß er den ihm ergebenen Genossen im Reich als verlängerten Arm benutzte. Mit dessen Hilfe wollte er einen Fehler berichtigen, den die KPD seiner Meinung nach zu begehen im Begriff war. In das Konzept Stalins paßte es gar nicht, daß die KPD sich mit den Sozialdemokraten zu verbünden drohte. Als die deutschen Genossen sich gegen den von den Rechtsparteien in Gang gesetzten Volksentscheid stemmen wollten, verlangte er per Telegramm einen

Kurswechsel. Zunächst habe sich Thälmann – so erzählte Babette Gross – darum gedrückt, diesen Befehl zu befolgen, und habe es Neumann und Kippenberger überlassen, der Partei den Schwenk beizubringen. In der Tat fiel es dann auch manchem Genossen schwer, Arm in Arm mit den bisher so wütend bekämpften Nationalsozialisten und Monarchisten der Hugenbergpartei gegen die preußische SPD-Regierung zu Felde zu ziehen. Irgendwelchen Gelüsten, etwa mit Sozialdemokraten ein Bündnis einzugehen, mußte nach Stalins Meinung ein wirksamer Dämpfer aufgesetzt werden. Demnach sollten die Schüsse auf die Offiziere der sozialdemokratisch regierten Preußenpolizei auch dazu dienen, den Graben zu vertiefen, der SPD und KPD ohnehin trennte.

Dem Pistolenschützen Erich Mielke waren solche Spekulationen gewiß unbekannt; er war für die Initiatoren nicht mehr als ein auswechselbarer Gehilfe, ein Vollstrecker ihrer Pläne, mit einer hochentwickelten Bereitschaft, sich unterzuordnen. Zwar darf angenommen werden, daß auch Erich Ziemer, Gesinnungsgenosse und Kumpan bei der Tat am Bülowplatz, nicht danebengeschossen hat, aber Ziemer war anders als Mielke. Sein Foto auf dem Steckbrief zeigt einen kräftigen und (wie Zeugen aussagten) hochgewachsenen jungen Mann mit offenem Gesicht und freiem Blick. Er trug, auch als er über das Jünglingsalter hinausgewachsen war, noch einen Schillerkragen, der damals so etwas wie ein Bekenntnis zur Jugendbewegung war; dafür sprach auch seine in Arbeiterkreisen seinerzeit selten anzutreffende, strikt vegetarische Ernährung und sein Streben nach einem natürlichen Lebensstil ohne Alkohol und Nikotin. Ein Idealist.

Warum er und Mielke in der Sowjetunion nicht beisammen blieben, ist nicht bekannt. Ziemer verschwand dort spurlos wie viele andere unter Stalins Terrorregime.

Erich Mielke hatte – laut Polizeiakte – am Abend, nach Erfüllung seines Auftrages, von Thea Kippenberger auf einem Zettel Name und Adresse in Leningrad erhalten. Von dort aus wurde er weiter nach Moskau befördert.

In Moskau war er von der deutschen Sektion der Komintern als Gast freundlich, allerdings nicht – wie erhofft – als Held der Partei aufgenommen worden. Eine Anzahl deutscher Kommunisten arbeitete in den Büros des imponierenden Gebäudekomplexes, darunter, als seinerzeitiger Bürochef, der Schriftsteller Alfred Kurella, der nach dem Zweiten Weltkrieg Mitglied des Zentralkomitees der SED wurde. Er wohnte, wie alle prominenten Genossen aus den anderen Mitgliedsländern, im Hotel «Lux», das ausschließlich der Komintern zur Verfügung stand. Für kleine Leute wie Erich Mielke gab es darin kein Zimmer. Ein komfortables Quartier war es ohnehin nicht; Strom, Heizung und Wasser erreichten die Zimmer nicht regelmäßig. Aber bequemer wohnte man dort eben doch als im Massenquartier mit vielen eng aneinandergestellten Betten, in das der Ankömmling Mielke eingewiesen wurde. Einigermaßen satt wurde man in einer Gemeinschaftskantine, wo sich jeder seine Essensportion abholen konnte.

Zum Eingewöhnen und zu einem Sprachkurs wurde Mielke dann in die autonome Deutsche Sowjetrepublik an der unteren Wolga geschickt; in ihr lebte etwa eine halbe Million Einwohner, vornehmlich Nachkommen eingewanderter Schwaben und Hessen. Bei einem Lehrer, so erzählte Mielke später, habe man ihn einquartiert, damit er sich im Umgang mit der zweisprachigen Familie mit Land und Leuten vertraut mache.

Lange scheint er sich dort nicht aufgehalten zu haben. Schon im Frühjahr 1932 war er wieder in Moskau. Im Deutschen Klub, eingerichtet und finanziert von der Komintern, traf er auf seinen Berliner Landsmann Emil Crüger, nach dem er schon seit seiner Ankunft gesucht hatte. Crüger verschaffte Mielke alsbald eine Anstellung bei dem Unternehmen, das ihn selbst schon seit geraumer Zeit beschäftigte und vor allem die Einfuhr von Elektrogeräten in die Sowjetunion betrieb.

Auch wenn der Staat die proletarische Heldenverehrung verordnete, so ging es doch nicht an, daß ein Einwanderer vom Ruhm seiner Taten im Deutschen Reich lebte; in Rußland galt der Grundsatz: Wer nicht arbeitet, soll auch nicht essen. In einem Land, das zwar dünn besiedelt und dessen Boden flächenweise überaus fruchtbar sein konnte, das aber auch Hungersnot kannte, mußte man sich sein Brot hart erarbeiten.

Auch wenn manche Erfahrungen zeigten, daß die Sowjetunion nicht gerade als Paradies der Werktätigen gelten konnte – so lag doch Anfang der dreißiger Jahre für viele westeuropäische Kommunisten hinter der 2000 Kilometer langen Grenzlinie im Osten, von der Ostsee bis zum Schwarzen Meer, das gelobte Land, in dem der Mensch nicht mehr von Kapitalisten geknechtet und in dem ihm dereinst der volle Ertrag seiner Arbeit zugute kommen würde. Um die gleiche Zeit, als Erich Mielke nach Moskau kam, sah auch Karl Mewis, gleichaltrig, seit 1924 Mitglied der KPD, später hauptamtlicher Funktionär und, wie auch Mielke, Legionär im Spanischen Bürgerkrieg, nach 1945 Partei- und Staatsfunktionär, erstmals die Hauptstadt der Sowjetunion. «Als wir eines Abends zum ersten Mal auf dem ungepflasterten Roten Platz standen» – schrieb Mewis 1971 in seinen Erinnerungen – «und ehrfürchtig vor dem Mausoleum» (Lenins) «verharrten, da hatten wir schon viele ungepflasterte Straßen durchwandert, die einfachen Holzhäuser in schmalen Gassen gesehen und die ärmliche Kleidung, Bauern in Bastschuhen oder Leinenwickeln, ausgemergelte Arbeiter, streunende Kinder in Lumpen.» Doch «die harte Wirklichkeit der Lebensverhältnisse konnte unsere Überzeugung» nicht «widerlegen, daß dieses Land zum Vaterland aller Werktätigen geworden war».

Einem ähnlichen Enthusiasmus verfiel Mielke offenbar nicht. Kein Anzeichen spricht dafür, daß der gelernte Expedient daran gedacht hat, diesen Beruf auch in der Sowjetunion wieder aufzunehmen, geschweige denn, daß er erwogen hat, etwa den «blauen Anton» eines Arbeiters anzuziehen. Er strebte eine gehobene Stellung an, von der aus er Arbeiten delegieren konnte, die von anderen erledigt werden sollten. Im Moskauer «Elektro-Import» gab es so etwas für ihn nicht. Der Ehefrau seines Kollegen Emil Crüger, die ihren Mann in Moskau besuchte, sagte er, er werde demnächst ein Studium beginnen.

Dazu benötigte er nicht das Zeugnis der Hochschulreife, wohl aber die Zustimmung der Komintern und der Führung der KP, und es mußten einflußreiche Leute ein Wort für den Bewerber einlegen. Mielke hatte das Glück, daß Neumann und Kippenberger auch als Emigranten in Moskau Zuflucht gesucht hatten und in der Komintern wirkten. Sie empfahlen ihn an die Militärpolitische Schule der Komintern für einen Lehrgang, der im Herbst 1932 begann. Sie legten im Anschluß daran noch ein gutes Wort für ihren Schützling ein, damit er für einen zweijährigen Lehrgang an der Lenin-Schule zugelassen wurde, wo die höheren Weihen für eine Funktionärslaufbahn vergeben wurden. Diese Studien waren kostenlos; Unterkunft, Essen, Kleidung wurden gestellt, und dazu gab es auch noch ein Taschengeld. Gemäß dem Brauchtum dieser Eliteschmiede legte sich jeder Student einen konspirativen Namen zu, unter dem er später irgendwo wirken sollte. Als «Paul Bach» hauste Mielke fortan in einem Raum mit fünf Betten, also gemeinsam mit vier Genossen. Unweit des Seminargebäudes lag auch Hitlers Botschaft; sie war eine permanente Erinnerung daran, daß der Erzfeind 2000 Kilometer weiter westlich seine Macht immer stärker ausbaute und daß auch «Paul Bach» erst dann wieder Erich Mielke werden konnte, wenn der Faschismus besiegt sein würde.

Mielke war ein eifriger Schüler des historischen Materialismus. Dabei war es in jener Zeit nicht einfach, durch dieses verminte Gedankengelände unfallfrei hindurchzufinden. Es war geradezu lebensgefährlich, von der Generallinie der Partei abzuweichen. Seit einem Jahrzehnt, praktisch seit Lenins Tod, kämpfte der Generalsekretär des ZK der KPdSU, Josef Stalin, gegen zwei Gruppierungen bisher führender Genossen, die auf anderem Wege und mit anderen Mitteln zu einer marxistisch-leninistischen Staats- und Gesellschaftsordnung kommen wollten. Leo Trotzki, einst Kriegsminister und Schöpfer der Roten Armee, war von Stalin schon 1929 als «Linksabweichler» gebrandmarkt worden. Er und seine Anhänger wurden seitdem unerbittlich verfolgt. Andere Genossen der ersten Stunde, angebliche «Rechtsabweichler», drängte Stalin nacheinander aus allen einflußreichen Positionen, um ihnen später fast ausnahmslos den Prozeß zu machen, der dann meist mit einem Todesurteil endete. Wer auf der Lenin-Schule studierte, mußte geschickt lavieren können. Wer auf verbotenen Pfaden erwischt wurde, flog ebenso von der Schule wie der Übervorsichtige, der sich ungeschickt um Entscheidungen drückte. Wer fähig war, vor den jäh wechselnden Winden zu segeln, schnitt bei den Beurteilungen am besten ab.

Für einen Mann wie Mielke war das offenbar kein Problem. Er war im Schulaktiv und damit ein Aktivist, also privilegiert für Vorzugsnoten. Zu solchen Würden kamen diejenigen, die der Schulleitung durch Diensteifer angenehm auffielen und sich zu besonderen Leistungen verpflichteten. Dazu gehörte es auch, Stimmungsberichte nach oben abzuliefern, freiwillig und regelmäßig, über das Tun und Trachten, die Unterlassungen und die Versäumnisse von Genossen und

Lehrern. Mit dieser Art von umfassender Bespitzelung hatte bereits die Tscheka, die Geheimpolizei der frühen Bolschewistenherrschaft, zuverlässig fast jeden Keim von Opposition frühzeitig zertreten.

Als besondere Arbeitsgebiete wählte Mielke auf der Schule die Fächer Sport und Kultur. Dabei konnte mit entsprechender Vorsicht eigentlich nichts schiefgehen. Kultur als Arbeitsgebiet sollte allerdings nur wählen, wer dialektisch zu argumentieren verstand. Anfang 1934 hatte die «Prawda», das Zentralorgan der KPdSU, über eine Auseinandersetzung mit einem Schallplattenverlag berichtet, der das Goethe-Lied «Es war ein König in Thule» hatte in Schellack pressen lassen, ohne zu bedenken, daß jeder Monarch ein übler Klassenfeind ist. Und Mielke war, laut einem Zeugnis von Alexander Abusch, seinem Berliner Förderer an der «Roten Fahne», ein Freund von klassischen Opern, in denen es doch von Königen und Fürsten nur so wimmelte.

Die Intelligenz und der Lerneifer Erich Mielkes fielen den Lehrern und auch der Leitung der Schule auf; wohlwollend notierte man Mielkes Bereitschaft, zusätzliche Arbeiten und Pflichten zu übernehmen. Er gab ein Informationsblatt heraus, das über die Arbeit der verschiedenen freiwilligen Unterrichtsgruppen berichtete, und wenn zum 1. Mai oder zur Feier der Oktoberrevolution von der Partei neue Parolen verkündet wurden, schrieb er dazu die lobpreisenden Kommentare mit dem unvermeidlichen Dank an den großen Genossen Stalin. Auch bejubelte er auf diese Weise 1935 einen epochalen wirtschaftlichen Erfolg: Endlich konnten die letzten Lebensmittelkarten, ein Restbestand aus der Kriegszeit, abgeschafft werden. Selbst Brot und Zucker waren in Moskau jetzt frei käuflich.

In einem 1951 für die Parteibürokratie der SED verfaßten Lebenslauf – seitenlang und in Blockbuchstaben gemalt – vermerkt er, daß er Mitte der dreißiger Jahre regelmäßig in Moskau die Gerichtsverhandlungen gegen die Verräter des Marxismus (und deshalb Feinde Stalins) besucht habe – genau zu der Zeit, als der Diktator seinen letzten und gefährlichsten Gegner, Leo Dawidowitsch Trotzki, mit Morddrohungen und Anschlägen des Sowjetgeheimdienstes durch Europa hetzen ließ, bis Trotzki schließlich in Mexiko eine Zuflucht gefunden hatte (um dort 1940 dann doch an seinem Schreibtisch von einem Agenten Stalins mit einem Eispickel erschlagen zu werden).

Als Mielke die Lenin-Schule besuchte, war der Machtkampf zwischen den führenden Männern der bolschewistischen Revolution längst zu Stalins Gunsten entschieden, der – entgegen Trotzkis Forderung nach «permanenter Revolution» – den «Aufbau des Sozialismus in einem Land» anstrebte.

Zur Durchsetzung seiner Machtansprüche hatte Stalin noch die Hilfe etlicher Genossen aus Lenins früher Bolschewistengarde gebraucht, erfahrene Berufspolitiker und Politfunktionäre wie Kamenew, Bucharin, Sinowjew, Radek. Mit diesem Bündnis hatten sie sich ihr Recht auf Mitsprache in Staat und Partei sichern wollen. Sie erhielten jedoch nur einen Platz auf Zeit an der Balustrade über dem Roten Platz, unter der an Feiertagen das Parteivolk und die Rotarmisten vorbeimarschierten. Mielke war als Lenin-Schüler dabei oft Augenzeuge, wenn auch meist nur aus gebührendem Abstand, und sah dort auch bei Gelegenheit den Genossen Stalin, eine Begegnung, die, so schrieb er in seinem Lebenslauf, «mir ein Stück meiner Erziehung und Leitschnur in vielen schweren Situationen gewesen» ist.

Nicht nur ihn dürfte es überrascht haben, daß die «Prawda» bald diesen, bald jenen aus der alten Garde als üblen «Schädling und Verräter an der Arbeiterklasse wie am Sowjetvolk» entlarvte. Meist in Gruppen zusammengefaßt, saßen sie ab

1935 auf der Anklagebank. Der Generalstaatsanwalt Andrej Wyschinskij überschüttete sie mit fürchterlichen Anklagen, nannte sie Spione im Dienst der Faschisten, Spalter der proletarischen Einheit und Saboteure des sozialistischen Aufbaus. Mielke saß bisweilen auf der Tribüne der Zuhörer und erlebte, wie die «Helden der Revolution» jene «Verbrechen», die ihnen zugeschrieben wurden, nahezu ohne Widerspruch auch gestanden. Ihn ekelten die jammernden Figuren auf der Anklagebank an, wie er einigen seiner späteren Stasi-Mitarbeiter erzählte.

In jenen Jahren holten die Häscher des NKWD, als Nachfolgeorganisation von Tscheka und GPU, die Sowjetgenossen in Massen vor dem Morgengrauen aus ihren Betten und füllten mit ihnen die Gefängnisse. Selbstverständlich griff das NKWD auch nach Lenin-Schülern und führte auch unter den Emigranten eine furchtverbreitende «Säuberung von konterrevolutionären Elementen» durch. Wer von den Festgenommenen Glück hatte, wurde einem Richter zugeführt und bekam ein gerichtliches Verfahren. So konnte er, wenn auch unschuldig, mit wenigen Jahren Zwangsarbeit davonkommen. Schrecklicher war es für den, dessen Fall «administrativ behandelt» wurde. Der Verhaftete verschwand dann häufig auf unbegrenzte Zeit in Arbeitslagern. Vorsichtig wie immer sprach auch Mielke in seinem Lebenslauf diese Vorgänge nur mit dem Stichwort «Reinigung!» an. Das klang unverfänglich, bedeutete es doch nur: Es wurde Schmutz entfernt. Was als Schmutz zu gelten hatte, bestimmte Stalin. Niemand in dessen Machtbereich konnte sicher sein, daß er nicht eines Tages ebenfalls zum Schmutz gehören würde. Auch war es gefährlich, sich hinter dem breiten Rücken einer Parteigröße zu verstecken, denn wenn sie umfiel, «beschmutzte» sie jeweils ihre gesamte nähere Umgebung.

Zuständig für den deutschen Staatsangehörigen Erich

Mielke war die deutsche Sektion der Komintern, deren Büros im Gebäudeblock Mochowaja lagen. Sie würde über seinen Einsatz entscheiden, sobald er die Lenin-Schule durchlaufen hatte. Sofern für ihn kein Schreibtisch bei der Komintern frei würde – und so sah es aus – würde er in den Apparat der KPD eingebaut werden, eine jetzt illegale und gefährliche Aufgabe. Dazu mußte er zwar nicht unbedingt über einen ständigen Wohnsitz im Reich verfügen. Wohl konnte er an der Reichsgrenze einen Standort zugewiesen bekommen, wo er als Abschnittsleiter die Transporte des Propagandamaterials und die Schlupfwinkel für die Kuriere zu organisieren hatte, aber dann und wann müßte er doch die Reichsgrenze mit einem gut gefälschten Paß überschreiten.

Im Spanischen Bürgerkrieg

Mitte Juli 1936 rebellierte der Kommandierende General auf den zu Spanien gehörenden Kanarischen Inseln gegen die republikanische Regierung in Madrid. Das frühere Königreich Spanien war praktisch unregierbar geworden, seit sich kommunistische, anarchistische, syndikalistische, föderalistische und faschistische Gruppierungen dort bekämpften. Dem faschistischen General Francisco Franco griff Hitler hilfreich unter die Arme. Auf dem Reichsparteitag in Nürnberg im September 1936 empfing er Abgesandte des Generals und schickte Transportflugzeuge vom Typ JU 52, in denen die marokkanischen Streitkräfte des Generals über die Straße von Gibraltar nach Südspanien transportiert wurden. Das war der Auftakt zu einem Bürgerkrieg, der erst im Jahre 1939 mit dem Sieg Francos ein Ende finden sollte. Das faschistische Italien schickte ganze Regimenter in den Kampf für die Brüder im Geiste. Hitler lieferte Teile der deutschen Luftwaffe: Bomber, Jagdflieger, Sturzkampfflugzeuge, Nachrichten-Einheiten, Luftabwehrkompanien. Er nahm den spanischen Kriegsschauplatz als Gelegenheit wahr, neue Waffen zu erproben und dabei auch noch zu erfahren, was der mutmaßliche Gegner produzierte.

Auch Stalin wollte von dieser Generalprobe eines künftigen Krieges profitieren; er schickte Offiziere als Instrukteure, Waffen, Munition und auch Geld, zugleich aber auch Kommissare der GPU und Agitatoren; denn auch die Republik Spanien sollte auf Moskauer Kurs gebracht werden. Die Komintern organisierte die Aufstellung der Internationalen Brigaden, zu denen Freiwillige aus vieler Herren Länder strömten, die mit ihrem Einsatz verhindern wollten, daß ein weiterer Staat von einem faschistischen Diktator regiert würde. Intellektuelle, Künstler und Schriftsteller und viele andere Engagierte fühlten sich aufgerufen, die Menschenrechte auf dem Boden Spaniens zu verteidigen, so unter anderen Ernest Hemingway und George Orwell. Mag auch deren soldatischer Beitrag gering ausgefallen sein, so ließ sich doch mit ihren Namen der Welt demonstrieren, daß man auf der republikanischen Seite in Spanien für eine gute Sache stritt.

Auch in den Büros der Komintern in Moskau herrschte Aufbruchsstimmung. Vor allem die Deutschen drängten in den Krieg; endlich konnten sie mehr tun, als nur Parolen gegen Hitler zu verbreiten. Heinz Neumann hatte für die politischen Auseinandersetzungen in Deutschland das Schlagwort geprägt: «Schlagt die Faschisten, wo ihr sie trefft!» In Spanien bot sich dazu die Gelegenheit. Er selbst freilich eilte nicht zu den Waffen. Er war vielmehr gezwungen, in Moskau um seinen Parteirang zu kämpfen. Man warf ihm vor, er habe den jetzt als Märtyrer in Hitlers Zuchthaus sitzenden Thälmann auf unfaire Weise verspottet. Gleich ihm hatten noch einige andere deutsche Genossen die Taktik der Thälmann-Gruppe als zu passiv bekrittelt. Nun wurde Neumann und ihnen «parteifeindliche Gruppenarbeit» vorgeworfen. Selbst die Aktion am Bülowplatz belastete ihn jetzt in Moskau. Denn im Gegensatz zu den bisher geltenden Grundsätzen war Stalin plötzlich *für* das Bündnis mit anderen Parteien, mit Sozialdemokraten und selbst mit Liberalen. Eine Volksfront gegen den Faschismus galt als vorrangiges Ziel der Politik, und in Frankreich entstand sie gerade. Das ‹Exekutivkomitee der Kommunistischen Internationale› verlangte von Neumann, sich diesen Vorwürfen zu stellen. Wie gefährlich solche Parteiverfahren sein konnten, hatten schon die führenden Altbolschewisten Sinowjew und Kamenew erfahren müssen. Nachdem sie aus der Partei ausgestoßen worden waren, hatte Stalin die Weggefährten Lenins in einsame Weiten des Riesenreichs verbannt. Jetzt war ihnen erlaubt worden, wieder nach Moskau zurückzukehren. Sie lebten gemeinsam in einem hölzernen Bauernhäuschen am Rande der Hauptstadt. Im Frühjahr 1935 wurden beide erneut verhaftet und 1936 in der Haft ermordet.

Der Absolvent der Lenin-Schule Erich Mielke, der all dieses miterlebt hatte, mußte nun über seine Zukunft entscheiden. Bei der Komintern hatte man angedeutet, daß er als Lektor im militärpolitischen Bereich der Lenin-Schule wirken könnte. Mielke aber entschloß sich, nach Spanien zu gehen.

Wann genau er in Spanien eintraf und wie er dorthin gereist war, geht aus dem Fragebogen und den Lebensläufen seiner Personalakte nicht hervor. Wertet man diese Unterlagen jedoch aus, dann kommt man zu dem Schluß, daß er wahrscheinlich erst nach dem 15. Oktober 1936 dort eingetroffen sein dürfte. Denn an diesem Tag gab Stalin seinen ausländischen Genossen den Weg nach Spanien offiziell frei, indem er dem spanischen Kommunistenführer José Diaz mitteilte, daß Waffen und Freiwillige aus der Sowjetunion zur Unterstützung der Republikaner unterwegs seien.

Mielkes einstiger Gönner Heinz Neumann war zu dieser Zeit schon kaltgestellt. Nach monatelangen Verhören bei der Komintern hatte man ihn aller Funktionen enthoben und ihm eine Stelle als Übersetzer in einem Buchverlag zugewiesen. Allerdings durften er und seine Frau Margarete Buber-Neumann noch im Hotel «Lux», dem Wohnort aller prominenten Komintern-Angehörigen, wohnen bleiben – sei es, daß man ihm Zeit lassen wollte, angesichts der in Moskau herrschenden Wohnungsnot irgendwo eine Unterkunft zu suchen, sei es aber auch, daß die GPU ihn im «Lux» wissen wollte, weil sie ihn dort besser überwachen konnte. Auch der Genosse Kippenberger war als Zugehöriger zur Gruppe Neumann bereits in Gefahr. Erich Mielke hätte zwar noch Walter Ulbricht als Zeugen für seine Heldentat auf dem Bülowplatz aufrufen können, weil dieser damals als Politleiter des Bezirks Berlin-Brandenburg in die Geschehnisse eingeweiht gewesen sein mußte, aber dieser Genosse, obzwar jetzt führend in der KPD, hielt sich meist in Belgien auf, weil er von dort aus am besten den Widerstand gegen die NS-Herrschaft im westdeutschen Industriegebiet lenken konnte. Ein Hilferuf würde ihn wohl nur verspätet erreichen – wenn überhaupt.

Also hatte Erich Mielke einige Gründe, den Staub der damals meist noch ungepflasterten Straßen Moskaus von seinen Schuhen zu schütteln. In Spanien konnte er sich halbwegs sicher fühlen – auch im Bürgerkrieg.

Ein Kommando über eine Internationale Brigade bekam auf Stalins Weisung der Genosse Wilhelm Zaisser, ursprünglich Lehrer, den der Erste Weltkrieg als 26jährigen Reserveoffizier entlassen hatte und der dann 1920 beim Aufstand an der Ruhr die dort entstandene Rote Armee gegen die Ordnungskräfte der Republik geführt hatte. Es war der KPD damals nicht gelungen, den Staat der Ebert und Genossen zu stürzen. 1927 ging Zaisser nach Moskau. Als Agent der IV. Abteilung beim Generalstab der Roten Armee (Aufklärung) und der Komintern führte er «spezifische Aufträge» in China und in Deutschland aus. Seit 1932 hielt er sich ständig in Moskau auf, wo er auch Mitglied der KPdSU wurde. 1936 wurde er mit militärischen Führungsaufgaben im Spanischen Bürgerkrieg betraut. Als «General Gomez» erwarb er legendären Ruhm.

Auch Erich Mielke wechselte wieder einmal seinen Namen.

In Spanien nannte er sich Fritz Leissner. In seinem Lebenslauf schrieb er, er habe «als Soldat im Stabe der Brigade an den Kämpfen in Südspanien, Madrid, Guadalajara teilgenommen». Während dieser sehr summarisch aufgezählten Kriegsgeschehen sei er von «Stufe zu Stufe zum Kapitän befördert» worden und hätte als Hauptmann eine Kompanie führen dürfen – eine Darstellung, die im Widerspruch steht zu dem, was andere Genossen, die ihm in Spanien begegneten, erzählten.

Schon im Spätherbst 1936, also bereits kurz nach Mielkes Ankunft in Spanien, so erzählt beispielsweise Walter Janka, ebenfalls Teilnehmer des Spanischen Bürgerkrieges und später Kommandeur eines Bataillons, habe er Mielke, als Offizier des SIM (Servicio Informacion Militar), des geheimen Sicherheitsdienstes der Partei, kennengelernt. Janka, gelernter Schriftsetzer und sieben Jahre jünger als Mielke, war KPD-Mitglied und entstammte einer proletarischen Familie. Sein Bruder Albert war als Reichstagsabgeordneter der KPD im April 1933 von SA-Leuten ermordet und Walter Janka nach längerer Haft in die Tschechoslowakei abgeschoben worden. Nach weiterer illegaler Arbeit im Reich ging er im Herbst 1936 nach Spanien – gegen den Widerstand der Partei. Wohl deshalb war er dem SIM verdächtig. Dessen Stab lag damals in Murcia, einer Provinzhauptstadt in Spaniens Mittelmeerregion.

Hier traf Janka zum ersten Mal auf den Offizier Erich Mielke, der ihn inquisitorisch befragte, wie er nach Spanien gekommen sei und was er dort zu suchen habe. Die Auseinandersetzung zwischen beiden endete mit einem Streit, der für Janka zunächst keine Folgen hatte; aber einige Wochen später mußte er sich ein weiteres Mal beim SIM melden und wiederum bei Mielke, der ihm eröffnete, daß er mit sechs weiteren Deutschen in eine spanische Einheit versetzt sei. Mielke selber werde sie dort abliefern. Er ging auch mit bis zum Regimentsgefechtsstand. Darauf allerdings scheint sich sein Fronteinsatz beschränkt zu haben. Des weiteren zog er die Sicherheit der Etappe vor.

Zu seinen Aufgaben gehörte es, Anarchisten, Syndikalisten und sogenannte Konterrevolutionäre in der Truppe aufzuspüren und sie liquidieren zu lassen. Janka jedoch blieb fortan in der spanischen Einheit und stieg als Frontsoldat zum Kommandeur eines Bataillons auf.

Tatsächlich entsprach eine solche Aufgabe Mielkes Ausbildung an der Lenin-Schule. Für die Unterstützung der spanischen Linken mit Waffen, Gerät, Geld und Soldaten beanspruchte Moskau die entscheidenden Posten in der Militärpolizei, dem Ableger der GPU. Aus Moskauer Sicht wäre es unverantwortlich gewesen, hätte man in Spanien einen mehrfach ausgezeichneten Lenin-Schüler als einfachen Interbrigadier eingesetzt. Mielke zählt in seinen Fragebögen etliche seiner Funktionen auf, die gemeinhin fern von der Front wahrgenommen werden. Demnach war er Ausbildungsoffizier einer Brigade, Chef der Instruktionsabteilung in der Basis aller Internationalen Brigaden, Chef der Operationsabteilung einer Brigade. Er wurde in diesem Krieg auch nie verwundet. Im Oktober 1989, also kurz vor dem Ende der DDR, ließ er ein Verzeichnis aller «Auszeichnungen des Genossen Minister» zusammenstellen; es bedurfte 18 DIN A4-Seiten, um die etwa 250 Teilstücke seines Orden und Spangen, Medaillen und Sterne umfassenden Dekorationsbesitzes aufzuzählen, den er bei feierlichen Anlässen auf der Uniformbrust zu präsentieren pflegte. Darunter befand sich kein spanischer Orden.

Daß ihm selbst seine Genossen die Heldenrolle nicht glaubten, verrät eine Beurteilung des «Leissner, Fritz» durch den ebenfalls in Südspanien eingesetzten Generalmajor a. D. Gustav Szina. Er schrieb: «Leissner kam im Dezember 1936 nach Spanien (hier allerdings muß sich Szina irren – Mielke war wohl schon einige Monate früher in Spanien – d. Verf.) zur 14. Brigade, wurde zum Leutnant ernannt und arbeitete im Stab der Brigade.» Über weitere Funktionen, unter anderem als Kaderoffizier und in Stäben, wurde er in der hintersten Etappe «zum Kapitän ernannt. Leissner besaß ausgezeichnete theoretische militärische Kenntnisse, praktisch konnte er sie weniger in Anwendung bringen, da er meistens Dienst als Adjutant machte.» Seiner organisatorischen Fähigkeiten wegen habe er die Verwaltung der Brigaden geleitet. «Politisch qualifiziert, nahm er an allen politischen Arbeiten teil und wurde viel als Referent in den Parteizellen verwandt.»

Die Rolle der Moskauer Emissäre beschrieb sachlich und unparteiisch ein Frontsoldat des Spanischen Bürgerkrieges und zugleich ein Schriftsteller von Rang, nämlich George Orwell. Orwell war im Dezember 1936 nach Spanien gegangen, weil er für eine Zeitung über den Bürgerkrieg berichten wollte; was er dort erlebte, bewog ihn dann aber, sich als Freiwilliger in einer Internationalen Brigade zu melden. Er war kein Bürosoldat wie Mielke und kämpfte an der Front, bis eine Gewehrkugel seinen Hals durchschlug: Als dienstunfähig wurde er entlassen.

Zufällig war er bei seinem Eintritt in eine Kompanie der spanischen Gewerkschaften geraten. Mit den Kommunisten fühlte er sich zunächst enger verbunden, bis er feststellen mußte, daß die Abgesandten aus Moskau, Offiziere und Kommissare, mit Gewaltmethoden erreichen wollten, daß ihre Einheiten am Ende als die eigentlichen Sieger dastünden. Sie schanzten deshalb den Nachschub an Waffen, Munition und Ausrüstung einseitig jenen Einheiten zu, die sich Moskau unterstellten.

Im Mai 1937 brachen in Barcelona unter den Gegnern Francos Kämpfe aus. Die republikanische Regierung verbündete sich mit den Moskauer Kommunisten gegen die Einheiten der

Gewerkschaften, gegen Anarchisten und Separatisten, die untereinander keineswegs einig waren, aber durchgängig von den Moskauern als «Trotzkisten» bezeichnet wurden. In den Straßenkämpfen sollen nach regierungsamtlichen Verlautbarungen etwa 400 Menschen ums Leben gekommen sein, aber Tausende dieser Trotzkisten wurden von einer nach dem Muster der GPU aufgezogenen Politischen Polizei verhaftet, und viele von ihnen verschwanden spurlos.

Im Frühjahr 1938 zeichnete sich der Sieg Francos ab. Er hatte das Geld, die Kirche, die Latifundienbesitzer, das Bürgertum und die Militärs auf seiner Seite, indes die Gegner ein lockeres Konglomerat unterschiedlicher politischer Gruppierungen und Überzeugungen bildeten, die darüber hinaus gelegentlich auch noch gegeneinander intrigierten. Dazu waren die Kämpfer fremder Nationalität im Land wenig beliebt. Als dann das Heer der Faschisten gegen die Mittelmeerküste vordrang, schnitt es dem Gegner auch noch den Nachschub aus der Sowjetunion ab. Im Januar 1939 marschieren Francos Truppen in Barcelona ein. Der Krieg war entschieden. Allerdings konnten sie nicht verhindern, daß ein Schiff der UdSSR mit den Goldreserven der spanischen Staatsbank ostwärts das Weite suchte. Als schließlich am 28. März 1939 Madrid in Francos Hände fiel, war der Bürgerkrieg nach drei Jahren zu Ende.

Erich Mielke blieb vorerst in Belgien und Frankreich und floh nicht, wie viele andere, gleich nach Moskau. Er hatte gute Gründe anzunehmen, daß ihm das politische Klima im Reich Stalins schlecht bekommen könnte. Am 28. April 1937, morgens um ein Uhr, war sein alter Berliner Gönner Heinz Neumann in seinem Hotelzimmer im «Lux» verhaftet und abgeführt worden. Beschlagnahmt wurden bei ihm laut Polizeiprotokoll «60 Bücher trotzkistischen, sinowjistischen, kamenewistischen, bucharinistischen Inhalts, ein Koffer voll Manuskripte, Briefe und Schriftstücke». Seine Frau Margarete Buber-Neumann lief während der folgenden Tage von einem Moskauer Gefängnis zum anderen. Sie wollte wenigstens erfahren, wo ihr Ehemann verwahrt wurde, wollte ihm Geld, Lebensmittel und Wäsche bringen. Sie fand ihn schließlich in der Lubjanka, dem berüchtigten Gefängnis von Stalins Geheimpolizei.

Sie wurde dann aus dem «Lux» exmitiert, und in ihrer neuen, überaus kärglichen Unterkunft hatte sie erleben müssen, daß auch dort ihre Bekannten nacheinander abgeholt wurden, bis sie selbst an die Reihe kam. Wie ihr erging es zahlreichen Deutschen, die vor der Gestapo nach Moskau geflohen waren. So Hugo Eberlein, der vor Jahren ein führender Mann in der KPD gewesen war. So Felix Halle, ein Berliner Anwalt, der vielen Kommunisten gegen die «Klassenjustiz» im Weimarer Staat beigestanden hatte und 1933 deswegen in die Sowjetunion emigriert war. Wie Halle waren auch Hermann Remmele, Hermann Schubert, Hans Kippenberger und andere Männer aus der ersten Garnitur der KPD in Gefängnissen verschwunden. Niemand weiß bis heute, wie sie gestorben und wo sie begraben sind. Ob sie sich in Arbeitslagern zu Tode schuften mußten oder durch einen Genickschuß starben – es war der mörderische Dank des Vaterlandes aller Werktätigen. Willi Münzenberg, der sich nach Paris gerettet hatte, lebte noch, obgleich er häufiger als andere gegen die von Stalin diktierte Linie der KPD verstoßen hatte. Alle Aufforderungen, sich in Moskau wieder einmal sehen zu lassen, hatte er ignoriert. Auf die Dauer jedoch sollte auch er dem langen Arm Stalins nicht entkommen.

Auch Mielke-Leissner war vorsichtig. Obwohl sich in Spanien die Niederlage abzeichnete und damit das Kriegsende nahte, blieb er bei den Brigaden, die sich in Katalonien mehr und mehr auf Barcelona zurückdrängen ließen. Er verzichtete vorerst auf eine Passage ostwärts mit einem der sowjetischen Schiffe, angeblich, weil er bei seinen Kameraden ausharren und ihr Schicksal teilen wollte. Er machte sich anheischig, die Internationalen Brigaden über die nahe Grenze nach Frankreich in Sicherheit zu bringen. Gemäß einem Abkommen mit dem französischen KP-Funktionär Marty organisierte er in der Tat die Rettung von einigen tausend Männern, denen es wahrscheinlich übel ergangen wäre, wenn sie den Franco-Soldaten in die Hände gefallen wären.

Mielke selbst wurde schließlich von der Partei nach Belgien beordert – ein Befehl, dem er wahrscheinlich mit Vergnügen nachkam. Es lebte sich in Brüssel im Frühjahr 1939 besser und weniger gefährlich als in Moskau, gar nicht zu reden von Hitlers Großdeutschland. Mielkes neue Aufgabe erforderte weder Mut noch besondere Talente: Er wurde Zirkelleiter einer Emigrantengruppe in Belgien. Auch in der Abschnittsleitung Belgien konnte er Aufgaben übernehmen; er half, eine kleinformatige Zeitung zu redigieren, die bei Eupen über die Grenze nach Westdeutschland geschmuggelt werden mußte und sich, in Erinnerung an jene Zeitung, die Karl Marx ein Jahrhundert zuvor in Köln geleitet hatte, «Neue Rheinische Zeitung» nannte.

Seit Herbst 1939 mußte sich der Publizist und Redner Erich Mielke dann mit einem Problem herumschlagen, bei dem auch linientreue KPD-Mitglieder Schwierigkeiten hatten, der Partei noch folgen zu können. Mit dem Hitler-Stalin-Pakt, unterzeichnet am 23. August 1939 in Moskau, war aus dem Nazireich ein Bundesgenosse geworden. Der braune und der rote Diktator hatten sich in einem geheimen Zusatzprotokoll über eine neuerliche Aufteilung Polens geeinigt, und während deutsche Streitkräfte die polnische Armee innerhalb von 18 Tagen zerschlugen und das Land besetzten, hatten am 17. September 1939 auch Stalins Truppen die polnische Grenze westwärts überschritten und den sowjetischen Anteil an der Beute vereinnahmt. Die Propagandisten der KPD durften Hitler von Stund an nicht mehr einen «verbrecherischen und kriegslüsternen Knecht der deutschen Imperialisten und Kapitalisten» nennen, und aus den westlichen Demokratien, bisher potentielle Freunde, waren jetzt «räuberische Plutokraten» geworden, die ihre «Kolonien aussaugten und ihre Bürger im eigenen Land ausbeuteten».

In Mielkes Lebenslauf liest sich diese Phase so: «In Belgien nahm ich an der Parteidiskussion über den deutsch-sowjetischen Pakt, über den imperialistischen Krieg, über die Losung ‹Revolutionäre Demokratie›, über die Resolution des Zentralkomitees zu dem deutsch-sowjetischen Pakt und über den finnisch-sowjetischen Krieg teil.» Mehr nicht.

Willi Münzenberg hingegen, in Berlin noch einer von Mielkes Gönnern, hatte Stalin nach dem Pakt mit Hitler in einer Veröffentlichung einen Verräter genannt. Seitdem waren Greifer der deutschen Kommunistischen Partei und des sowjetischen Geheimdienstes hinter ihm her – auch noch, als er sich bei Beginn des deutschen Westfeldzugs freiwillig zu der von der französischen Regierung angeordneten Internierung in das Pariser Stadion von Colombes begeben hatte.

Als die Nazis Paris bedrohten, brachte man die Internierten in ein Lager bei Lyon, doch am 20. Juni 1940, als auch hier der Feind nahte, mußte auch dieser Platz geräumt werden. Die Internierten sollten in Fußmärschen südwärts ziehen. Münzenberg jedoch war entschlossen, die Gelegenheit zur Flucht in die Schweiz zu nutzen. Angeblich hatte er sich dann aus der Marschkolonne mit einem oder auch mehreren Begleitern entfernt; die Bewacher kümmerten sich schon nicht mehr darum. Seitdem war Willi Münzenberg verschwunden. Ende Oktober 1940 spürte der Hund eines Jägers in einem Wald östlich des

Rhonetals, nahe der kleinen Ortschaft Montagne, eine männliche Leiche auf. Der Mann hatte eine Drahtschlinge um den Hals. Papiere in seinen Taschen wiesen ihn als Willi Münzenberg aus. Wie und durch wen er ums Leben gekommen ist, ist bis heute umstritten. Nicht auszuschließen ist, daß Münzenberg der Rache seiner Genossen zum Opfer gefallen ist.

Dem relativ gefahrlosen Leben Mielkes in Belgien, bezahlt mit den unter Lebensgefahr gesammelten Groschen deutscher Genossen und mit Subventionen aus Moskau, machten deutsche Soldaten im Mai 1940 ein jähes Ende. Mielke kam in das Internierungslager St.-Cyprien im französischen Süden. Er hatte insofern Glück, als es am Ende des Westfeldzugs in dem von der Wehrmacht nicht besetzten Teil Frankreichs lag.

Dort wartete er zunächst einmal ab, was die Partei befehlen würde, und verdiente als Waldarbeiter sein Geld. Die Verbindung mit der Partei wollte nicht klappen; Reisen konnte er sich nicht leisten, weil seine Papiere nicht echt waren. Erst der deutsche Überfall auf die Sowjetunion gab ihm den Anstoß, Rat bei der Sektionsleitung der französischen Kommunisten in Toulouse einzuholen.

Als im Dezember 1942 die freie Zone Frankreichs von Wehrmacht, SS und Gestapo besetzt wurde, war das letzte Schlupfloch für Verfolgte, die Mittelmeerküste, über das einzelne immer wieder nach Nordafrika und damit sogar nach England oder in die USA entkommen waren, versperrt.

Mielke, so behauptet er jedenfalls in seinem Lebenslauf, blieb in seiner Arbeitskolonne internierter Ausländer, die ein französischer Unternehmer bald en bloc engagierte und für Bauaufträge einsetzte; unter anderem führte sie auch Arbeiten für die berüchtigte Organisation Todt durch, eine paramilitärische Organisation des Dritten Reiches, die beim Bau von Befestigungsanlagen und Straßen, zum Beispiel am sogenannten Atlantikwall, eingesetzt wurde, Bombenschäden in

Städten und an Bahnanlagen beseitigte oder Nachschubeinrichtungen für die Wehrmacht betrieb.

Daß er ausgerechnet für eine Organisation gearbeitet hatte, die dem Hitlerreich gedient hatte, war ein peinlicher schwarzer Fleck in der politischen Biographie des deutschen Kommunisten Erich Mielke. Wohl deshalb deutete er seine Arbeit – die etwa ein Jahr währte – bei den Todt-Leuten in seinem Lebenslauf nur kurz an, behauptete später gar, er sei wegen Schwierigkeiten mit dem französischen Unternehmer verhaftet und von diesem dann der Organisation Todt überstellt worden, und erwähnt in seinem Lebenslauf eigentlich nur, daß er im Dezember 1944 mit einer solchen Formation über den Rhein zurück nach Deutschland gekommen sei.

Der Version, die Mielke selbst in einem 1945 für die Partei verfaßten Lebenslauf zu Papier bringt, er habe sich nach dem Spanischen Bürgerkrieg in Belgien und Frankreich aufgehalten und sei nach dem Ende des Zweiten Weltkrieges von dort nach Berlin zurückgekehrt, steht eine andere, parteioffizielle, entgegen. In veröffentlichten Dokumenten ist von seiner «Rückkehr aus der Sowjetunion» 1945 die Rede. In einer Glückwunschadresse des Zentralkomitees der SED zu Mielkes 80. Geburtstag heißt es zudem wörtlich: «Unvergessen sind Dein Mut und Dein selbstloser Einsatz an der Seite der sowjetischen Klassengenossen im Großen Vaterländischen Krieg.»

Die Säuberung der Partei

Als die deutschen Soldaten im Mai 1945 die Waffen niederlegten, soll sich Erich Mielke, so behauptet er selbst, irgendwo in Süddeutschland in der französisch besetzten Zone, also im Dreieck zwischen Bodensee und dem Saarland, befunden haben. Seine Versuche, den dortigen Landeskindern, vorwiegend eine gut katholische Bevölkerung, die Diktatur des Proletariats schmackhaft zu machen, scheiterten kläglich. «Wir waren unbekannt und ‹Nichtdeutsche›», begründete Mielke seine Mißerfolge als kommunistischer Agitator in dieser Region. Auf märkischem Boden – so hoffte er –, vor allem im Berliner Wedding, werde er mehr Erfolg haben.

Nach einer mühsamen Reise, teils mit unregelmäßig verkehrenden Zügen der Reichsbahn, teils als Anhalter französischer und amerikanischer Militärkraftwagen, teils auch zu Fuß erreichte er die Grenze der sowjetisch besetzten Zone. Sein perfektes Russisch mag ihm geholfen haben, an wachsamen Rotarmisten vorbeizukommen. Am 14. Juni 1945, einem Donnerstag, sah er zum ersten Mal, was Hitler aus seiner Vaterstadt Berlin gemacht hatte.

Das Haus mit der elterlichen Wohnung in der Stettiner Straße stand noch und war sogar bewohnbar. Die Stiefmutter lebte noch, der Vater war gestorben. Die Schwestern waren verheiratet und ausgezogen. Der jüngere Bruder lebte in der Wohnung, erwies sich jedoch als mutlos und ohne Initiative.

Dagegen war Erich voller Tatendrang. Schon am Freitag holte er sich bei der Bezirksverwaltung einen umfangreichen Fragebogen und gab Auskunft über alles, was ihn mit der Partei verband. Seine Familie präsentierte er nicht zu Unrecht als eine Veteranengruppe des Klassenkampfes. Sein Beruf? «Gelernter Expedient – Transport». Danach Emigrant in Moskau, Spanien, Belgien, Frankreich, wo er sich als Holzfäller, Kohlenarbeiter und Maschinenarbeiter jene Schwielen in den Handflächen erworben habe, die erst den wahren Proletarier ausmachen. Auch seine «Heldentat» vergaß Mielke nicht zu erwähnen, womit er sein neues Leben gleich mit einer Desinformation begann. «In Abwesenheit verurteilt zum Tode (Bülowplatz)» schrieb er als Antwort auf die Frage in seinem Fragebogen von 1945: «Waren Sie verhaftet oder gerichtlich verurteilt? Wann, durch welches Gericht, weshalb, wie lange und wo im Gefängnis, Zuchthaus, KZ?» Er hielt an dieser Legende bis ins hohe Alter fest. Noch am gleichen Tage lieferte er die Bogen bei der Behörde ab und forschte dann auch gleich, an welcher Stelle er der Partei dienen könne.

Daß die Partei in ihrer früheren Gestalt als machtvolle Organisation noch nicht funktionieren könne, war ihm klar. Immerhin erfuhr er die Namen von Genossen, die jetzt in Berlin den Ton angaben. Die meisten waren ihm aus Moskau bekannt. Etlichen war er dort auch schon mal begegnet. Sie waren Mitglieder einer Initiativgruppe des ZK der KPD, deutsche KP-Emigranten, die unter Leitung von Walter Ulbricht am 30. April 1945 aus Moskau kommend in einem sowjetischen Militärflugzeug auf einem Feldflugplatz bei Calau nach Deutschland zurückgekehrt waren. Zunächst schlugen sie ihr Quartier in Bruchmühle bei Strausberg auf, um von hier aus mit dem Aufbau von Verwaltung und Partei zu beginnen. Am 9. Mai verlegten sie ihren Standort nach Berlin-Friedrichsfelde. Ihre Vollmachten waren naturgemäß beschränkt. Was immer sie unternehmen wollten, mußten sie sich von der Generalität der Besatzer genehmigen lassen.

Eine zweite Gruppe von KPD-Funktionären hatte Moskau einen Tag später verlassen, auch in einem Flugzeug, und war mit den Armeen des Marschalls Konjew in Sachsen eingerückt. Diese Gruppe wurde angeführt von Anton Ackermann, der eigentlich Eugen Hanisch hieß, aus dem Erzgebirge stammte und Strumpfwirker gewesen war. Er hatte sich in Moskau im «Nationalkomitee Freies Deutschland» betätigt, einem Zusammenschluß deutscher Kriegsgefangener, die bis zum bitteren Ende vergeblich versucht hatten, die Wehrmacht zu agitieren und ihr klarzumachen, daß sie für einen Verbrecher kämpfe. Ackermann hatte 1933 die Leitung der illegalen Berliner KPD übernommen und ein Jahr lang den Spanischen Bürgerkrieg auf dem Feldherrnhügel mitgemacht.

In ihm suchte der Spanienkämpfer Mielke seinen Ansprechpartner. Am Freitag, dem 15. Juni, versuchte er, Ackermann in seinem Büro zu erreichen, wurde aber bei dem Vielbeschäftigten nicht vorgelassen. Also gab er am darauffolgenden Tag in Ackermanns Büro eine handschriftliche Mitteilung ab, wonach er «um eine Rücksprache mit Dir» gebeten habe, «da Dir mein Name ‹Paul Bach› aus Moskau bekannt war. Ich weiß nicht, ob man Dich davon verständigt hat.» Mielke selbst hatte sich in diesen Tagen schon Hals über Kopf in die Parteiarbeit gestürzt. Als Mitglied einer Straßenzelle, so unterrichtete er Ackermann, habe er bereits an einer Sitzung des Unterbezirks Wedding teilgenommen, in der über die Bildung der Zellenleitungen und über den Aufruf des Zentralkomitees der Partei diskutiert worden sei. Dieser Aufruf vom 11. Juni 1945 hatte seinerzeit die Genossen einigermaßen überrascht, postulierte er doch, «daß der Weg, Deutschland das Sowjetsystem aufzuzwingen, falsch wäre», daß vielmehr die «Errichtung eines antifaschistischen, demokratischen Regimes, einer parlamentarisch-demokratischen Republik» in der gegenwärtigen Lage angebracht sei.

Ein Programm dieser Art mußte den Heimkehrer Mielke verwirrt haben. Davon zeugt dann auch der Schlußsatz seiner Mitteilung an Ackermann: «Ich glaube, daß ich richtig handle, Euch zu verständigen, denn es gibt dort» (gemeint ist offenbar die Basis der Zellen) «viele Fragen, die Euch interessieren. Mit Parteigruß.» Darunter der Name in Druckbuchstaben, wie der ganze Brief. Die Gründung antifaschistischer Parteien – darunter die KPD – war erst durch einen Befehl des sowjetischen Marschalls Schukow, datiert auf den 10. Juni, möglich geworden. Spontane Initiativen aus der Bevölkerung waren unerwünscht. An dem Aufruf des Zentralkomitees der KPD vom 11. Juni war die Basis weder beteiligt, noch war sie vorher befragt worden.

In Berlin ging es im Juni noch drunter und drüber. Es wurden zwar Lebensmittelkarten ausgegeben, aber was sie gedruckt versprachen, gab es in Wirklichkeit nicht. Wer sich nicht am Schwarzmarkt oder am Tauschhandel beteiligen konnte, lief Gefahr zu verhungern. Noch immer sammelten die Alliierten ein, was sie brauchen konnten. Die Kommandanturen der Roten Armee ließen ganze Betriebe ausräumen vom Dampfkessel bis hin zum letzten Hosenknopf. Selbst ein Behördenchef, ein hoher KPD-Funktionär, war wehrlos, als ihm ein sowjetischer Offizier den Dienstwagen wegnahm. Und obwohl viele Vorgesetzte sich bemühten, die Truppe zur Disziplin anzuhalten, leisteten sich die Rotarmisten immer wieder Übergriffe gegenüber der Bevölkerung. Es gab sogar Fälle, daß Offiziere von ihren Vorgesetzten gemaßregelt wurden, wenn sie uniformierte Übeltäter anzeigten oder bestraften.

Nach dem Zusammenbruch des Dritten Reiches wurden nicht nur die Ranghöchsten des NS-Regimes verhaftet und vor Gericht gebracht. Die Besatzungsmächte steckten auch die Helfer und die Helfershelfer in die gerade erst geleerten Konzentrationslager. Jedes ehemalige Mitglied der NSDAP konnte damit rechnen, in irgendeiner Form bestraft zu werden.

Die bereits eifrig tätigen und mit großen Plänen aus den Konzentrationslagern heimgekehrten Kommunisten mußten sich den Ideen und Befehlen aus Moskau unterordnen. Soweit Deutschen überhaupt Machtbefugnisse eingeräumt wurden, sollten sich die Kommunisten diese mit der SPD und den noch zu gründenden bürgerlichen Parteien teilen. Die Gelegenheit mußte freilich gleichzeitig genutzt werden, zugängliche amtliche Funktionen mit eigenen Leuten zu besetzen, ehe andere Lager sich konstituierten und Ansprüche erhoben.

Insofern war der Heimkehrer Mielke gerade noch zur rechten Zeit aufgetaucht – zwar aus dem Westen, was insofern nachteilig für ihn sein konnte, als manchem dort wirkenden Genossen der Ruch anhaftete, der Zucht des Kremls entwöhnt zu sein und zu Ungehorsam zu neigen. Andererseits aber galt Mielke durchaus als linientreuer Genosse, der sich in Spanien bewährt und unter den angeblichen Spaltern, Abweichlern und verkappten Faschisten aufgeräumt hatte. Seine früheren Verbindungen zu den verurteilten «Verrätern» und Partei-Schädlingen Heinz Neumann und Hans Kippenberger hatten nur vorübergehend bestanden. So galt er als verdienter Genosse, der erwarten durfte, mit einem angemessenen Amt belohnt zu werden.

Im Juni 1945 wurde Erich Mielke Leiter der Polizei-Inspektion Berlin-Lichtenberg.

Ulbricht, schon damals Schlüsselfigur der Partei, war in ideologischer und organisatorischer Hinsicht mit Mielke so zufrieden, daß er ihn im Dezember 1945 zusätzlich zum Leiter einer Abteilung «Polizei und Justiz» (welch eine Koppelung!) beim Zentralkomitee der KPD berufen ließ. Mielke stieg in den Partei-Apparat auf; er hielt diese Stellung auch noch, als die KPD im April 1946 in der SED aufging. Mielkes Aufstieg begann.

Seine Tätigkeit lag fortan im Bereich politischer Polizei- und Sicherungsaufgaben. Als im Juli 1946 auf Befehl der Sowjetischen Militäradministration für ihre Okkupationszone die Deutsche Verwaltung des Innern geschaffen wurde, avancierte Mielke zu einem ihrer Vizepräsidenten – zuständig für Kaderpolitik und Schulung der Polizei. Als rund zwei Jahre später, durch Beschluß der Deutschen Wirtschaftskommission vom 5. Mai 1948, ein Ausschuß zum Schutze des Volkseigentums gegründet wurde, übernahm Mielke dessen Leitung. Nach Bildung der Regierung der DDR am 12. Oktober 1949 sollte dieser Ausschuß in die Hauptverwaltung zum Schutze der Volkswirtschaft im MdI aufgehen – wiederum unter Mielkes Leitung, der zwischenzeitlich ohnehin wesentlich am Aufbau der «Kommissariate 5» («K 5») in der Volkspolizei mitgewirkt hatte, ihrer Struktur nach eine politische Polizei, deren Kader später in die DDR-Staatssicherheit übernommen wurden.

Hauptverwaltung zum Schutze der Volkswirtschaft – das war im Grunde eine Tarnbezeichnung, die verbergen sollte, daß der aufkommende Arbeiter-und-Bauern-Staat dabei war, ein Ministerium für Staatssicherheit aufzubauen.

Durch Gesetz vom 8. Februar 1950 wurde diese Neuschöpfung aus dem Innenministerium herausgelöst und verselbständigt. Sie bekam die Bezeichnung, die Mielke gewünscht hatte: Ministerium für Staatssicherheit, genannt MfS, in der mittels vieler Abkürzungen auf modern geschminkten Verwaltung des neuen Staates. Das Ministeramt erhielt Wilhelm Zaisser, der Spanienkämpfer, der dann wenige Monate später ins Zentralkomitee des SED und auch ins Politbüro, dem Führungsorgan der Partei, aufrückte. Für Mielke war er ein gewohnter Vorgesetzter, denn auch in Spanien war er ihm unterstellt gewesen. Zaisser vertraute Mielke, was sich als Fehler herausstellen sollte. Zaisser war älter an Lebens- und Parteijahren als Mielke und konnte als Berufsrevolutionär zahlreiche Meriten vorweisen. Vorteilhaft für ihn hatte es sich auch erwiesen, daß sich Zaisser nach dem Bürgerkrieg in Spanien in Moskau wieder nützlich gemacht hatte. Er hatte während des Zweiten Weltkrieges zunächst die Antifa-Schule in Krasnogorsk geleitet, in der die Propagandisten des «Nationalkomitees Freies Deutschland» ihre höheren Weihen erhielten. Das Komitee war von Walter Ulbricht gegründet worden, als er am 8. Oktober 1941 im Lager Krasnogorsk bei Moskau 158 deutsche kriegsgefangene Soldaten dazu gebracht hatte, einen Aufruf zu unterschreiben, in dem langatmig zum Sturz Hitlers aufgefordert wurde. Den Krieg beeinflußten weder der Aufruf noch das Nationalkomitee. Zaisser hatte dann nach 1947 über den Posten eines sächsischen Innenministers als Chefinstrukteur zur Volkspolizei gefunden. Unter seiner Führung avancierte Erich Mielke 1950 im neuen MfS zum Staatssekretär. Auch Mitglied des ZK der SED wurde er bereits 1950.

Die Aufgaben und Zuständigkeiten des Ministeriums für Staatssicherheit waren durch das Gesetz vom 8. Februar 1950 nicht definiert worden. Gleichwohl konnte von Anfang an kein Zweifel daran sein, daß sie im wesentlichen darin bestanden, unter sowjetischer Kontrolle die Macht der SED durchzusetzen und zu sichern. Die Staatssicherheit, wie Insider das MfS in der DDR schon damals hießen, sollte und wollte Herrschaftsinstrument der SED sein, ihr wichtigstes, «Schild und Schwert der Partei».

Folgerichtig waren daher im MfS von Anfang an die Kompetenzen einer politischen Geheimpolizei mit denjenigen einer Ermittlungs- und Untersuchungsbehörde in politischen Strafsachen verknüpft. Es organisierte nicht nur ein umfassendes Informationsnetz, ein weitverzweigtes Spitzelsystem in der DDR, sondern es verfügte auch über eigene Gefängnisse, in denen Hunderte von Untersuchungsführern, geschulte Stasi-Offiziere, «politische Verbrechen» aufzuklären hatten. Erst 1953 wurde dem MfS auch die Zuständigkeit für Spionage übertragen, die «äußere Aufklärung».

Der Aufbau des Stasi-Apparates vollzog sich strikt nach dem Vorbild der sowjetischen Repressions- und Sicherheitsorgane. Die Strukturen des NKGB/MGB – seit 1954 KGB – wurden ebenso übernommen wie seine Methodik. Sowjetische Instrukteure, Sicherheitsoffiziere, wurden in allen Hauptabteilungen und Abteilungen des MfS, in den Landes- beziehungsweise Bezirksverwaltungen und in den Kreisdienststellen eingesetzt. Mindestens bis Mitte der 50er Jahre hatten sie unmittelbare Befehls- und Entscheidungsbefugnis. Nichts lief ohne sie.

Unter diesem Gesichtspunkt war nicht nur ein Mann mit den Erfahrungen Wilhelm Zaissers in der richtigen Funktion, sondern eben auch Erich Mielke. Auch er hatte in Moskau miterlebt, wie sich in den 30er Jahren Genossen des Verrats, der Sabotage, der Spionage im Dienst der Faschisten selbst bezichtigten. Auch an der Lenin-Schule hatte er erfahren, wie Mitschüler unvermittelt und scheinbar grundlos anklagenden Fragen ausgesetzt und in öffentlicher Versammlung durch erzwungene Selbstkritik so zermürbt wurden, daß sie schließlich anhand ihrer Selbstbezichtigungen als Schädlinge entlarvt werden konnten. Er hatte in dieser Schule das infame System der «Vertrauensleute» der Geheimpolizei kennengelernt, ein dichtes Netz heimlicher Denunzianten, die gezwungen oder auch freiwillig dem NKWD berichteten, was die Genossen taten, sagten oder auch nur dachten.

Diesen Erfahrungen war es wohl zu verdanken, daß Mielke in Spanien – schon bald nach seiner Ankunft – als Politkommissar amtieren durfte und auch, daß er innerhalb weniger Tage nach seiner Rückkehr nach Deutschland Chef einer noch zu bildenden deutschen Geheimpolizei werden konnte. Zwar blieben seine Kompetenzen während der ersten Jahre begrenzt; er war zunächst in erster Linie der Erfüllungsgehilfe des NKWD/NKGB. Von ihm mußte er sich jede seiner Aktionen genehmigen lassen. Oberste Instanz war für ihn der Generaloberst J. A. Sjerow; dieser hatte sich in Moskau bei den Säuberungen der Partei hervorgetan und durfte deshalb in Berlin sogar den sowjetischen Militärgerichten vorschreiben, wie sie zu urteilen hatten. Sein Griff lockerte sich erst, als am 7. Oktober 1949 die DDR gegründet und dem jungen Staat eine eigene Regierung mit eigener Administration zugestanden wurde. Doch auch in der folgenden Zeit genügte ein Stirnrunzeln Stalins, die Regierenden in Ost-Berlin zittern zu lassen.

Diese ungebrochene Allmacht Stalins gegenüber den «Bruderstaaten» zeigte sich auch deutlich in den Auseinandersetzungen zwischen Stalin und dem jugoslawischen Staatschef Tito, als dieser beim Aufbau einer neuen Staats- und Gesellschaftsordnung von dem Wege abzuweichen begann, den ihm der Rote Zar im Kreml vorschreiben wollte.

Solche Probleme hatte Stalin in der DDR nicht. Der junge Staat hatte zwar eine Regierung, aber sie war sich auch bewußt, daß ihr die demokratische Legitimität fehlte und daß im Grunde ihr Wort im Land immer noch weniger galt als ein Befehl der Besatzungsmacht. Der Ministerpräsident Otto Grotewohl war belastet mit seiner langjährigen Mitgliedschaft bei den Sozialdemokraten, also seiner politischen Herkunft. Der weitaus Stärkere war Walter Ulbricht, zwar in der Regierung nur stellvertretender Ministerpräsident, aber er bestimmte als Generalsekretär der SED, der er 1950 wurde, die Richtlinien der Politik.

Ulbricht war in Stalins Augen ein zuverlässiger politischer Partner. Die spektakulären Säuberungsprozesse, mit denen der Chef im Kreml anderen Staaten des Ostblocks Warnschüsse vor den Bug setzte, blieben der DDR zunächst erspart. Doch der Schauprozeß gegen den ungarischen kommunistischen Innenminister László Rajk brachte Vorgänge zur Sprache, an denen der Amerikaner Noel H. Field beteiligt gewesen war, ein während des Zweiten Weltkriegs in Genf tätiger Quäker, der mit einer Hilfsorganisation politisch verfolgte Linke unterstützt hatte. Sein Wirken ist ebenso umstritten wie seine Person: Ob er ein Agent des US-Geheimdienstes war (wie dies im Budapester Gerichtssaal behauptet wurde) oder ob er sich als Christ verpflichtet fühlte, Bedrängten beizustehen (wie dies im Westen gesagt wurde), konnte nie zweifelsfrei geklärt werden.

War jedoch der Quäker Noel Field ein Agent der Amerikaner, dann waren für Stalin, seinen Geheimpolizeichef L. P. Berija und für alle Sicherheitsorgane in den sogenannten Volksdemokratien auch sämtliche Genossen des Verrats verdächtig, die je mit dem Amerikaner in Berührung gekommen waren. Walter Ulbricht bekam aus Moskau den Befehl, seine Partei von solchen «Elementen zu säubern». Im September 1949 forderte der NKWD-Chef in Berlin, Generaloberst J. A. Sjerow, die Zentrale Parteikontrollkommission (ZPKK) der SED auf, alle Kontakte zu überprüfen, die Field mit deutschen kommunistischen Emigranten während des Krieges und später in Südfrankreich und in der Schweiz gehabt habe. Damit alle Verdächtigen erfaßt werden könnten, stellte Sjerow dem Kommissariat K5 alle Protokolle zur Verfügung, die bisher zu diesem Thema angefallen waren.

Das war der erste Großauftrag für Erich Mielke und seinen im Aufbau befindlichen Repressionsapparat. Möglicherweise war dessen Chef mit dem Fall sogar schon ziemlich vertraut; er hatte ja selbst in Südfrankreich konspirative Fäden gezogen und auch versucht, Kontakte zu den in der Schweiz wirkenden Genossen herzustellen. Der KPD-Stützpunkt in Toulouse hatte ihn damals an die Genossen in Marseille verwiesen, aber Mielke hatte sich (angeblich) in dieser Richtung nicht mehr bemüht, nachdem er den Eindruck gewonnen hatte, die Marseiller Gruppe sei politisch nicht sauber. So wenigstens schilderte er seine eigenen Erfahrungen – und diese Darstellung konnte gleichzeitig als wohlfeiles Alibi dienen, falls sich herausstellen sollte, daß die Marseiller Genossen tatsächlich mit Field zusammengearbeitet hatten.

Für eine Säuberung der Partei war zunächst weniger die Staatssicherheit zuständig als die ZPKK. Sie hatte das Recht, jeden Genossen zum Verhör zu laden und ausführliche Aussagen und Berichte einzufordern. Daß die Mitglieder dieser Parteiinquisition mit der Staatssicherheit eng zusammenarbeiteten, versteht sich von selbst. Nachdem auf diese Weise eine Anzahl Berichte über Verräter und Spalter der Partei zustande gekommen waren, konnte der Vorsitzende der SED, Staatspräsident Wilhelm Pieck, auf dem III. Parteitag der SED im Juni 1950 selbstkritisch (gemäß dem Moskauer Parteibrauch) zugeben, «daß die von Field geworbenen Agenten von Allen Dulles» (US-Spionagechef für Europa mit dem Sitz in der Schweiz) «mit politischen Aufgaben betraut» worden seien, und daß es Field gelungen sei, deutsche Emigranten anzuheuern. Die Partei müsse darauf mit erhöhter Wachsamkeit reagieren und «die trotzkistische Agentur» in ihren Reihen ausmerzen.

Das Stichwort «Trotzkisten» erlaubte es, gegen jedermann vorzugehen, der es wagte, an Stalins und Ulbrichts Politik Kritik zu üben oder Gleichgesinnte um sich zu sammeln. Sie alle konnten nun als Partei- oder auch Volksfeinde von den Staatssicherheitsbeamten verhaftet und in den gerade fertiggestellten Neubau des Untersuchungsgefängnisses des Staatssicherheitsdienstes in der Berliner Magdalenenstraße gebracht werden. Dazu gehörten: Leo Bauer, derzeitiger Chefredakteur am Deutschlandsender und vormaliger Fraktionsvorsitzender der KPD im hessischen Landtag; Lex Ende, zeitweise Chefredakteur des Zentralorgans der SED «Neues Deutschland»; Paul Merker, Mitglied der KPD seit 1920 und nach seiner Rückkehr aus dem mexikanischen Exil in das Zentralkomitee der SED berufen; Fritz Sperling, KPD-Funktionär in den Westzonen, der nach Ost-Berlin eingeladen und dort verhaftet wurde; Kurt Müller, Spitzenfunktionär der West-KPD, der ebenso unter einem Vorwand in die DDR gelockt und verhaftet wurde.

Sie und eine große Anzahl weiterer Häftlinge hatten das «Verbrechen» begangen, die Parolen der Partei kritisch geprüft und – vielleicht nur in Nuancen – abgelehnt zu haben. Hatten sie gar mit anderen Genossen darüber gesprochen, dann war das nach kommunistischem Sprachgebrauch «Fraktionsbildung». Solche Eigenmächtigkeiten wurden in Stalins Machtbereich mit aller Härte bestraft. Gewissermaßen in seinem Schatten durften Ulbricht und Mielke nun auch ihrerseits darangehen, die Partei in der DDR zu säubern.

Bei Leo Bauer schien das «Verbrechen» eindeutig zu sein: In der Schweiz hatte er als Emigrant mit Field die Hilfen für Genossen organisiert. Er hatte nach dem Krieg als Vorsitzender der KPD-Fraktion im hessischen Landtag gelegentlich mit hochgestellten Mitgliedern des US-Besatzungskommandos in Wiesbaden konferiert. Als er nun in der zweiten Hälfte des August 1950 vom Deutschlandsender aus telefonisch ein Wiedersehen mit Erica Glaser, der Pflegetochter des Ehepaares Field, die dazu noch inzwischen den US-Captain Robert Wallach geheiratet hatte, vereinbarte (wobei die Stasi das Gespräch mithörte), schien seine «Schuld» offenkundig.

Am Vormittag des 23. August 1950 wurde Bauer telefonisch um 15.00 Uhr zur Zentralen Parteikontrollkommission der SED bestellt. Dort hielt man ihm vor, die Befehle amerikanischer Imperialisten befolgt und die Entfaltung einer antifaschistischen Widerstandsbewegung sabotiert zu haben – eine Beschuldigung, mit der er schon einmal konfrontiert worden war. Diesmal jedoch wollte die Kommission ihn überhaupt nicht mehr anhören. Ihre stellvertretende Vorsitzende Hertha Geffke verkündete seinen Parteiausschluß. Als er das Gebäude verließ, nahmen ihn auf der Straße Mielkes Polizisten fest.

Ihr Chef, der Staatssekretär im MfS, trat zwei Tage später in Bauers Zelle – mit der Absicht, den Häftling auf das geplante Verfahren einzustimmen. Spätestens im Februar 1951, so teilte er Bauer mit, werde in Berlin ein großer öffentlicher Prozeß stattfinden, in dem alle Angeklagten ihre Schuld bekennen sollten – nach Moskauer Muster. Auch von Bauer erwarte die Partei, daß er ihr «keinen Ärger» bereite. Wie zu erwarten, war auch Erica Wallach festgenommen worden; auch sie würde auf der Anklagebank sitzen.

Bauer weigerte sich, der Partei mit erzwungenen und erlogenen Geständnissen in einem Schauprozeß über ihre Schwierigkeiten hinwegzuhelfen; er wolle nicht der Sündenbock sein, den man den notleidenden Menschen östlich der Elbe und in den übrigen Volksdemokratien als Mitverursacher ihrer Misere anbiete. Als auch die vielen Verhöre daran nichts änderten, nahm Mielke sich den Gefangenen ein weiteres Mal selbst vor. Es sei, so sagte er, nicht Bauers Sache zu entscheiden, ob die Partei einen Schauprozeß brauche; er habe ihr als treuer

Genosse auf jeden Fall zu dienen, ob er schuldig sei oder nicht. «Denn die Partei hat immer recht mit ihren Entscheidungen», argumentierte Mielke und übernahm dabei einen Moskauer Grundsatz. Sein Adjutant ergänzte die Belehrung noch, ehe er die Zelle verließ: «Wir haben bisher im Guten versucht, Sie zu überzeugen. Ich warne Sie! Andere Männer mit anderen Mitteln werden das erreichen, was wir nicht geschafft haben.»

Tatsächlich erwiesen sich die folgenden Verhöre durch sowjetische Geheimpolizisten als sehr viel schlimmer. Ihren Methoden konnte auch Leo Bauer nicht widerstehen, dieser großgewachsene, kräftige Mann von damals 39 Jahren, dem Willensstärke und Beharrlichkeit im Gesicht abzulesen waren. So wurde denn schließlich – wie er in seinen Erinnerungen schilderte – in der Nacht zum 31. Mai 1951 auch sein Widerstand gebrochen; der Chef der sowjetischen Untersuchungsbehörde, dazu ein Gehilfe mit athletischer Statur und ein aus Innerasien stammender Dolmetscher fielen wieder und wieder über ihn her mit Schlägen und Tritten, bis der Häftling sich bereit erklärte, in einem handgeschriebenen Geständnis alles auszusagen, was man von ihm verlangte. Man ließ ihn schreiben, solange er wollte. «Ganze zwei Monate dauerte es. Ich schrieb in dieser Zeit 150 Seiten Kriminalroman», benannte er später sein Opus. Viele Seiten mußte er zweimal schreiben, sei es, weil er noch einige Namen einzufügen hatte, sei es, daß seinen Auftraggebern die Beschimpfung ihrer Gegner nicht drastisch genug ausgefallen war.

Am 26. Dezember 1952 wurde Bauer in seiner Zelle im Gefängnis Lichtenberg die Anklageschrift vorgelesen. Behalten durfte er sie, wie in der Sowjetunion üblich, nicht. Er wurde darin nach sowjetischem Recht angeklagt und schließlich von einem Militärtribunal des NKGB abgeurteilt: wegen Verbindung zur Weltbourgeoisie, wegen militärischer, politischer und wirtschaftlicher Spionage, wegen Verleumdung der Sowjetunion, wegen kritischer Äußerungen über die SED und die Regierung der DDR, was ebenfalls als Angriff auf die Sowjetunion zu werten sei. Zumindest dieser Punkt traf zu; hatte er doch geäußert, die von der SED-Regierung geduldeten und sogar für berechtigt erklärten Demontagen der Betriebe und die Reparationen aus der laufenden Produktion würden das Volk auf Jahrzehnte hinaus verelenden. Sein Urteil wurde ihm am 28. Dezember, kurz vor Mitternacht, verkündet: Tod durch Erschießen. Die gleiche Strafe wurde über die Mitangeklagte Erica Wallach verhängt. Berufung gab es nicht, eine Revision wurde ausgeschlossen.

In Berlin wurde das Urteil gesprochen, nicht in einem Schauprozeß, sondern unter Ausschluß unerwünschter Öffentlichkeit. In Moskau sollte es vollstreckt werden. Nach einer Woche wurden die Verurteilten «unter unwürdigsten Umständen» mit einem Gefangenentransport in die Hauptstadt der UdSSR verfrachtet. Im Gefängnis Turiki wartete Bauer auf seine Hinrichtung, monatelang. Er erfuhr in seiner Zelle nicht, daß Stalin am 5. März 1953 gestorben war, daß Malenkow im Kreml die Zügel an sich gerissen hatte und daß er am 26. Juni den für den sowjetischen Terrorapparat verantwortlichen L. P. Berija hatte verhaften und ein halbes Jahr später erschießen lassen. Als Bauer am 22. Juni 1953 von acht Milizsoldaten der NKWD aus seiner Todeszelle geholt wurde, mußte er annehmen, daß sie ihn vor die Wand des Kugelfangs führen würden. Sie lieferten ihn jedoch einem Richter aus, der ihm verkündete, daß er begnadigt und seine Strafe auf 25 Jahre Arbeitslager festgesetzt worden sei. Er sollte sie in den Lagern des Bezirks Taitschet in Ostsibirien verbüßen.

Die vorzeitige Entlassung ihres ehemaligen Genossen und Opfers im Herbst 1955 kam Ulbricht und Mielke ungelegen; als er am 3. Oktober 1955 im Sammeltransport in Frankfurt/Oder eintraf, erwarteten ihn an der DDR-Grenze Sicherheitspolizisten mit dem Auftrag, ihn festzunehmen. Doch Bauer und seine mitreisenden Schicksalskameraden protestierten dagegen so lautstark und drohend, daß der sowjetische Begleitoffizier des Transports zu Bauers Gunsten eingriff.

Fünf Monate vor Bauer hatte Mielke den 47jährigen Werkzeugmacher Kurt Müller, den zweiten Vorsitzenden der westdeutschen Kommunistischen Partei, mittels einer List hinter Gitter gebracht, denn an dessen Wohnort Hannover wäre er für die Mielke-Polizei nicht greifbar gewesen. Müller war ein erfahrener Funktionär. Schon in der Weimarer Republik hatte er in der Kommunistischen Jugend eine führende Position eingenommen, war damals und auch im Dritten Reich viel auf Reisen, auch im Ausland, hatte an Tagungen, Versammlungen, Komiteesitzungen teilgenommen, mal in Berlin, mal in Moskau, Prag oder auch Paris. Schließlich hatte die Gestapo ihn gefaßt, aber er hatte die Nazidiktatur im KZ überlebt. Nun aktivierte er die Westzonen – ein mühsames Geschäft, weil die Erfahrungen, die man mit der Roten Armee in den Gebieten zwischen Elbe und Ostpreußen gemacht hatte, in ganz Deutschland die ohnehin geringen Sympathien für den Kommunismus fast auf den Nullpunkt gedrückt hatten, und weil die westlichen Besatzungsmächte zögerten, eine Partei zuzulassen, die ihre Befehle aus dem Osten bekam. Zwar erhielt die KPD im Westen finanzielle Unterstützung, doch Ansehen und Wähler konnten ihr die DDR-Genossen auf diese Weise auch nicht verschaffen. Allein schon deshalb konnte Müller einer Einladung des stärkeren Bruders in Ost-Berlin nicht widerstehen. Er wurde auch nicht mißtrauisch, als die Genossen dort gerade ihn zu sprechen wünschten und nicht etwa den Ersten Vorsitzenden der KPD, Max Reimann.

Müller weilte am 21. März 1950 gerade erst einen Tag in Berlin, als ihm Sicherheitspolizisten einen Haftbefehl präsentierten tierten. Müllers erstes Verhör führte Mielke selbst durch.

Eine Zeitlang ließ Mielke sich den Häftling Müller täglich um 22 Uhr vorführen und entließ ihn erst wieder zwischen vier und sechs Uhr am folgenden Morgen. Die ganze Zeit mußte der Häftling stehen, und wenn er dann in die Zelle zurückgebracht worden war, durfte er ab sechs Uhr nicht mehr auf der Pritsche liegen. Schlafen wurde ihm auch nicht im Sitzen gestattet. Fünf Monate lang mußte er in einer Zelle leben, in der ständig zwei Zentimeter Wasser den Fußboden bedeckte. In einer anderen Zelle, schmal wie ein Handtuch, lief Tag und Nacht an der Decke lärmend und Zugluft erzeugend ein starker Ventilator. Mit solchen Schikanen zog sich die Untersuchung Monate hin, ehe Müller in die Sowjetunion überstellt und dort durch eine Sonderkommission des NKGB «im Verwaltungswege» zu 25 Jahren Zwangsarbeitslager verurteilt wurde.

In der Nacht vom 3. zum 4. Oktober 1950 hatte Mielkes Staatssicherheitsdienst Müller zum letzten Mal vernommen. Es muß sich über viele Stunden hingezogen haben, denn das Protokoll füllt 37 Schreibmaschinenseiten. In dieser Nacht gab er jeden Widerstand auf und gestand, was immer man von ihm verlangte. Ergänzend dazu hatte er schon eine Anzahl handbeschriebener Seiten eines Schreibblocks abgeliefert, in denen er sich selber anklagte, künftiges Wohlverhalten beteuerte und versprach, nie wieder von dem Weg abzuweichen, den Moskau vorschrieb.

Müller wurde 1955 entlassen. Nach Chruschtschows Anti-Stalin-Rede auf dem XX. Parteitag der KPdSU 1956 hoffte Kurt Müller, daß nun auch ihm Gerechtigkeit widerfahren werde. Otto Grotewohl, Ministerpräsident der DDR, hatte im März 1956 in einer Rede «Willkürakte, Rechtsbrüche und ungesetzliche Handlungen von Funktionären des Staatsapparats der DDR» rückschauend verurteilt. Am 31. Mai 1956 schrieb er an den Ministerpräsidenten. In dem langen Brief an Grotewohl berichtet Müller, daß Mielke ihm auch die einfachsten Rechte vorenthalten habe, die einem Festgenommenen zustünden. Er wurde nicht gleich einem Untersuchungsrichter zugeführt, der über die Haftgründe entschied, erfuhr nicht den Grund seiner Festnahme, man verweigerte die gesetzlich garantierte Benachrichtigung einer Vertrauensperson. Ansprüche dieser Art habe Mielke abgeschmettert: «Hier bestimmen wir!» Als sich Müller darauf berief, daß er als Mitglied des westdeutschen Bundestags nicht hätte verhaftet werden dürfen, habe Mielke geantwortet: «Das interessiert uns nicht. Ich bin erst zufrieden, wenn ich den ganzen Bonner Laden hier sitzen habe, und ich kann erst dann wieder ruhig schlafen, wenn ich Sie fertiggemacht habe!» Und er habe gedroht: «Hier bei uns kommen Sie sowieso nicht mehr raus. Oder kennen Sie jemanden, der bei uns wieder rausgekommen ist?» Mielke verlangte von Müller «die gewünschte Aussage». Als politischer Mensch müsse Müller begreifen, «daß wir in Deutschland einen großen Prozeß zur Erziehung der Partei und der Massen brauchen». Auf eine Frage Müllers, was er denn gestehen solle, antwortete Mielke: «Sie wissen doch, was Sie aussagen sollen. Ich habe Ihnen doch das Protokoll des Rajk-Prozesses übergeben lassen.»

Diese Bemerkung zeigte Müller, daß Mielke den Prozeß und die Festnahme von langer Hand vorbereitet hatte; denn das Rajk-Protokoll war Müller schon vor seiner Verhaftung in Frankfurt zugespielt worden. Zur gleichen Zeit hatte ein Genosse aus der DDR ihm Namen von Sowjetbürgern genannt, die Müller laut Vernehmungsprotokoll angeblich in der Stadt Gorki begegnet sein sollen. Nun, in den Händen der Stasi, sollte er gestehen, daß er diese Männer kenne, daß sie Trotzkisten seien und daß sie ihn für ein Attentat auf Stalin hätten gewinnen wollen. Auf die gleiche Weise hatte Mielke Belastungen Müllers aus der NS-Zeit konstruiert. So schickte er einen Stasi-Mann nach Workuta in ein Straflager im nördlichen Sibirien. Ein dort eingesperrter SS-Rapportführer aus dem KZ Sachsenhausen sollte zu der Aussage veranlaßt werden, Müller habe als Häftling im KZ Spitzeldienste für die Gestapo geleistet. Zwischendurch beschwichtigte Mielke den Häftling Müller: «Andere haben auch die gewünschten Aussagen gemacht. Sie leben heute, und nicht schlecht, und arbeiten... Wir wollen Sie ja gar nicht bestrafen. Nach dem Prozeß holen wir Sie wieder zu uns zurück, und dann können Sie ruhig und gesichert leben... Es gibt für Sie zwei Möglichkeiten: Aussagen machen und dann später wieder frei arbeiten oder keine Aussagen machen und ins Gras beißen.» Er brüstete sich, bei der Ermordung führender Genossen der Komintern in Moskau dabeigewesen zu sein; von Berija und in der Lubjanka (dem Staatsgefängnis der NKWD) habe er gelernt, wie man zu Geständnissen komme.

Als Müller von Grotewohl keine Antwort bekam, schickte der Bundestagsabgeordnete Herbert Wehner den Müller-Brief ein zweites Mal und per Einschreiben nach Ost-Berlin. Als sich noch immer nichts rührte, hakte Müller am 7. August 1956 mit der schriftlichen Bitte nach, «mir mitzuteilen, was Sie in dieser Sache unternommen haben». Er bekam, datiert auf den 21. September, Antwort vom «Büro des Präsidiums des Ministerrats der DDR» mit einer unleserlichen Unterschrift. Sein Schreiben sei zum «Anlaß zu Nachprüfungen gemacht worden», aber da sie «noch nicht abgeschlossen sind, kann Ihnen eine Antwort heute noch nicht erteilt werden». Sie kam auch später nie.

Wie der Fall Müller wurde der Parallel-Fall Fritz Sperling in der ersten Jahreshälfte 1956 wieder virulent. Sperling hatte während des Zweiten Weltkriegs von der Schweiz aus als Emigrant gegen das Dritte Reich gearbeitet, und auch er war von Mielke und der Stasi nach Berlin in die Falle gelockt worden. Und wie Müller war er nach dem Krieg in Westdeutschland ein führender Funktionär der KPD geworden. Die SED hatte gegen ihn Vorwürfe wegen seines Verhaltens in der Schweiz erhoben; zur Klärung, hatte Ulbricht verlangt, möge Sperling sich in Berlin einfinden, gemeinsam mit seiner Frau, ebenfalls einer engagierten Genossin.

Sperling war seit Jahren krank; er hatte zwei Herzinfarkte überstanden. Scheinbar fürsorglich brachten ihn die Genossen der SED in Ost-Berlin gleich in ein Krankenhaus. Dort verhaftete ihn die Stasi am 26. Februar 1951 aus dem Bett heraus. Es begannen die Verhöre, teils durch den NKWD, teils durch Mielke und seine Leute, manchmal auch durch beide zusammen. Den Haftbefehl durfte er erst zwei Jahre später lesen, und auch aus ihm wurde nur in Stichworten klar, wessen man ihn beschuldigte. Es wurden ihm Geständnisse abgepreßt, die er – wie er annahm – so protokollieren ließ, daß jeder echte Kommunist beim Lesen der Akten merken müßte, daß er dazu gezwungen worden war.

Auf der zweiten Tagung des ZK der SED am 24. August 1950 hatten dessen Mitglieder und Kandidaten beraten, wie nach dem Rajk-Prozeß die Abtrünnigen und Verräter unter den Funktionären, die Überläufer zu den «amerikanischen Imperialisten» entlarvt und bestraft werden könnten. Für Moskau und Ost-Berlin war dies im Kalten Krieg eine brennende Frage, und die Genossen in der Partei sollten gewarnt werden. Mielke beteiligte sich an der Diskussion; er forderte, daß die Vergangenheit der Genossen noch gründlicher untersucht würde. «Es sind ja schon», sagte er, «von den Organisationen der Sicherheit eine Reihe von Menschen festgenommen worden... Trotzkisten, Diversanten und Mörder. Man kann diese Dinge nicht trennen.» Es gäbe Genossen, die wüßten, «welche Taten diese Menschen begangen haben; sie sind aber nicht zur Partei gekommen und haben das mitgeteilt... Wenn man zu seiner Partei in Treue steht, muß man ihr rücksichtslos sagen, was man weiß.»

Im März 1954 verurteilte das Oberste Gericht der DDR den Kriegsverbrecher und amerikanischen Agenten Fritz Sperling zu sieben Jahren Zuchthaus und 15 Jahren Sühnemaßnahmen – die er zwar in Freiheit, aber abhängig von der Willkür irgendwelcher Funktionäre hätte ableisten müssen. Doch im März 1956 wurde er begnadigt und aus dem Zuchthaus Brandenburg entlassen. Einer von Mielkes engsten Gehilfen brachte ihn in ein Krankenhaus, verlangte aber eine schriftliche Zusicherung, daß er das Gebiet der DDR nicht verlasse.

Sperling hatte im Zuchthaus nur wenig von den Vorgängen in der Außenwelt erfahren, aber als er nun vernahm, nach Stalins Tod sei der NKWD-Chef Berija als schlimmer Schädling der Partei, als Terrorist, Verräter und Spalter mitsamt seinem Anhang entlarvt und erschossen worden, da glaubte er den Schuldigen für das, was ihm widerfahren war, gefunden zu haben: Die «Berija-Bande», auf die sowohl Ulbricht wie auch andere Parteiführer im Ostblock so vehement schimpften, war auch an seinem Elend schuld gewesen. Er pfeife – verkündete er – auf die Begnadigung; er fordere eine erneute Untersuchung und nicht nur einen Freispruch, sondern auch eine öffentliche Erklärung, die seine «kommunistische Ehre» wiederherstelle.

Die dafür zuständige Zentrale Parteikontrollkommission schickte ihm drei ihrer Mitglieder ans Krankenbett; ihr Vorsitzender Hermann Matern, Mitglied des Politbüros, ließ sich als verreist entschuldigen. Am 14. Mai 1956 ließen sich die drei

Genossen von Sperling die Leiden des zu Unrecht Verfolgten und Bestraften schildern. Sie befragten ihn wohlwollend und lieferten schließlich auf 125 Schreibmaschinenseiten ein auch von Sperling unterschriebenes Protokoll der «Aussprache» ab. Daß Sperling darin alle Missetaten auf die «Berija-Bande» schob, lag ganz auf der momentanen Linie der SED. Diese «feindlichen Elemente» wollten – so erklärte Sperling – «den ihnen unbequemen Kommunisten Sperling, indem sie ihn zum Agenten stempelten, loswerden, der Partei schaden, ihre eigenen Positionen halten und weiter ausbauen...» Der «Schlag» gegen ihn sei «ein Schlag gegen die Partei» gewesen, «geführt im Interesse des amerikanischen Imperialismus».

Ganz freisprechen konnte Sperling freilich den SED-Staat nicht. Laut Protokoll sagte er: «Es ist Fremden gelungen, in die Organisationen der internationalen Arbeiterbewegung einzudringen. Bei der Durchführung ihrer verbrecherischen Arbeit fanden sie Werkzeuge, böswillige und unbewußte Werkzeuge. Mitarbeiter von Staatsorganen, auch der Staatssicherheit in der DDR, haben sich über die Partei gestellt. Nicht nur ich wurde unter entsetzlichen Druck gesetzt, sondern auch Parteiorgane und in diesen arbeitende Funktionäre der Partei.» Besonders habe sich dabei ein Verhörer hervorgetan, der im Protokoll nur C. genannt wird (gemeint war Mielke).

Am 8. Juni 1956, also weniger als vier Wochen später, kam die Untersuchungskommission zu dem Ergebnis, man habe Fritz Sperling «unparteimäßig» behandelt, und die Anklage gegen ihn sei konstruiert worden, um ihn verurteilen zu können. Die von Sperling so heiß ersehnte Rehabilitierung vor den Genossen wurde ihm jedoch nicht gewährt; sie wurde blockiert von den gleichen Männern, die ihn verfolgt hatten. Sperlings durch Haft und Enttäuschungen malträtiertes Herz machte nicht mehr mit; er starb am 20. April 1958.

Im Institut für die Geschichte der Arbeiterbewegung in Berlin untersuchte die Historikerin Monika Kaiser im Februar 1990, wieweit Mielke persönlich an der Verhaftung, den Vernehmungen, der Folter und der Verurteilung von führenden Funktionären der KPD in den Jahren 1950–1954 beteiligt gewesen sei.

Sie kam zu dem Schluß, er sei «einer der Hauptverantwortlichen dafür» gewesen. Das DDR-Regime habe jedoch hinterher «keine Überprüfung der Schuldigen» veranlaßt. Mielke sei im Gegenteil durch seine Verstöße gegen das Recht «persönlich gestärkt» worden. Auch wenn Monika Kaiser die Gründe für diese Unterlassung nicht nennt, so liegen sie doch auf der Hand: Er hatte Ulbricht und seiner Mannschaft Sündenböcke für die Mißwirtschaft und ihre Autokratie geliefert; derselbe Personenkreis mußte dem Volk und erst recht den Genossen in Moskau beweisen, daß auch die SED, ebenso wie die KPdSU, in der Lage war, die eigenen Reihen zu säubern. Auffällig ist dabei auch noch, daß Mielke sich mit besonderer Verve der Genossen annahm, die gleich ihm in Spanien und nachfolgend in Frankreich gewirkt hatten.

Auch wenn es nicht mehr zu dem von Moskau geforderten Schauprozeß gekommen war, so hatte sich doch Mielke im Dienst der Staatssicherheit als gelehriger Schüler des NKGB erwiesen. Parallel zu einer am 30. März 1954 in Moskau verkündeten Erklärung über die Souveränität der DDR zogen sich die sowjetischen Sicherheitshüter mehr und mehr in den Hintergrund zurück. Doch auch in ihrer verbliebenen Beraterrolle kontrollierten sie ihre deutschen Kollegen, und soweit sich der Staatssicherheitsdienst auf militärischem Gebiet tummeln durfte, geschah nichts ohne Billigung der sowjetischen Offiziere. Wann und wo immer ein NKGB-Offizier eine Anregung gab, hatten die Deutschen darin einen Befehl zu sehen.

Stets lebt eine Institution wie der Staatssicherheitsdienst davon, daß sie auf politische Gegner hinweisen kann, die ihre Existenz überhaupt erst notwendig machen. In den Tagen, als Bauer festgenommen wurde, gab es Widerstand gegen das SED-Regime nur sehr begrenzt. Die Furcht vor harten Strafen, vor rigoroser Behandlung im Gewahrsam, das weitverzweigte Spitzelsystem des Staatssicherheitsdienstes verhinderten, daß Klagen öffentlich laut wurden, konnten aber nicht verdekken, daß große Teile des Volkes mit der Herrschaft der SED und mit der Regierung unzufrieden waren.

Einer dieser Unzufriedenen war der Rechtsanwalt Walter Linse, ehemals Geschäftsführer der Industrie- und Handelskammer Chemnitz, der im April 1949 nach West-Berlin geflohen war und dort in einem privat gegründeten «Untersuchungsausschuß Freiheitlicher Juristen» Material über rechtswidrige Enteignungen durch Staat und Partei zusammengetragen hatte. Als Linse am Dienstag, dem 8. Juli 1952, morgens gegen halb acht Uhr von seiner Wohnung in Berlin-Lichterfelde zu seiner Arbeitsstelle ging, schlug ihm ein von der Stasi gedungener Krimineller einen mit Sand gefüllten dicken Schlauch auf den Kopf. Der benommene Linse wurde von Mittätern in ein Auto gezerrt, dabei kam es zu einem Schußwechsel, bei dem Linse eine Kugel ins Bein traf. Der Entführungswagen raste daraufhin über die nahe gelegene Stadtgrenze in die DDR, wo er von der Volkspolizei erwartet wurde.

Der Protest der Kommandanten der westlichen Sektoren bei der sowjetischen Kommandantur gegen diese Verschleppung blieb wirkungslos. Sie behauptete, von dem Vorfall nichts zu wissen, und ebensowenig wisse sie, wo der Entführte sich befinde. Später berichteten entlassene politische Häftlinge, sie hätten Linse im NKWD-Gefängnis Karlshorst und im sowjetischen Militärgefängnis in Berlin-Lichtenberg getroffen. Dort sei er zu 25 Jahren Zwangsarbeit in der Sowjetunion verurteilt worden. Jahrelang hörte man nichts mehr von ihm, bis Ende Mai 1960 das Moskauer Rote Kreuz der deutschen Organisation meldete, ein Walter Linse sei schon im Dezember 1953 in einem Straflager gestorben. Ein halbes Jahr später wurde diese Meldung zurückgezogen; ein Sachbearbeiter habe sich geirrt. Offenbar hatte man entdeckt, daß es diesen Toten in der Sowjetunion eigentlich gar nicht geben durfte. Der Anwalt blieb verschollen.

Im Jahre 1953 konnte das Ministerium für Staatssicherheit solche Husarenstreiche allerdings nur noch selten unternehmen; es wurde von größeren Aktionen in Anspruch genommen. Zum Jahresbeginn mußte Material zusammengetragen werden, um den DDR-Außenminister Georg Dertinger zu stürzen und als Spion und Verräter anklagen zu können. Das war keine schwierige Aufgabe. Der Jurist und Journalist war bis 1933 Mitglied des rechtsorientierten und monarchistischen «Stahlhelm, Bund der Frontsoldaten» gewesen und hatte sich als Chefredakteur des gleichnamigen Bundesblattes gemessen an SED-Kriterien so viele Sünden aufgeladen, daß man ihm ein Regierungsamt eigentlich kaum mehr anvertrauen konnte. Aber die Ost-CDU hatte ihn zu ihrem Generalsekretär gemacht, und von ihm wurde, entgegen der Meinung dieser Partei, die Anerkennung der Oder-Neiße-Linie gefordert. Weil das SED-Regime auch nationale und christliche Bürger für sich gewinnen wollte, wurde Dertinger eine Zeitlang toleriert. Als man seiner nicht mehr bedurfte, wurde er am 5. Juni 1954 in einem Geheimprozeß vor dem Obersten Gericht der DDR zu fünfzehn Jahren Zuchthaus verurteilt. Nach zehn Jahren wurde er begnadigt.

Schon nach Bauers Ausschluß aus der SED waren im ersten Halbjahr 1951 alle Mitgliedsbücher eingezogen und überprüft worden; mehr als 150000 wurden nicht mehr zurückgegeben.

Nach Dertingers Abgang wurde ein weiteres Mal gesäubert, diesmal in den Blockparteien und den Massenorganisationen.

Doch das alles nutzte nichts. Der Volkszorn kochte bereits. Ob die Stasi irrtümlich oder absichtlich falsch berichtete, läßt sich noch immer nicht klären: Fest steht, daß sich am 16. und 17. Juni 1953 in Berlin und in den wichtigsten Industriezentren der DDR eine revolutionäre Situation entwickelte, von der die SED, die Staatssicherheit und auch die Besatzungsmacht völlig überrascht wurden. Die Menschen gingen zu Hunderttausenden auf die Straße, sie forderten freie Wahlen, bessere Lebensbedingungen, Rücktritt der SED-Regierung. Dienststellen von Partei und Staat wurden gestürmt, demoliert oder in Brand gesteckt. Die Volkspolizei konnte Ruhe und Ordnung nicht mehr gewährleisten. So zogen Einheiten der Sowjetarmee auf. Am 17. Juni fielen um die Mittagsstunde die ersten Schüsse. Der Truppeneinsatz konzentrierte sich auf das ehemalige Regierungsviertel zwischen Potsdamer Platz und Brandenburger Tor. Die von der Regierung zu Hilfe gerufenen Sowjets schickten zwei Divisionen mit Panzern und gepanzerten Spähwagen ins Zentrum. Schließlich verhängte der sowjetische Stadtkommandant über die Stadt den Belagerungszustand und übernahm damit die vollziehende Gewalt. Auch in zahlreichen größeren Städten mußte der Volkszorn mit den Waffen der Sowjetsoldaten gebändigt werden.

Wie viele Aufständische ihr Leben verloren, wurde nicht bekanntgegeben. Wohl aber ließ sich der Umfang der Erhebung einigermaßen erkennen an der Zahl der anschließend von den Gerichten Abgeurteilten: Mehr als 1400 DDR-Bürger wurden auf Jahre ins Zuchthaus oder in Arbeitslager geschickt. Diesmal fand Ulbricht die Schuldigen in den eigenen Reihen: Das Ministerium für Staatssicherheit hatte versagt. Es wurde gewissermaßen strafversetzt, indem man es als Staatssekretariat ins Innenministerium eingliederte. Der Minister Wilhelm

Zaisser verlor am 23. Juli 1953 alle seine Ämter und Würden; eine Endabrechnung sollte noch folgen. Seine Funktion übernahm als Staatssekretär der Genosse Ernst Wollweber, bisher zuständig für die Schiffahrt. Und Erich Mielke? Er saß nach dem politischen Erdbeben wie eh und je in seinem Sessel. Nur hatte er mit Wollweber einen neuen Vorgesetzten bekommen. Nach Ulbrichts Meinung mußten die Vorwürfe gegen Zaisser und «seine Freunde» auf versuchte Spaltung der Partei und auf Abweichen von der Generallinie lauten. Mielke, der Zaisser aus Spanien kannte, konnte möglicherweise Belastungsmaterial einbringen.

Mielkes Mühlen mahlten im Fall Zaisser langsam, aber gründlich. Sie erfaßten auch Zaissers Freund Rudolf Herrnstadt, der 1939 von Polen nach Moskau emigriert war, sich während des Krieges im «Nationalkomitee Freies Deutschland» betätigt und auch im Nachrichtendienst der Roten Armee gearbeitet hatte. Er mußte seinen Schreibtisch in der Chefredaktion von «Neues Deutschland», dem Zentralorgan der SED, räumen und froh sein, daß er in der Zweigstelle Merseburg des Parteiarchivs eine Stelle erhielt. Wie Zaisser auch flog er aus dem Zentralkomitee der Partei, aus dem Politbüro und schließlich aus der Partei.

Als nächstes wandte sich Mielke jenen Genossen in der SED zu, die sein Gastspiel in Spanien miterlebt hatten. Ihr Einfluß in der Partei war freilich im Schwinden; Spanienkämpfer waren den Prinzipienreitern in der Partei verdächtig als möglicherweise anarchistisch infiziert. Besonders mißtrauisch war der Klub der Moskau-Emigranten gegenüber jenen, die nach der spanischen Niederlage Zuflucht in lateinamerikanischen Staaten gesucht hatten. Sie hatten seinerzeit nicht nur andere programmatische Überlegungen zu einem zukünftigen Deutschland zu Papier gebracht, sondern wurden auch wegen ihrer Vorstellungen zu einer Wiedergutmachung gegenüber den jüdischen Mitbürgern noch Jahre später «zionistischer» Sympathien und Umtriebe verdächtigt – ein strikter Gegensatz zu den antisemitischen Tendenzen unter Stalin. Gewiß, Josef Stalin war tot, und Nikita Chruschtschow, einer der neuen Männer an der Moskauer Spitze, hatte dem noch immer im Mausoleum am Roten Platz zur Schau gestellten Stalin nachgesagt, zu Lebzeiten ein Massenmörder gewesen zu sein. Doch das war in einer Geheimrede geschehen, die eigentlich nur Eingeweihte kennen durften. Ulbricht jedenfalls wertete diese Rede keineswegs als Mahnung, die Grundzüge seiner Politik zu ändern. Wenn führende Genossen in Polen, Ungarn, Italien etwa glaubten, ihre Partei sei reformbedürftig, so brauchte die SED diese Vorstellung nicht zu übernehmen. Er verordnete, es habe in der DDR keinen Personenkult gegeben, wie vielleicht in anderen Staaten, also müsse sie auch keine Fehler korrigieren. Ulbrichts einziges Zugeständnis: Stalin war ab sofort kein Klassiker des Marxismus mehr, so daß es fortan erlaubt sein würde, an seinen Reden und Schriften Kritik zu üben; sie würden nicht mehr als Evangelium dienen können, um parteiliche Gedanken und Taten zu legitimieren.

Daß eine Anzahl seiner Genossen anders dachte, interessierte ihn nicht; Wollweber und Mielke sollten sich um diese Leute kümmern. Besonders lästig war in der Partei ein noch junger Mann, der, ohne Meriten im Klassenkampf und aus bürgerlicher Familie stammend, schon eine ansehnliche Karriere gemacht hatte: Wolfgang Harich, 1923 geboren, ein Intellektueller, der in Berlin Philosophie studiert und nach 1945 promoviert hatte. Als in Berlin wieder Zeitungen erscheinen durften, war er Journalist geworden, der Partei beigetreten und hatte die Genossen mit seinem Intellekt und seiner Eloquenz so beeindruckt, daß sie ihn auf die Parteihochschule geschickt hatten. Danach war er Lehrbeauftragter für Geschichte und

Philosophie an der Ostberliner Humboldt-Universität und Cheflektor der «Deutschen Zeitschrift für Philosophie» sowie Lektor im Aufbau-Verlag geworden. In Georg Lukács und Ernst Bloch sah Harich seine wichtigsten Mentoren, beide galten der marxistischen Orthodoxie als Häretiker, deren Lehrmeinungen mit der stalinistischen Praxis nicht in Einklang zu bringen waren.

Als die Ungarn im Spätherbst 1956 versuchten, sich ihrer stalinistischen Regierung durch einen Volksaufstand zu entledigen, wurde Lukács in der reformorientierten Regierung von Imre Nagy Erziehungsminister. Die Regierung Nagy indes wurde schnell von Panzern der Roten Armee hinweggefegt, Lukács selbst am 22. November 1956 gefangengenommen. Eine Woche später schlug in Berlin die Staatssicherheit zu und verhaftete Wolfgang Harich. Er wurde beschuldigt, Mitglied oder gar Anführer einer Gruppe zu sein, die sich zum Ziel gesetzt habe, die Regierung der DDR zu stürzen, den Sozialismus durch eine kapitalistische Gesellschaftsordnung zu ersetzen und dabei auch noch die Hilfe der «amerikanischen Imperialisten und der bundesdeutschen Revanchisten» in Anspruch zu nehmen.

Tatsächlich gab es eine Gruppe um Harich, auch wenn sie nur aus einer diskutierenden Runde bestand. Es gab auch ein von Harich verfaßtes Programm, «Der besondere Weg zum deutschen Sozialismus». Die Gruppe bestand im wesentlichen aus Angestellten des Berliner Aufbau-Verlags, bei dem Harich als Cheflektor arbeitete. Verlagsleiter war Walter Janka, den der Leser schon als Spanienkämpfer kennengelernt hat. Er hatte seinerzeit in Mexiko den berühmten Verlag «El libro libre» geleitet, in dem nahezu alle namhaften deutschen Schriftsteller, die damals hatten emigrieren müssen, publizierten. Außer ihm beteiligten sich an den Diskussionen um Harichs Programm Heinz Zöger, Chefredakteur der Wochenzeitschrift «Sonntag», Gustav Just, Redakteur am gleichen Blatt, und Richard Wolf, redaktioneller Mitarbeiter der Zeitschrift. Notwendig sei – so kamen diese Männer überein – eine Demokratisierung der Parteistruktur in der DDR, auch wenn die SED (deren Mitglied sie alle waren) dabei ihre führende Rolle verlöre. Ferner gab es Vorschläge, die Länderregierungen wiederherzustellen und ebenso die dazugehörigen Parlamente, westdeutsche Unternehmen zuzulassen, um die wirtschaftliche Misere des Landes zu beheben, und – was Mielke direkt berührte – das Ministerium für Staatssicherheit aufzulösen und die Volkspolizei und Justiz zu reformieren.

Das waren für Walter Ulbricht und die von ihm beherrschten oberen Parteiränge geradezu hochverräterische Pläne. Die Machtkonstruktion der SED wäre damit zusammengebrochen. Janka hatte darüber hinaus versucht, einen aus der alten Garde der KPD für diese Pläne zu gewinnen, Paul Merker, der wie Janka als Emigrant in Mexiko gelebt und nach seiner Rückkehr dem Politbüro der SED angehört hatte.

Auf Paul Merker und Franz Dahlem – ebenfalls Teilnehmer des Spanischen Bürgerkriegs, der nach Francos Sieg von den Franzosen an die Gestapo ausgeliefert und erst durch amerikanische Truppen aus dem KZ Mauthausen befreit worden war – hatte Mielke schon als Chefinspektor der Politischen Polizei Jagd gemacht. Sowohl Dahlem wie Merker waren den Moskauern verdächtig, sich mit den Westalliierten eingelassen zu haben. Für Ulbricht waren sie außerdem permanente Rivalen in der Führung der SED.

Paul Merker war den Pressionen Mielkes nicht gewachsen. Er war schon 1950 als «Werkzeug des Klassenfeindes» und wegen Verbindung mit Noel Field aus der SED verstoßen und 1954 dann in einem Geheimprozeß zu acht Jahren Zuchthaus verurteilt, dann aber vorzeitig aus der Haft entlassen worden.

Die Jahre im Zuchthaus hatten Merker innerlich und äußerlich gebrochen.

Dahlem kam glimpflicher davon; er wurde 1953 «wegen politischer Blindheit gegenüber der Tätigkeit imperialistischer Agenten und wegen nichtparteimäßigen Verhaltens zu seinen Fehlern» aller Funktionen in der Partei enthoben. Beide wurden 1956 wieder in Gnaden aufgenommen in den äußeren Kreis der Bevorrechtigten und für «besondere Verdienste um die Arbeiterbewegung» sogar öffentlich gefeiert. Trotzdem dürften sich diese Opfer wohl kaum nachträglich mit dem Mann ausgesöhnt haben, der sie verfolgt und beschuldigt hatte. So wie sie gab es gewiß zahlreiche Genossen, die schlecht auf den neuen Polizeiminister zu sprechen waren. Aber wer gegen ihn vorgehen wollte, wußte, es würde ihm schlecht bekommen. Mielke hatte Walter Ulbricht, dem Chef der SED, und damit auch dem Staat gute Dienste erwiesen, besaß in Moskau in der Geheimpolizei auch nach Berijas Abgang noch immer Freunde, herrschte im eigenen Land über eine auf seine Person ausgerichtete Streitmacht von Polizisten, Soldaten, Parteifunktionären und Nutznießern seiner Stellung. Man tat gut daran, sich mit Mielke gut zu stellen.

Nach Harich wurde Janka das nächste Opfer der Stasi. Den Haftbefehl unterschrieb ein Richter des Berliner Stadtbezirksgerichts entsprechend einem Antrag des Generalstaatsanwalts der Deutschen Demokratischen Republik. Beschuldigt wurde er darin, «eine staatsfeindliche Gruppe» geleitet zu haben mit dem Ziel, die Regierung Walter Ulbricht «zu stürzen» und «das Politbüro der SED... gewaltsam zu beseitigen». Da sowohl Flucht- wie Verdunkelungsgefahr bestehe, sei er in Untersuchungshaft zu nehmen. Zwei Männer in Ledermänteln holten ihn am 6. Dezember 1956 im Verlag ab. Janka war gerade mit dem Kulturminister der DDR, dem Dichter Johannes R. Becher, verabredet, Altparteigenosse, Abgeordneter der Volkskammer, Nationalpreisträger, Träger des Stalin-Friedenspreises, Mitglied des SED-Parteivorstandes und des Zentralkomitees, von Ulbricht als der «größte Dichter der neuesten Zeit» gepriesen. Alles in allem ein Mann aus der ersten Reihe. Er und Janka pflegten häufiger zu konferieren, aber dieses geplante Gespräch fand nicht mehr statt. Als Becher telefonisch gemeldet wurde, Janka sei festgenommen, fragte der Minister bescheiden, ob sein Kommen erwünscht sei. Die Herren in den Ledermänteln ließen sagen, er sei jetzt nicht willkommen – Becher fügte sich.

Wolfgang Harich hatte zu dieser Zeit bereits gestanden – und zwar mehr, als man von ihm hatte hören wollen: Man habe sein Programm dem Zentralkomitee der SED zuleiten, zugleich aber drohen wollen, westliche Medien, zum Beispiel den «Spiegel» und «Rias», zu informieren. Oder: Er sei mit Zustimmung der Gruppe nach Hamburg gereist und habe dort bei Journalisten – so etwa in der Redaktion des «Spiegel», so beim Chefredakteur und beim Verleger der «Constanze» – die Bereitschaft zur Zusammenarbeit festgestellt. Harich redete nicht nur, er schrieb auch auf; so lieferte er der Staatssicherheit am 27. März 1957 eine viele Seiten umfassende phantastische und denunziatorische Aussage über die «Entwicklung der partei- und staatsfeindlichen Gruppierung im Aufbau-Verlag».

In dem Bekenntnis konnte Mielke lesen, daß Anfang 1956 der XX. Parteitag der KPdSU mit der erwähnten Chruschtschow-Rede im Aufbau-Verlag «sehr heftige politische und ideologische Diskussionen» ausgelöst habe. Zahlreiche Besuche kommunistischer Intellektueller aus dem Ausland hätten im Lektorat des Buchverlags wie auch in der Redaktion des Wochenblatts «Sonntag» dazu geführt, daß dort ein «oppositioneller Geist vorherrschend» geworden sei. Man habe den Rücktritt des Ersten Sekretärs des ZK der SED, Walter Ulbricht, den Rücktritt der Justizministerin Hilde Benjamin, den Rücktritt des Generalstaatsanwalts Dr. Ernst Melsheimer gefordert. Paul Merker habe die Spitze der Partei übernehmen sollen. Aus der Spitzenmannschaft von Partei und Staat hätten außer den Genannten auch Erich Mielke, Hermann Matern und Otto Grotewohl ausscheiden sollen. Harich: Es sei zwar noch nichts Schlimmes geschehen, aber «bei der ideologischen Einstellung, die im Aufbau-Verlag vorherrschend war, und bei den vielseitigen Beziehungen... wäre die Opposition... sicher sehr gefährlich geworden... Das aber ist... durch die Staatssicherheit der DDR glücklich verhindert worden.»

Unbestreitbar haben die Vernehmer bei Harich ganze Arbeit geleistet; er gestand nicht nur, er bereute auch, und er zeigte Dankbarkeit seinen Schergen gegenüber. Von Janka wurde gleiches erwartet, als ihn Mielkes Polizisten am späten Nachmittag des 6. Dezember 1956 im Verlag abholten und in das Hauptquartier der Stasi brachten. Man führte ihn in eine hohe und weitläufige Halle und stellte ihn mit dem Gesicht zur Wand – vor ein übergroßes Stalinbild. Janka schrieb dazu später: «Draußen waren Stalinbilder, Büsten und Bücher längst entfernt worden... Nur hier war alles offenbar noch beim alten geblieben.» Angewidert habe er den Blick abgewendet, doch ein Posten habe ihn zurechtgewiesen: «Den Blick zur Wand!» Als er daraufhin den Kopf gesenkt habe, um das Bild nicht sehen zu müssen, sei jemand von hinten an ihn herangetreten und habe mit gespielter Ironie «Kopf hoch!» befohlen. Es war die Stimme Mielkes.

Noch am Abend des gleichen Tages wurde Janka aus seiner Zelle geholt und über Treppen in einen Raum gebracht, in dem ihn vier Männer erwarteten. Einer davon war Mielke. Der gab sich jovial, zivil mit einer Strickjacke bekleidet und bot einen hölzernen Hocker zum Sitzen an.

Schon in dieser ersten Vernehmung – sie dauerte länger als

acht Stunden und endete erst um 3.45 Uhr des nächsten Tages – merkte Mielke, daß dieser ehemalige Schriftsetzer ein wesentlich härterer Brocken für seine Sicherheitswächter war als der Intellektuelle mit dem Doktorhut. Als Janka es ablehnte, mit Mielke über seine politischen Ansichten zu sprechen, und Mielke dem Häftling daraufhin Feigheit vorwarf, entgegnete Janka: «Weil ich Ihre Praktiken kenne. Wir begegnen uns doch nicht zum erstenmal!»

An Spanien mochte Mielke nicht erinnert werden, nicht an seine Arbeit dort und nicht an seine Niederlage beim Verhör Jankas. Er schrie: «Sie wollen die Staatssicherheit abschaffen! Bestreiten Sie das?» Janka blieb gelassen: «Abschaffen ist zuviel gesagt. Verändern würde ich sie... Ich würde sie nicht gegen die Partei einsetzen. Gegen die eigenen Genossen.» Dabei wischte er mit der Hand über sein Gesicht und sagte: «Treten Sie bitte einen Schritt zurück. Ich habe es nicht gern, wenn man mir ins Gesicht spuckt!»

Die Schilderung dieser Szene stützt sich auf Jankas eigene Darstellung in seinem Buch «Schwierigkeiten mit der Wahrheit», das im Oktober 1989 erschien. Im amtlichen Vernehmungsprotokoll, das den achtstündigen Wortwechsel auf knapp vier Druckseiten komprimiert, sind diese für Mielke und seine Stasi-Vernehmer blamablen Szenen begreiflicherweise nicht geschildert. Das Protokoll verrät auch nicht, daß sich der Stasi-Chef persönlich an dem Verhör beteiligt hatte. Vermerkt wurde darin nur, was dazu dienen konnte, dem Ankläger und dem Richter zu einer Verurteilung zu verhelfen.

Sieben Monate nach ihrer Verhaftung fand der Prozeß gegen Janka, Just, Zöger und Wolf statt. Vor dem Obersten Gericht der DDR wurden die Beschuldigten angeklagt, gemeinsam mit dem bereits rechtskräftig verurteilten Harich an einer «staatsfeindlichen Verschwörung» teilgenommen zu haben. Das Oberste Gericht hatte seinen Sitz damals in der Scharnhorststraße, in nächster Nähe der Mauer und eines Sektorenübergangs. Als die vier Häftlinge in einem Wagen mit geschlossenem Aufbau dorthin gebracht wurden, war die Straße von Volkspolizisten in Kompaniestärke abgeriegelt. Verhandelt wurde in einem großen Saal, der bis zu 300 Plätze bot. Auf den Zuhörerbänken saßen auch eine ganze Reihe Dichter, Schriftsteller und Intellektuelle des Landes – von Helene Weigel bis Anna Seghers –, die Mehrzahl mit schlechtem Gewissen, weil sie sich gehütet hatten, zugunsten der Angeklagten das Wort zu ergreifen.

Die Angeklagten wurden so plaziert, daß jeder auf beiden Seiten von einem Volkspolizisten flankiert wurde. Sie sahen braungebrannt aus, als kämen sie gerade aus der Sommerfrische vom Ostseestrand. Man hatte sie während der letzten Zeit täglich einmal unter eine Höhensonne gesetzt. Ehe das Gericht erschien, wurde ein Polstersessel neben den Platz des Staatsanwaltes gestellt; auf ihm nahm Hilde Benjamin Platz, KPD-Mitglied seit 1927, Rechtsanwältin in Berlin bis 1933, seit 1953 Justizminister der DDR, nachdem sie zuvor als Vizepräsidentin des Obersten Gerichts durch harte Urteile von sich reden gemacht hatte.

Wolfgang Harich war schon einige Monate zuvor vom Obersten Gericht zu zehn Jahren Zuchthaus verurteilt worden. Er wurde aus der Strafvollzugsanstalt Berlin zusammen mit zwei Mitverurteilten als Zeuge zum Janka-Prozeß in den Gerichtssaal gebracht und mußte nun unter Eid aussagen; wenn er Janka hätte schützen wollen, hätte er damit eine Anklage wegen Meineids riskiert. In einem gemeinsamen Strafverfahren wäre er mit einer unwahren Aussage straflos geblieben. Es zeigte sich jedoch, daß Harich gar nicht daran dachte, Janka zu helfen; obwohl er ihn nicht direkt belastete, sprach er doch Andeutungen und Mutmaßungen aus, die der Staatsanwaltschaft zugute kamen.

Das genügte. Ulbricht brauchte wieder einmal Sündenböcke, Mielke hatte sie geliefert. Janka und seine Freunde wären auch so verurteilt worden. Das «Neue Deutschland» schrieb schon am dritten Prozeßtag, der Nachweis sei erbracht, daß sich die Gruppe bemüht habe, «in der Zusammensetzung der Regierung der DDR eine personelle Veränderung herbeizuführen und schwerwiegende ökonomische Veränderungen in der DDR vorzunehmen». Dies aber waren laut Generalstaatsanwalt Melsheimer «Anschläge gegen den Frieden und gegen den Bestand des Staates». Dafür mußte Walter Janka fünf Jahre ins Zuchthaus, Just vier, Zöger zweieinhalb und Wolf drei Jahre.

Mielke hatte sich durch seinen Umgang mit der «Affäre» Zaisser-Herrnstadt Ulbrichts Gunst gesichert, auch wenn er jetzt zeitweilig von dem auf plakative Aktionen versessenen Wollweber in den Hintergrund gedrängt wurde. Zwar durfte Mielke neuerdings mit Uniform und Rangabzeichen eines Generalleutnants der Staatssicherheit auftreten, aber Erfolge seines Amtes reklamierte der Vorgesetzte für sich. Als die Sicherheitswächter in der Nacht zum 1. November 1953 nahezu ein halbes Hundert angeblicher oder auch echter Agenten der aus Westdeutschland operierenden «Organisation Gehlen» – ein von den Amerikanern und der Bundesregierung gemeinsam betriebener Nachrichtendienst – ausgehoben hatten, trompetete Wollweber diesen Erfolg aus der Werkshalle eines Berliner Großbetriebs in die Weltöffentlichkeit. Er verschwieg dabei, daß diese Aktion auf Zaissers und Mielkes Wirken basierte, die vor vielen Wochen einen Gehlen-Agenten gefaßt und umgedreht hatten, der nun den Überläufer spielen und auspacken durfte.

Als der SSD dann gar noch die Festnahme von 500 weiteren westlichen Agenten melden konnte (aber verschwieg, daß er die Mehrzahl gleich danach als schuldlos entlassen mußte), durfte er zum Lohn dafür ab November 1955 wieder selbständig sein. Die Staatssicherheit wurde aus dem Innenministerium wieder ausgegliedert und erneut als Ministerium konstituiert. Wollweber konnte sich nunmehr Minister nennen, und er durfte sogar die Abteilung Spionage behalten, die ihm beim Dertinger-Konkurs des Außenministeriums angegliedert worden war. Und Erich Mielke avancierte erneut zum Staatssekretär im MfS.

Ernst Wollweber, nach Zaissers Ablösung Sicherheitschef, hatte als «alter ehrlicher Seemann von der Waterkant» an den Praktiken der Politischen Polizei keine rechte Freude. Er war ohnehin für Abenteuerliches eher zu haben und hatte sich schon in den frühen Jahren seiner politischen Karriere geheimdienstlichen und Spionage-Aufgaben gewidmet. Auch war er des Glaubens, daß er als führender Funktionär einer internationalen Seemannsgewerkschaft Ulbrichts Anweisungen gelegentlich straflos ignorieren dürfe. Dazu fühlte er sich sogar berechtigt, weil er auf Grund der Stasi-Stimmungsberichte wußte, was die DDR-Bürger über ihren Staat dachten. Mit dem Genossen Karl Schirdewan, Mitglied des Politbüros, ebenfalls einem Unzufriedenen mit dem Ulbricht-Kurs, erwog er deshalb ein Umschwenken der DDR auf den «jugoslawischen Weg zum Sozialismus».

Über Mielke erfuhr Walter Ulbricht, daß ausgerechnet der Hüter staatsbürgerlicher Loyalität in seiner Treue wankte. Wollweber wurde nahegelegt, seine Entlassung aus dem Amt zu erbitten, seiner angeschlagenen Gesundheit wegen – nicht etwa beim Parteichef Ulbricht, sondern bei dessen staatlichem Schatten Otto Grotewohl, dem Ministerpräsidenten. Sie wurde ihm umgehend zum 31. Oktober 1957 gewährt, und als Grotewohl seinen Namenszug unter das Entlassungsschreiben setzte, lag daneben schon ein zweiter Bogen, adressiert an den «Genossen Erich Mielke» und datiert auf den 1. November mit der Ernennung zum Minister für Staatssicherheit. Wenig später flog Wollweber dann auch noch aus dem Zentralkomitee.

Für die Fehltritte in der Partei war der Sicherheitshüter Mielke eigentlich nur in zweiter Linie zuständig. Für den Schmutz in den eigenen Reihen gab es die Zentrale Parteikontrollkommission, in der Hermann Matern seit Anfang 1949 den Vorsitz hatte. Er war 1893 geboren, also im gleichen Jahr und sogar im gleichen Monat wie Walter Ulbricht, kam auch aus einem proletarischen Elternhaus und gehörte nach einer ähnlichen Parteikarriere zum engsten Führungskreis der SED.

Die Aufgaben seines Parteiamtes brachten es mit sich, daß er ein mit der Staatssicherheit konkurrierendes Unternehmen leitete, das Genossen vorladen, vernehmen und auch bestrafen konnte, etwa mit Ausschluß oder dem Entzug aller Würden. Festnehmen und einsperren lassen konnte die Kommission nicht; dazu brauchte sie die Hilfe der Staatssicherheit. Aber auch die Staatssicherheit war auf die Hilfe der Parteikontrollkommissare angewiesen, sobald sie gegen Genossen oder gar Funktionäre von Rang vorgehen wollte. Solche Überschneidungen führten gelegentlich zu Eifersüchteleien und Zuständigkeitsstreit, wobei Zaisser und Wollweber meist den kürzeren gezogen hatten. Dagegen pflegte Mielke den Zweikämpfen mit Spitzenleuten der Partei aus dem Weg zu gehen; der offene Angriff war nicht seine Art. Er wußte natürlich, daß seine Staatssicherheit im Grunde weniger ein Staatsorgan als ein Herrschaftsinstrument der Partei war, denn die entschied, was strafwürdig war. Von ihr bekam das MfS die Aufträge.

Nur auf dem Briefkopf war das Ministerium für Staatssicherheit eine staatliche Einrichtung. In Wahrheit hatte die Partei immer Vorrang. Stasi-Leute gelobten: «Wir Mitarbeiter des Ministeriums für Staatssicherheit sind jederzeit bereit, alle Aufträge von Partei und Regierung bedingungslos und mit schöpferischer Initiative zu erfüllen.» Erich Honecker, später der Nachfolger Ulbrichts, bescheinigte der Mielke-Gefolgschaft, «daß sich unsere Genossen der Staatssicherheit stets von den Beschlüssen der Partei leiten lassen». Auch Mielke stellte immer die SED über den Staat; 1980 schrieb er: «Von Anbeginn organisierte das Ministerium für Staatssicherheit seine Arbeit unter der Führung der SED.» Damit dies gewährleistet werde, war auch jeder Minister in diesem Amt zugleich Mitglied im Zentralkomitee der Partei. Wer immer zum Stellvertreter des Ministers aufrückte, konnte sicher sein, daß er binnen kurzem in der Partei zum Kandidaten für das Zentralkomitee aufrückte. Andererseits sicherte sich die Partei rückkoppelnd auch eine direkte Kontrolle des Ministers und des Ministeriums. Mit anderen Worten: Die hauptamtlichen Mitarbeiter der DDR-Staatssicherheit, die Mitglieder der SED waren – und das waren sie praktisch alle –, bildeten eine spezielle Parteiorganisation. Ihre Untergliederungen, Parteigruppen und Grundorganisationen, existierten auf allen Ebenen. Ihre Führung oblag einer eigenen Kreisleitung der SED im MfS, als deren Spitze ein Sekretariat firmierte. Der 1. Sekretär der Kreisleitung der SED im MfS hatte Generalsrang, er war im Regelfall Mitglied des ZK der SED.

Mit der Ausgliederung aus dem Innenministerium und der Erbschaft des im Aufbau befindlichen Spionageapparates aus der Konkursmasse von Dertingers Außenministerium wurde die Staatssicherheit ein stattliches Unternehmen mit damals schon mehr als 9000 Mitarbeitern. Sie baute ihr Hauptquartier im Stadtteil Lichtenberg, Normannenstraße 22, Jahr für Jahr weiter aus. Sie war zunächst in einen Bau eingezogen, in dem früher ein Finanzamt untergebracht war, griff sich jedoch nach und nach die nächstgelegenen Wohnhäuser, bis sie einen ganzen Straßenblock erobert hatte. Die ursprünglichen Wohngebäude wurden keineswegs abgerissen; nur die Haustüren wurden zugemauert und die Fenster der unteren Geschosse vergittert. Durch Gänge in den Kellergeschossen war der ganze Komplex miteinander verbunden.

Das Hauptgebäude war ein Block mit monotonen Fassaden. Auf dem Dach eines der Häuser konnten die Hubschrauber des Ministeriums landen. Außerhalb des Häuserblocks, durch eine Straße getrennt, lag das Untersuchungsgefängnis. Wer zum Verhör geholt wurde, unterquerte die Straße durch einen Tunnel. Das zentrale Untersuchungsgefängnis des Ministeriums lag im Berliner Stadtteil Hohenschönhausen am östlichen Stadtrand nahe dem sowjetischen Hauptquartier in Karlshorst.

Die Staatssicherheit

Als Mielke 1957 endlich zum Minister aufgestiegen war, hatte er schon länger als ein Dutzend Jahre verbissen daran gearbeitet, die Stasi umfassend auszubauen und zu perfektionieren. Nun hatte er die Hände frei und erhielt auch die Mittel zur Verfügung gestellt, um seinen Apparat entsprechend auszurüsten. Im Volk hieß sein Unternehmen «Lausch und guck» oder auch (bedrohlicher) «Horch und greif», was ihm bestimmt gefiel, wurde damit doch der Nimbus der Allgegenwart und der Allmacht der Stasi verbreitet. Sein aus der Stalinzeit übernommenes Instrument des dichten Netzes von mehr als hunderttausend ehrenamtlichen Informanten war dabei nur die Basis-Spitzelei. Dazu kamen nun die «Kader»-Akten, die in den Massenorganisationen, in den Behörden, in der Partei, in der Polizei, in den Streitkräften, in der Gewerkschaft und in den Betrieben über Mitglieder, Mitmarschierer, Mitarbeiter angelegt wurden, nach einheitlichen Richtlinien – ein Meer an Informationen, das erst im Zeitalter der Computer genutzt werden konnte.

Im Januar 1990 wurde die Zahl der Spitzel, der «inoffiziellen Mitarbeiter» der Stasi, regierungsoffiziell auf «etwa 109000» beziffert. Experten halten diese Zahl für zu niedrig veranschlagt. Realistische Schätzungen belaufen sich auf das Vier- bis Fünffache. Zu Spitzeldiensten geworben, genötigt, gepreßt wurden Frauen und Männer, die regelmäßig mit zahlreichen

Menschen in Berührung kamen oder einen für die Geheimpolizisten interessanten Bekanntenkreis hatten. Die Stasi hoffte, auf diese Weise Regimegegner aufspüren zu können, die dann überwacht wurden, ob sich daraus eine Gruppe von Opponenten entwickelte.

Wer sich in der Öffentlichkeit einen Namen gemacht hatte, war für die Stasi ein besonders wertvoller Kundschafter. Solche Leute waren meist jedoch nicht so einfach zu engagieren. Mielke versuchte es in einem Fall mit grober List – beim Schauspieler Armin Müller-Stahl. Ihm bot man Anfang der siebziger Jahre einen Vertrag für eine Fernsehserie, in der er einen roten James Bond zu spielen hatte. In der ursprünglichen Fassung sollte er einen Deutschen darstellen, der zu Hitlers Zeiten im Krieg über der Sowjetunion mit dem Fallschirm abspringt, aber als überzeugter Kommunist in Sowjetdienste tritt. Mielke ließ sich die bereits gedrehten Szenen vorführen, war begeistert, verlangte jedoch, daß die ganze Agentenaffäre zwischen Bonn und Pankow spielen müsse. So wurde die Serie dann auch gedreht. Sie lief im DDR-Fernsehen und auch in Ländern des Ostblocks, und sie machte den Hauptdarsteller so populär, daß ihn die Leute auf der Straße mit dem Namen seiner Rolle begrüßten. Auch dem Minister gefiel die Figur des Siegers. Als das Ministerium wieder einmal den Jahrestag seiner Entstehung feierte, wurde dazu auch der Schauspieler ins Stasi-Hauptquartier eingeladen. Man führte ihn in einen kleinen Saal in eine Gesellschaft aufgeputzter Offiziere und Zivilisten. Als es hieß, der Minister sei eingetroffen, wurden die Gäste – wie einst bei Serenissimus – linear aufgereiht. Mielke in Generalsuniform grüßte militärisch. Er war – wie Müller-Stahl belustigt vermerkte – bis zum Bauchnabel mit Orden behangen. Der Reihe nach begrüßte er die Gäste mit Handschlag, aber Müller-Stahls Hand faßte er mit beiden Händen und zog den Überraschten an die blechbewehrte Brust. Den aus dem Osten importierten Bruderkuß wehrte der Geehrte ab mit der geflüsterten Warnung: «Vorsicht! Mein Bart fusselt!» Der Minister lächelte und flüsterte zurück: «Verstehe! Künstlerbart! Aufgeklebt!» Müller-Stahl als Star des Films wurde von ihm launig als «Verdienter Kundschafter des Volkes» gepriesen, und den Angehörigen des Stasi-Regiments als Vorbild empfohlen. Es ist zu vermuten, daß diese Empfehlung an dem Tag erlosch, als der Schauspieler aus Anlaß der Ausbürgerung des Liedermachers Wolf Biermann zusammen mit weiteren Künstlern der DDR in den Westen ging.

Eines der Mittel, um etwaigen Opponenten auf die Spur zu kommen, war auch der permanent und massenhaft geübte Bruch des Briefgeheimnisses. Natürlich gab es keinen Kontrollapparat, der etwa die 1,5 Milliarden Briefe und die 55 Millionen Pakete oder Päckchen hätte überprüfen können, die bei der Deutschen Post der DDR beispielsweise im Jahre 1982 durchliefen. Die Stasi mußte ihre Kontrollen dort konzentrieren, wo sie Verräter und andere Gegner vermutete. Mielkes Briefschnüffler tarnten sich bei der Post als Mitarbeiter der «Dienststelle 12»; sie war meist in einem abschließbaren Teil eines größeren Postgebäudes untergebracht und verfügte über Listen von Anschriften und Absendern, die ihre besondere Aufmerksamkeit verdienten. Ein ehemaliger Funktionär des DDR-Ministerrats schilderte nach seiner Flucht in den Westen, wie die Briefe in den Schnüffelbüros sortiert, wie sie geöffnet, gelesen, kopiert und dann wieder so verschlossen wurden, daß davon keine Spuren blieben. In mehr als 70 Zentralpostämtern gab es solche Kontrollstellen. Zuletzt waren 2171 Angestellte des MfS in diesem Zweig beschäftigt, meist die Ehefrauen von Stasi-Offizieren.

Daß es die amtlichen Brieföffner gab, war im Volk bekannt,

und wer seine Post häufig mit mehrtägiger Verspätung bekam, konnte daraus schließen, daß der Staat sich seiner angenommen hatte. Wer tatsächlich etwas verbergen wollte, war damit gewarnt. Schreiben erwies sich deshalb als weniger gefährlich als Reden, sei es am Telefon, sei es als ungefragter Benutzer eines Senders und eines Mikrophons. In Zwiegesprächen schüttet man eher sein Herz aus als auf einem Blatt Papier. Daß Mielke Telefone abzuhören pflegte, wußte man. Dabei kam ihm zugute, daß der Krieg die Anzahl der Fernsprechanschlüsse drastisch reduziert hatte und daß der Deutschen Post in der DDR das Material fehlte, ein neues Netz von Fernsprechteilnehmern aufzubauen. Die Lauscher konnten ihre Arbeit auf eine begrenzte Anzahl von Anschlüssen konzentrieren, deren Inhaber als Widersacher bekannt waren. Die hochempfindlichen Mikrophone und die Minisender, Geräte westlicher Produktion, wurden den Verdächtigen auf die unterschiedlichsten Arten in die Wohnung oder in die Geschäftsräume geschmuggelt – und sei es auch nur, daß die Partei oder die Stasi einen Menschen zu einem Gespräch vorlud, das sich so lange hinzog, bis bei ihm zu Hause die Installation bewerkstelligt war.

Bezeichnend für solche Vorgänge ist das Geschehen, das sich Anfang September 1959 im St.-Josefs-Heim im Berliner Stadtteil Weißensee abspielte. Dort zog in jenen Tagen im ersten Stockwerk der Weihbischof Dr. Alfred Bengsch ein, und für ihn wurde gleich ein Telefonanschluß eingebaut. Weil der Geistliche seine Situation richtig einschätzte, ließ er am nächsten Tag den Anschluß durch einen Westberliner Beamten der Bundespost überprüfen. Der fand eine Abhöranlage und baute sie auch gleich aus, was seinen Überwachern offenbar nicht entgangen war, denn Bengsch und sein Helfer wurden anschließend auf der Straße von Polizisten angehalten und zu einem fünfstündigen Gespräch mitgenommen. Sie wurden erst wieder entlassen, als ein weiterer Bautrupp der Stasi sich bemüht hatte, die Spuren eindringlicher Tätigkeit zu verwischen. Die ausgebaute Wanze hatte der Weihbischof jedoch schon als Beweismittel sichergestellt. Das Bischöfliche Ordinariat beschwerte sich dann beim DDR-Postministerium, das angeblich die Beschwerde auch an das Ministerium für Staatssicherheit weitergab, aber es folgte keine offizielle Stellungnahme und auch keine Entschuldigung.

Dieser Einzelfall mag für Tausende gleicher Art stehen; auch für solche Fälle, die nie entdeckt wurden oder wo die Betroffenen schwiegen, weil sie nicht über die Rückendeckung durch eine Institution wie die Kirche verfügten. So konnte es Manfred Stolpe, der Konsistorialpräsident der Evangelischen Kirche in Berlin-Brandenburg, am 20. Dezember 1988 wagen, beim Generalstaatsanwalt der DDR eine Anzeige gegen Unbekannt einzureichen mit dem Hinweis auf eine Abhöranlage, einen Minisender, der im Amtszimmer des Pfarrers Rainer Eppelmann in der Samariterstraße 27 entdeckt worden war. Klugerweise stützte sich diese Anzeige nicht etwa auf Straftatbestände des Westens, sondern machte geltend, daß damit das gesetzlich garantierte Beichtgeheimnis verletzt würde, sofern Besucher beim Pastor ihr Herz ausschütteten.

Das Gerät wurde durch einen Elektriker entdeckt, der im gleichen Haus wie der Pfarrer wohnte und den die Bewohner um nachbarschaftliche Hilfe zu bitten pflegten, wenn eine kleine Reparatur notwendig schien. So hatte Eppelmann festgestellt, daß in seinem Arbeitszimmer eine dreifache Steckdose nur lose in der Wand saß; als der Handwerker sie ausbaute, saß dahinter ein Miniatursender mit Mini-Mikrophon. Der mißtrauisch gewordene Eppelmann ließ daraufhin auch seine Schreibtischlampe untersuchen – und wieder wurde ein solches Gerät entdeckt. Eine ähnliche Apparatur fand sich dann schließlich noch im Radiogerät.

Auf die Anzeige hin trat bei Eppelmann am 5. Januar 1989 eine Untersuchungsgruppe des Innenministeriums an zur «Durchführung einer Ereignisuntersuchung»; die Gruppe bestand aus einem Kriminaltechniker, einem Sachverständigen der Deutschen Post, dem zuständigen Staatsanwalt und dessen Assistenten. Zwei Stunden lang durchforschten sie zwei Räume der Wohnung Eppelmanns, vermaßen die Zimmer und die Möbel, ließen alles fotografieren, eine Lageskizze zeichnen und sicherten Spuren, indem sie aus dem Mauerloch für die Steckdose Mörtelstaub und von der Wand Tapetenreste in Plastikbeutel sammelten. Die vom Elektriker gefundenen Gegenstände wurden ebenfalls so verstaut; sie gingen an die Deutsche Post, die darüber ein Gutachten zu liefern hatte. Darin las man dann, es handele sich um «Miniatursender mit Stromversorgung» und damit um eine «genehmigungspflichtige Funkanlage», für die weder eine «Herstellungsgenehmigung» noch eine «Besitz- und Betriebsgenehmigung» vorliege. Alles in allem: Es handelte sich um eine «grobe Verletzung der Ordnung und Sicherheit im Fernmeldeverkehr».

Das war's dann auch. Schuldige wurden weder gesucht noch gefunden, weil jedermann wußte, wer hier die Sicherheit verletzt hatte: die Staatssicherheit. Sie wollte jedoch noch einiges an diesem Tatbestand geklärt haben. Sie lud den Elektriker zum Verhör und befragte ihn streng, wie er dazu komme, beim Pfarrer Eppelmann an den elektrischen Leitungen herumzubasteln. Sie lud auch Eppelmann selber wiederholt vor, um von ihm zu erfahren, weshalb Westberliner Zeitungen über die Funde berichten konnten, sogar mit Fotos. Habe der Pastor dabei geholfen, so sei das doch wohl nach den Gesetzen der Republik strafbar, weil sie und die SED dabei verunglimpft worden seien. Daß die Stasi auch dafür keinen Schuldigen finden konnte, war ausgleichende Gerechtigkeit. Der Pfarrer gab zu, daß er Fotos weitergegeben hatte, an Amtsbrüder und andere Personen, sogar in größerer Zahl, aber er habe seine Freunde und Bekannten damit nur vor solch illegalen Machenschaften warnen wollen – was doch wohl im Sinn der Ordnungshüter sei.

Der bürokratische Formalismus brachte es mit sich, daß im Ministerium für Staatssicherheit eine wahre Bibliothek an Dienstvorschriften zusammenkam. So gab Mielke (nicht ohne den «Armeegeneral» unter seiner Unterschrift) beispielsweise am 3. Juni 1985 eine Dienstanweisung «zur politisch-operativen Kontrolle und Auswertung von Postsendungen durch die Abteilung M» heraus, als «Geheime Verschlußsache». Ziel war u. a. die «Qualifizierung der Aufklärung und Abwehr der gegen die DDR und die sozialistische Staatengemeinschaft gerichteten Pläne, Absichten und Maßnahmen imperialistischer Geheimdienste sowie anderer feindlicher Stellen und Kräfte unter Ausnutzung des Postverkehrs und der dabei von ihnen angewandten Mittel und Methoden».

Darin wird im Kapitel «Merkmalfahndung zur Feststellung operativ bedeutsamer Postsendungen» der Stasischnüffler angewiesen, bei «Merkmalpostsendungen... folgende politisch-operativen Erstmaßnahmen zu realisieren»: Er soll zum Beispiel prüfen, ob der angegebene Absender überhaupt existiert, ob ein postalischer Verkehr zwischen Absender und Empfänger bekannt ist, ob dabei immer die gleiche Schrift – von Hand oder per Maschine – aufzutauchen pflegt, und mit solchen Anleitungen geht es dann in der Dienstanweisung seitenlang fort. Ebenso detailliert folgen Belehrungen über die «operativ-technische Bearbeitung und Untersuchung von Postsendungen», über «das konspirative Öffnen, das konspirative Schließen» und am Ende auch über «das Regenerieren (beseitigen von Bearbeitungsspuren und Beschädigungen)». Schließlich werden auch noch «die Leiter der Abteilungen M» angewiesen, «die politisch-operative Arbeit und das politisch-operative Zusammenwirken mit der Deutschen Post und der Zollverwaltung der DDR so zu organisieren, daß Konspiration und Geheimhaltung in der Tätigkeit der Abteilungen gewährleistet werden». Im MfS war die Abteilung M zuletzt der Leitung durch Generalmajor Rudi Strobel unterstellt.

Soweit bei Lauschangriffen Nachrichtentechnik eingesetzt wurde, liefen die Bemühungen im Ministerium unter der Tarnbezeichnung «Linie 26». Es gab vier verschiedene Formen der Überwachung: A = Telefonüberwachung, B = akustische Raumüberwachung (also mittels Wanzen), D = optische Raumüberwachung, etwa durch Videokameras, X = Konterarbeit mit Raumsicherung. Chef der «Linie 26» war der 48jährige Diplomingenieur Olaf Leben, der den Rang eines Generalmajors innehatte. Bei seinen Vernehmungen Ende Januar/Anfang Februar 1990 sagte er aus, seinem inzwischen aufgelösten Kommando hätten etwa tausend Mitarbeiter unterstanden, der kleinere Teil davon stationiert im Ministerium.

Die Praxis der Postkontrollen und des Abhörens hätte – von Mielke initiiert – bereits 1952 mit etwa 20 Mitarbeitern begonnen. Zu der Zeit habe das Amt maximal 20 Telefonanschlüsse gleichzeitig überwachen können. Die Kapazität wurde aber laufend gesteigert, bis zuletzt allein in Berlin pro Jahr 6000 Anschlüsse und in der gesamten DDR etwa die doppelte Anzahl abgehört worden seien. In Berlin existierte auch noch eine Anlage, die es möglich machte, an die tausend Fernsprechteilnehmer gleichzeitig zu überwachen; sie wurde aber in der Alltagsarbeit nicht einmal zur Hälfte genutzt, weil man eine Reserve «für gesellschaftliche Höhepunkte» in der Rückhand haben wollte – womit eigentlich nur eine Krisensituation gemeint sein konnte.

In der Praxis bestimmte nur Mielke oder einer seiner Stellvertreter, wer belauscht wurde. Alles, was zu hören war, wurde auf Band gespeichert und diente zunächst einmal als Material für einen Bericht, in dem das Ergebnis 24stündigen Lauschens zusammengefaßt wurde. Personen von Rang durften brieflich oder akustisch erst angezapft werden, wenn Mielke selber die Erlaubnis dazu gegeben hatte – was damit erklärlich wird, daß manchmal auch Mitglieder des Zentralkomitees der SED und Minister der DDR unter Kontrolle genommen wurden. Olaf Leben berichtete, pro Jahr seien dies mindestens zehn Personen gewesen, Mitglieder der Parteispitze, Würdenträger des Staatsapparats und Diplomaten, Vertreter anderer Staaten. Freimütig gab Leben zu, daß die Botschaftsgebäude in Ost-Berlin, die Botschafter der wichtigsten NATO-Staaten und die Privatanschlüsse des diplomatischen Personals durch sein Amt ständig überwacht worden seien, ebenso die Büros der ausländischen Nachrichtenagenturen, wie etwa Reuter oder AP, und manche Ostberliner Redaktionen westlicher Presseorgane, so beispielsweise des «Spiegel».

Häufig fiel als Nebenprodukt dieser Lauschangriffe die Aufdeckung einer Affäre an. Dem SED-Wirtschaftsexperten Professor Otto Reinhold sollte nachgewiesen werden, daß er mit der SPD im Westen konspiriere und daß er seiner Tochter behilflich gewesen sei, als sie bei ihrer Urlaubsfahrt nach Kuba in den Westen entwich. Doch dafür lieferten die Tonbänder keine Beweise, wohl aber stellte die Stasi fest, daß er einen «unmoralischen Lebenswandel» führte – nach den Maßstäben der SED. Selbst ein hochrangiges Politbüro-Mitglied wie Konrad Naumann, zeitweise Erster Sekretär der Berliner SED, wurde von Mielke überwacht, weil er wissen wollte, wie Naumann reagierte, als ihn Honecker abgesetzt und durch Günter Schabowski ersetzt hatte.

Zeitweise wurde die «Linie 26» mit Aufträgen beschäftigt, die den besonderen sportlichen Interessen des ehemaligen Handballspielers Erich Mielke im Arbeitersportverein «Fichte» entsprangen. Er hatte 1953 in Berlin die Sportvereinigung «Dynamo» gegründet, wurde deren Vorsitzender und behielt dieses Amt bis zu seinem Rücktritt. Den Namen des Vereins hatte er aus seinem Moskauer Exil mitgebracht; «Dynamo» Moskau war und ist noch immer der Verein des Innenministeriums der UdSSR und wurde stets vorwiegend gestützt von der Politischen Polizei. Mielke pflegte die Beziehungen zu seinen Moskauer Freunden sorgsam, die er – ungeachtet aller Säuberungsaktionen – immer noch in diesen Organen hatte; infolgedessen wurde er am 14. Dezember 1977 zum Ehrenmitglied von «Dynamo» Moskau ernannt, und vier Tage später bekam er von den Moskauer Genossen ein Abzeichen an die Generalsuniform gesteckt, das an die Gründung der Tscheka vor 60 Jahren erinnerte.

Was seinen Sportverein anbetraf, war Mielke ehrgeizig. Wo immer «Dynamo» auftrat, erwartete der Stasi-Chef, daß der Verein als Sieger den Platz verließ. Getragen von der Staatssicherheit und von der Volkspolizei, fiel es «Dynamo» nicht schwer, alle Talente der DDR an sich zu ziehen; schließlich hatte der Verein ja allerhand zu bieten mit gut ausgebauten Sportstätten, Ärzten, Masseuren, Trainern, Erholungsheimen und Arbeitsplätzen, auf denen man sich nach sportlichen Anstrengungen ausruhen konnte. Nicht nur, daß «Dynamo» von kleinen Ortsvereinen die Talente abwarb, er gründete auch noch Zweigstellen an großen Plätzen. «Dynamo» entwickelte sich so zu einem Mammutunternehmen mit nahezu 300000 Mitgliedern, die alle stolz waren auf die vielen Titel und Trophäen, die bei nationalen und internationalen Wettbewerben eingesammelt wurden. Auf den Meistertitel in der DDR war «Dynamo» ohnehin abonniert.

Daß Mielke als Schirmherr der Sportler in der DDR auftrat, gehört auch zu der immer wieder aufflammenden Diskussion um den Amateurstatus der zahllosen olympischen Medaillengewinner in den unterschiedlichsten Sportarten. Sein Ministerium war unbeschränkt zahlungsfähig; der Etat war Staatsgeheimnis. Vor der Wende wurde in der DDR nie veröffentlicht, was die Stasi vom Finanzministerium kassierte oder an wen sie das Geld weitergab. Erstmals wurde im Januar 1990 am Runden Tisch in Ost-Berlin regierungsoffiziell mitgeteilt, daß der Etat des MfS für 1989 insgesamt 3,6 Milliarden Mark betragen hat, wovon 2,4 Milliarden allein auf Personalkosten entfielen.

Andererseits konnte jedoch der Stasi-Chef nicht allen kapitalistisch beeinflußten Forderungen seiner Sportler so einfach nachkommen, denn damit hätte er Unfrieden und Eifersucht geschürt. Besonders bei Fußballspielern, die nach westlichen Maßstäben mit Millionen gehandelt wurden. Sie bekamen unter der Hand dann und wann Angebote aus dem Westen, besonders wenn sie nicht nur bei «Dynamo», sondern auch noch in der Nationalmannschaft spielten. Und der eine oder andere hatte bei West-Reisen tatsächlich auch schon Reißaus genommen. Dem mußte ein Riegel vorgeschoben werden: Mielke verfügte, daß jeder «Dynamo»-Spieler mit eigenem Telefonanschluß belauscht wurde. Die, die am meisten umworben schienen, wurden gar von ihm zu einem Gespräch ins Ministerium bestellt. Zur Überwachung der Spieler setzte Mielke einen Stasi-Oberst an: Heinz Rahnsch, im Ministerium Abteilungsleiter, war zuständig für die «Absicherung der Sportveranstaltungen», auch der Auslandsstarts. Vor einem Europa-Cup-Fußballspiel in Bremen im Oktober 1988 bekam Rahnsch eine «operative Information», ein Spieler wolle sich bei dieser Gelegenheit in die Bundesrepublik absetzen. Beweise dafür gab es nicht. Trotzdem wurde dieser Spieler zum Minister bestellt, der ihn eindringlich vergatterte.

«In den letzten Jahren», gab Rahnsch zu Protokoll, «habe

ich mindestens acht Aufträge zur Telefonüberwachung unterschrieben, so für die Spieler Thom, Ernst und Pastor.» Ebenso und aus dem gleichen Grund wurden Vereins- und Verbandsfunktionäre abgehört. In einem «Objekt Ukley» gab es im Aufenthalts- und im Schlafraum der Spieler jeweils ein mit einem Lauschmikrophon gespicktes Fernsprechgerät. Rahnsch erzählte: «Mit der dort angeschlossenen Technik konnten die Gespräche in diesem Raum aufgezeichnet werden.»

Gab es Ärger mit einer Sportgröße der Sonderklasse, so wurde der Fall von hochrangigen Stasi-Offizieren bearbeitet, und selbst der Minister war sich nicht zu schade, über das Ansehen des Vaterlandes zu wachen. Bei dem Diskuswerfer Wolfgang Schmidt waren alle Bemühungen vergeblich. Der Bilderbuch-Athlet (Größe: 1,99 m, Gewicht: 110 kg) wurde nach beachtlichen sportlichen Erfolgen aufsässig gegen die staatlichen Spitzenfunktionäre, so daß er schließlich vor Mielkes Schreibtisch in die Normannenstraße bestellt wurde. Doch trotz ernstem Zureden wollte Schmidt sich nicht länger bevormunden lassen.

Bis August 1982 war Wolfgang Schmidt, gelernter Elektrotechniker und wohnhaft in Ost-Berlin, Kapitän der Leichtathletik-Nationalmannschaft der DDR; nicht nur, weil er sich von der Statur her als Fahnenträger dekorativ ausnahm, sondern auch, weil er 1978 den Diskus 71,16 Meter weit geworfen und damit einen Weltrekord aufgestellt hatte. Er wurde Major der Volkspolizei, als Vorbild der DDR-Jugend proklamiert und sogar auf einer Briefmarke abgebildet. Als Mitglied in Mielkes Hausverein «Dynamo» erfreute er sich jeder nur erdenklichen Förderung, aber er mußte dafür auch in Kauf nehmen, daß man ihn in jeder Hinsicht bevormundete. Man nahm ihm übel, daß er zu viele und zu enge Freundschaften mit ausländischen Sportlern anknüpfte und sich auch noch in eine Liebelei mit einer Journalistin aus den USA verstrickte. In Ungnade fiel er, als er 1980 bei den Olympischen Spielen in Moskau das sowjetische Brudervolk brüskierte; er drohte brüllenden Zuschauern mit erhobener Faust, weil sie ihn mit Geschrei irritierten und in seiner Konzentration störten, sobald er zu einem Wurf ansetzte; sie sahen in ihm den stärksten Konkurrenten ihres Landsmannes, des späteren Siegers. Schließlich beschimpfte er dann auch noch die sowjetischen Kampfrichter, weil er sich durch sie benachteiligt glaubte.

Mit dieser Aufsässigkeit vergrätzte er endgültig den «Dynamo»-Patron und Moskau-Enthusiasten Mielke; durch eine Lauschaktion sollte ermittelt werden, wie weit diese Widerspenstigkeit gediehen war. Der Sportmatador Schmidt wohnte zu dieser Zeit noch bei seinen Eltern; sein Vater hatte als Leichtathlet schon Meistertitel gewonnen, vor Jahren, und war nun staatlich angestellter Trainer für die Wurfdisziplinen. Seinen Sohn hatte er von früher Jugend an auf Rekord getrimmt. Heimlich und unter dem Vorwand einer Reparatur wurden in der elterlichen Wohnung die Lauschwanzen eingebaut, aber der Ertrag entsprach zunächst nicht den Stasi-Erwartungen. Die Quelle versiegte völlig, als Wolfgang Schmidt bei den Eltern auszog, weil er dabei war, sich ein kleines Häuschen in Hohen-Neuendorf am nördlichen Stadtrand Berlins zu bauen.

Nachdem er auch dort belauscht, beobachtet und bespitzelt worden war, besaß die Stasi im Frühjahr 1982 genug Material, um zuzuschlagen. Sie ließ Schmidt durch den Staatsanwalt ein Sündenregister präsentieren mit nicht weniger als 30 Verstößen gegen DDR-Gesetze und Verordnungen, darunter besonders gravierend eine versuchte Republikflucht, Westkontakte und sogar unerlaubter Waffenbesitz; die Stasifahnder hatten eine an der Wand des Schmidt-Wohnzimmers aufgehängte Pistole beschlagnahmt, die als Dekorationsstück gerade noch brauchbar war. Ihr Eigentümer wurde festgenommen, bei Verhören bar aller bisherigen Privilegien grob beschimpft und geschlagen und zu einer längeren Gefängnisstrafe verurteilt.

Während der Haftzeit seines Sohnes entdeckte der Vater in seiner Wohnung die Stasi-Wanzen, und als pflichtbewußter Staatsbürger meldete er seinen Fund bei der Polizei. Stasi-Monteure bargen das kostbare Gerät, und Vater Ernst Schmidt wurde in die Normannenstraße zu Mielkes Stellvertreter, Generaloberst Rudi Mittig, bestellt, der ihm im Namen der Staatssicherheit dankte, weil er mit seinem Fund eine Aktion westlicher Geheimdienste aufgedeckt habe. Sie hätten – so wurde Ernst Schmidt gesagt – die Wanzen montiert, weil sie damit ermitteln wollten, wie der Sohn in den Westen geholt werden könnte. Vater Ernst Schmidt dürfte dennoch einen Vermerk in seine Kader-Akte bekommen haben, denn bald darauf wurde er seine Trainerfunktion los und mußte sich damit begnügen, nur noch das Gerät für die Werfer und Kugelstoßer zu verwalten.

Als der Sohn 1983 zum Tag der Republik im Oktober amnestiert wurde und das Gefängnis in Frankfurt/Oder verlassen durfte, mußte er unterschreiben, daß er nie wieder einen Ausreiseantrag stellen würde. Das hinderte ihn jedoch nicht, in Hohen-Neuendorf Fluchtpläne zu erwägen und seine Verbindungen zu ausländischen Sportlern zu pflegen. Er wußte, daß er observiert wurde, aber gerade deshalb ließ er in seinen Aktivitäten, die ihn verdächtig machten, nicht nach, um die Stasi davon zu überzeugen, daß er keineswegs in der DDR bleiben werde. Dreimal setzte er sogar zu einem Fluchtversuch an, brach aber das Vorhaben jedesmal ab, weil er merkte, daß man ihm auf der Spur war. Vielleicht hoffte er, auf diese Weise seine Bewacher zu ermüden. Schließlich wurde ihm nahegelegt, einen Antrag auf Ausreise zu stellen. Das war 1986, aber erst im November 1987 wurde die Ausreise genehmigt. Er ging nach Stuttgart und schloß sich dort dem in der Leichtathletik renommierten Verein der Stuttgarter Kickers an.

Wenn er bei Wettkämpfen starten wollte, gab es Schwierigkeiten. Er hatte mit seinem Übertritt in die Bundesrepublik nach den Regeln des internationalen Sports die Nationalität gewechselt, und für Fälle dieser Art sah das Statut eine lange Sperre vor. Die Sportfunktionäre der DDR hätten die Spanne abkürzen können, aber auf diesem Ohr blieben sie taub. Erst nach dem Kollaps der DDR konnte der inzwischen 35jährige wieder zu internationalen Wettkämpfen antreten.

Ein anderer Abtrünniger war Lutz Eigendorf, früher bei «Dynamo» und in der DDR-Nationalmannschaft, der nach seiner «Republikflucht» auf ungeklärte Weise ums Leben kam. Auf diesen Fall und auf einige weitere hat der Generalbundesanwalt Alexander von Stahl den Generalstaatsanwalt der DDR bereits in zwei Schreiben vom 17. August und 24. August 1990 hingewiesen, weil der Verdacht bestehe, es handle sich hierbei um «Tötungsdelikte durch Mitarbeiter des ehemaligen Ministeriums für Staatssicherheit der DDR». Von Stahl forderte eine Untersuchung, wie der frühere Nationalspieler in der DDR-Fußballmannschaft am 5. März 1983 ums Leben gekommen war. Nach einem Spiel war er im Westen geblieben, wohl gelockt durch die Gehälter, die hier an erfolgreiche Kicker gezahlt werden. Beim 1. FC Kaiserslautern wurde er engagiert, wechselte aber dann zu Eintracht Braunschweig, deren Mannschaft auch in der Bundesliga spielte. Natürlich schaffte er sich ein Auto an, einen Alfa Romeo. Als seine frühere Mannschaft «Dynamo» in Zürich ein Gastspiel gab, fuhr Eigendorf dorthin. Seine Frau erzählte später, er sei in Zürich von Stasi-Leuten zur Rückkehr aufgefordert, auch mit Drohungen bedrängt und mehrfach fotografiert worden.

Am 5. März 1983, einem Samstag, spielte Eintracht Braunschweig gegen den Vfl Bochum und verlor. Eigendorf saß auf der Reservebank. Er ging anschließend heim zu seiner Frau und dem fünf Monate alten Sohn in ein gemietetes Einfamilienhaus. Weil ihm der Abend lang wurde, ging er noch – wie er sagte – ein Glas Bier trinken. Es wurden gewiß mehr als eines, und mit wem der dabei zusammensaß, war später nicht mehr zu klären. Um Mitternacht benachrichtigte das Krankenhaus die Frau, ihr Mann sei nach einem Autounfall schwerverletzt eingeliefert worden. Der Wagen war mit hoher Geschwindigkeit gegen eine kräftige Ulme geprallt. Am übernächsten Tag starb Eigendorf. Die Polizei stellte als Unfallursache fest: zu schnell gefahren, zu viel getrunken.

Im August 1990 schrieb der Generalbundesanwalt Alexander von Stahl an den Generalstaatsanwalt der Deutschen Demokratischen Republik und bezog sich in diesem Schreiben auf den Bundesnachrichtendienst, der seine Erkenntnisse über den Fall Eigendorf zu einer Akte zusammengestellt hatte. In dieser wird die Frage aufgeworfen, ob der Fußballspieler nicht am Ende auf Mielkes Befehl von Stasi-Agenten ermordet wurde. Es wird als möglich angenommen, daß der Unfall von Stasi-Leuten vorbereitet worden war, entweder durch Manipulationen am Auto oder indem der Türgriff am Alfa mit einem Kontaktgift verschmiert worden war, das von der Haut aufgenommen wird, ins Blut geht und nach kurzer Zeit den Körper lähmt. Diese Geschichte mutet an wie eine Story aus einem Agententhriller, aber es war immerhin der Generalbundesanwalt, der eine solche Vorgehensweise nicht ausschließen mochte, als er beim Generalstaatsanwalt der DDR eine nachträgliche Untersuchung des Falles anregte. Ebenso hielt er auch eine technische Manipulation an dem Auto für möglich. Der Verdacht auf Mord wurde verstärkt, als jetzt bei den Ermittlungen festgestellt wurde, daß es in Mielkes Ministerium ein Referat «Verkehrsunfall» gegeben hatte, «das sich auch mit der Liquidierung von bestimmten Staatsfeinden» befaßt habe.

Anders als im Falle Eigendorf ist es erwiesen, daß Stasi-Agenten lange Zeit hinter dem desertierten Soldaten der Nationalen Volksarmee Werner Weinhold 1975 her waren. Sein Fall war insofern besonders gravierend, als er bei seiner Flucht über die Zonengrenze zwei seiner Kameraden erschossen hatte, die seinem Vorhaben im Wege standen. Weinhold war in der Bundesrepublik vor Gericht gestellt und zunächst wegen Notwehr freigesprochen worden. Später hatte das Schwurgericht Hagen ihn dann doch zu fünfeinhalb Jahren Zuchthaus verurteilt. Stasi-Agenten bereiteten seine Entführung aus der Zelle im Gefängnis Attendorf vor, ein Plan, der mißlang. In Freiheit mußte Weinhold aber immer damit rechnen, daß Ost-Berlin versuchen würde, an ihm ein Exempel zu statuieren.

Solche Todeskommandos konnte nur der Minister in Marsch setzen. Mitte 1979 war der Stasi-Oberleutnant «Werner Stiller» in Berlin mit einem Koffer voll Filmen, abgelichteten Dokumenten und mit weiteren Unterlagen in den Westen entkommen, nachdem er insgeheim schon mit dem Bundesnachrichtendienst zusammengearbeitet hatte. Sein Material und seine Aussagen lösten in der Bundesrepublik eine Welle von Verhaftungen von Männern und Frauen aus, die für den Spionageapparat Mielkes gearbeitet hatten. Damals war die Panik in der Normannenstraße groß, aber zu retten war nichts mehr. Stiller war zunächst einmal wie vom Erdboden verschluckt – er wußte, was ihm drohte, und kannte die Schliche seiner früheren Genossen. Mielke pflegte von Zeit zu Zeit in den Besprechungen mit seinen Abteilungsleitern an seinen Auftrag zu erinnern mit den Worten: «Es ist still geworden um Stiller!» Hakte er fragend nach: «Tut sich denn nichts?», antwortete ihm Schweigen.

Diese Enttäuschung mag den Anlaß gegeben haben zur Aufstellung einer Stasi-Sondereinheit, 30 Mann stark, die von den

Bezirksverwaltungen des Ministeriums ausgesucht und in ein Ausbildungslager im Bezirk Neubrandenburg in Marsch gesetzt wurden. Die Männer mußten jung, körperlich fit und bereit sein, notfalls ihr Leben für das sozialistische Vaterland einzusetzen. Nach sechs Monaten harter Ausbildung beherrschten sie alle Typen von Schußwaffen, den Einsatz unterschiedlicher Sprengmittel, die Technik des waffenlosen Nahkampfes, ihren Einsatz per Hubschrauber und – hier taucht der Begriff wieder auf – den Umgang mit Kontaktgiften. Sie lernten das Basteln von Brief- und Paketbomben, und schließlich wurden Gruppen zusammengestellt aus jeweils fünf Mann, die gemeinsam operieren sollten: ein Führer, zwei Kämpfer, ein Funker, ein Sprenger, aber jeder war so ausgebildet, daß er jeden Kameraden im Team ersetzen konnte. Nach Abschluß der Ausbildung wurden die Männer alle Vierteljahr zu einwöchigen Übungen einberufen, und einmal im Jahr mußten sie einen Vier-Wochen-Kurs mitmachen, bei dem sie mit den neuesten einschlägigen Entwicklungen der Waffen usw. vertraut gemacht wurden. Für den Einsatz in der Bundesrepublik galt grundsätzlich, daß niemand eine Verbindung mit Mitgliedern der DKP suchen durfte; es wurde angenommen, daß diese Genossen vom Verfassungsschutz beschattet wurden.

Die Namen jener Soldaten, die auf Mielkes Befehl den 32jährigen Michael Gartenschläger an der «Staatsgrenze» in einem Moorgebiet östlich Hamburg erschossen haben, gehören zu den wenigen, die bekannt sind. Der Stasi war dieser Mann seit Jahren bekannt; es gab über ihn in der Ostberliner Normannenstraße bereits eine dicke Akte, als Mielke befahl, ihn zu «liquidieren». Gartenschläger hatte schon als Jugendlicher in Strausberg bei Berlin Parolen gegen die SED und ihr Regime an Wände gepinselt und andere Widerstandsaktionen vorbereitet, war dabei gefaßt und bestraft und schließlich als Wiederholungstäter und Rädelsführer verurteilt worden, lebenslänglich hinter Gittern zu bleiben. Nach zehnjähriger Haft kaufte ihn die Bundesrepublik frei. Dort sammelte er wieder eine Gruppe Gleichgesinnter. Mit ihnen montierte er 1976 einen jener Schießautomaten ab, die an vielen Stellen der Zonengrenze am Gitterzaun angebracht waren und mit einem Hagel von Metallsplittern jeden Menschen töten sollten, der versuchte, den Zaun zu übersteigen. Mit einem solchen Gerät wollte Gartenschläger beweisen, daß der DDR-Staat jeden Versuch, sein Gebiet ungenehmigt zu verlassen, mit dem Tode bestraft.

Die Hauptverwaltung I in Mielkes Ministerium bekam den Auftrag, den «Grenzprovokateur» Gartenschläger unschädlich zu machen. Durch einen Spitzel in dessen Gefolgschaft ließ sie sich melden, daß er beabsichtige, einen weiteren Apparat abzubauen, und vom gleichen Mann ließ sie ihn auf eine Stelle hinweisen, wo er angeblich fast ohne Risiko das Gerät abmontieren könne. Datum und Uhrzeit der geplanten Aktion erfuhr die Stasi auf dem gleichen Weg. Als Gartenschläger sich in der Nacht zum 1. Mai 1976 dem Zaun näherte und damit bereits auf dem Territorium der DDR stand, war er in eine Falle geraten. Auf ihn warteten schon zwei Scharfschützen aus Mielkes Leibregiment, Unterfeldwebel Fleik und Unteroffizier Walter Lieberam; Warnruf und Warnschuß schenkten sie sich. Die Leiche holten sie hinter den Grenzzaun. Bei der Obduktion in der DDR wurde festgestellt, daß der Tote von einer ganzen Garbe von Schüssen und sofort tödlich getroffen worden war. Die Staatsanwaltschaft von Schleswig-Holstein versuchte dann noch, den Verräter aus der Gruppe zu ermitteln und abzuurteilen. Einem Verdächtigen war am Ende nichts nachzuweisen. Ein zweiter wurde 1981 an den Tatort geführt – und entkam bei dieser Gelegenheit durch ein Loch im Grenzzaun, hinter dem schußbereite Stasi-Polizisten offensichtlich auf ihn gewartet hatten. Die beiden Schützen Fleik und Lieberam wurden von Mielke mit dem Kampforden in Silber belohnt.

Es gibt noch weitere seltsame Todesfälle von Männern, die sich mit der Stasi eingelassen hatten. So der Mord an dem Hamburger Speditionskaufmann Uwe Harms am 26. April 1987. Er war Geschäftsführer einer GmbH, deren einziger Gesellschafter eine Firma mit nichtssagendem Namen in Lichtenstein war und die dort nur als Briefkasten existierte. Chef im Hintergrund war wohl jener Genosse Alexander Schalck-Golodkowski, der für die SED-Funktionäre Waren aus dem Westen beschaffte und Transaktionen in Gang brachte, die der DDR Devisen verschafften. Da Uwe Harms in schlecht beleumundeten Kreisen der Hamburger Homosexuellen zu verkehren pflegte, wurde sein Mörder zunächst dort gesucht. Ein mit dem Ost-West-Handel vertrauter Hamburger Geschäftsmann vermutete den Mörder jedoch im politischen Milieu, in der Stasi. Demnach soll Harms sich geweigert haben, Waffen aus der DDR-Produktion in Krisengebiete der Dritten Welt zu verschiffen, und er habe, als man ihn bedrängte, mit Veröffentlichung gedroht. Deshalb sei er als ein gefährlicher Mitwisser liquidiert worden.

Auch in Essen existierte eine SED-Firma, die «Interma GmbH». Ihr Geschäftsführer Karl-Heinz Nötzel war im September 1981 von seinem Vorgesetzten zur Leipziger Messe bestellt worden. Dort starb er auf der Toilette des «Interhotel», laut Totenschein durch Ersticken, aber es hielt sich hartnäckig das Gerücht, er habe zuviel über Korruptionsfälle von SED-Größen gewußt und darüber sogar geplaudert. Auch sein Nachfolger, der ehemalige Krupp-Direktor J.-F. Bruns, starb auf einer solchen Dienstreise im Ostberliner Hotel «Metropol». Wie alle für die DDR tätigen Angestellten wurden auch die Geschäftsführer in Essen durch Stasi-Agenten überwacht.

Dagegen war der im Westen verbreitete Vorwurf unbegründet, der Amerikaner Dean Reed, Schauspieler, Sänger und als Friedenskämpfer wegen seines Wechsels in die DDR überlaut gefeiert, sei von der Stasi ermordet worden, weil er mit der Rückkehr in den Westen gedroht habe. Er wurde 1986 tot am Ufer eines Berliner Sees aufgefunden. Aus einer jetzt entdeckten Stasi-Akte geht hervor, daß Reed Rauschgift zu nehmen pflegte und daß er – gewollt oder versehentlich? – an einer Überdosis gestorben war.

Für den Chef eines Ministeriums mit zehntausenden Mitarbeitern waren Fälle wie die zuletzt geschilderten eher kleine Fische; selbst eine so robuste Feldwebelnatur wie die des Generals Mielke mußte dabei das Gefühl haben, daß Amt und Uniform ihn zu bedeutenderen Taten verpflichteten. Doch wo wurden sie gebraucht? Die Zeit der spektakulären Thronstürze von Politgrößen war ebenso vorbei wie die der Schauprozesse. Selbst wenn die Bataillone der Horcher und Häscher gut beschäftigt waren mit mäkelnden Kritikern der SED und machtlosen Widersetzlichen, so waren das doch nur Kleinigkeiten, die zu beheben man den Bürokraten überlassen konnte. Dabei durfte man von dieser Arbeit nicht das geringste Aufheben machen, weil sonst alle Welt erfahren hätte, daß im Volk die Begeisterung für den sozialistischen Staat und die Liebe zu den Häuptern der Partei in Wirklichkeit Selbsttäuschungen der Herrschenden waren. In dieser Situation blieb einem Minister für die Staatssicherheit nur noch die Aufgabe eines Müllkutschers, der wegzukarren hatte, was nicht ins schöne Bild paßte.

Sogar im Kreis führender Genossen glaubte sich Mielke unterbewertet. Dabei lieferte er ihnen regelmäßig wohlabgewogene Zustandsberichte über das von ihnen regierte Volk, über dessen Wünsche und Beschwerden. Diese Berichte waren ein Konzentrat von vielen Tausenden Meldungen von haupt- und nebenamtlichen Informanten, aber Mielke hatte nie die Freude, daß Kollegen aus den Ministerien oder aus dem Politbüro daraus erkennbare Schlüsse zogen. Wenn der Vorsitzende der jeweiligen Runde mit zufriedener Miene reagierte, waren sie alle zufrieden. Niemandem fiel es ein, den Berichterstatter zu loben; so etwas vermied man unter Gleichrangigen, weil sich vielleicht dadurch die Gewichte zum eigenen Nachteil verschoben hätten. Wer selber in der Runde etwas vorzubringen hatte, tat dies meist schriftlich, damit der Vorsitzende es auf die Tagesordnung setzen konnte. Von Mielke kam allerdings kaum einmal ein beschriebenes Papier auf den Tisch; was man anderen schwarz auf weiß lieferte, ließ sich womöglich irgendwann einmal zu Gift verarbeiten.

Den Sessel im Politbüro hatte Mielke erst erklommen, nachdem Honecker den Genossen Ulbricht aus dessen vielen Ämtern verdrängt hatte. Der Stasi-Chef hatte dem neuen Mann dabei sekundiert, mit Material aus den Stahlschränken des Ministeriums und mit Berichten über die sinkende Begeisterung des Volkes. Honecker pflegte deshalb sein Verhältnis zu Mielke – aus Dankbarkeit, vielleicht auch nur aus Vorsicht. Die Genossen im Politbüro durften diese Verbundenheit fast an jedem Dienstag erleben, wenn der Vorsitzende Honecker die Sitzung geschlossen hatte und die Mitglieder noch in Einzelgesprächen zu empfangen pflegte. Erster in der Reihenfolge war stets Mielke, und der nächste mußte häufig zwei Stunden warten, bis er zur Audienz gebeten wurde.

Der Wartende fragte sich oft, was die beiden Genossen denn alles miteinander zu besprechen hätten. Zunehmendes Interesse bei ihren Gesprächen in den letzten Jahren muß die Arbeit der Hauptabteilung II gefunden haben, die unter ihrem

Chef Markus Wolf zu einem der erfolgreichsten Spionagedienste Europas ausgebaut worden war. Die Zuständigkeit für diese Abteilung war dem Minister Mielke gewissermaßen unverdient in den Schoß gefallen. Walter Ulbricht hatte Anfang der fünfziger Jahre verfügt, daß die DDR einen Nachrichtendienst aufzustellen habe und daß er dem Ministerium für Staatssicherheit zu unterstellen sei. Damals verstand es sich von selbst, daß sich die neue Institution eng anlehnte an gleichartige Ämter der UdSSR, daß sie selbständige Aktionen unterließ und daß sie den Schwerpunkt ihrer Arbeit in der Bundesrepublik hatte.

An die Spitze dieser Institution hatte Ulbricht einen Mann gestellt, der 1923 in Württemberg geboren, in der Sowjetunion aufgewachsen war und als vielseitig gebildeter Intellektueller sich ohne proletarische Vorurteile und Komplexe in der Welt zu bewegen wußte. Markus Wolf stammte aus Hechingen, einer kleinen Stadt am Fuße der Hohenzollernburg. Sein Elternhaus stand in Stuttgart an der Ecke einer damaligen Hauptverkehrsstraße des Vororts Heslach, den die Linksparteien stets mit dem Attribut «rot» zu versehen pflegten. In diesem Haus hatte sein Vater eine Arztpraxis; als Mediziner war er geschätzt von der Bevölkerung, meist Arbeiter und kleine Angestellte. Neben der Heilkunst arbeitete Dr. Friedrich Wolf auch als Mitglied der Kommunistischen Partei und mit ihr vor allem gegen den Abtreibungsparagraphen 218 des Strafgesetzbuches. Zur Verfolgung dieses Zieles gründete er gemeinsam mit einer Frankfurter Ärztin ein Aktionskomitee und nutzte dafür auch noch eine weitere seiner vielen Begabungen, die schriftstellerische. Er schrieb Dramen, und eines davon, «Zyankali», wurde in jenen Jahren häufig aufgeführt.

Zusammen waren dies bereits hinreichend Gründe, daß die Familie bei der Machtübernahme Hitlers emigrieren mußte. Ein besonders gewichtiger kam noch dazu: Die Wolfs waren

Juden. Sie hatten es zeitweise auch in der Sowjetunion nicht leicht. Gegen Juden gab es auch in der UdSSR alteingewachsene Aversionen, und als Hitlers Soldaten die Sowjetunion überfielen, wurden Deutsche – gleichgültig ob Jude oder nicht – in entlegene Gebiete deportiert. Markus Wolf verschlug es in den Unionsstaat Kasachstan. Dort entschied er sich, in der Publizistik tätig zu werden, was in diesem Fall zugleich eine politische Karriere einschloß. In Berlin, wohin er 1945 zurückgekehrt war, hatte er zunächst im Rundfunk und bei Zeitungen gearbeitet, wechselte nach Gründung der DDR in den diplomatischen Dienst, bis ihn Ulbricht in sein neues Amt einführte. Kaum vorstellbar ist, daß Mielke und Wolf, diese beiden an Charakter, Habitus und Bildung so unterschiedlichen Menschen, es so viele Jahre nebeneinander ausgehalten haben. Der eher intellektuelle, künstlerisch engagierte Wolf und der schlitzohrige, grobschlächtige Praktiker Mielke, der nur in den Schablonen der Funktionäre zu denken vermochte, waren im Ministerium so etwas wie eine Zwangsehe eingegangen; sie hatten einander in Kauf nehmen müssen, weil jeder von sowjetischen Freunden und von deutschen Genossen in gleichem Maße gestützt wurde.

Der Funktionär mit dem Weddinger Charme wußte, daß er auf dem glatten Parkett der Geheimdienste nie eine gute Figur machen würde, während andererseits Wolf die primitiven Polizeipraktiken ebenso abgestoßen haben dürften wie das permanente Funktionärsgezänk in der SED. Dennoch ließen Wolfs Erfolge, der immerhin seinen Spion Günter Guillaume als engen Mitarbeiter des Bundeskanzlers Willy Brandt plazieren konnte, den Minister eifersüchtig werden. Mit der Jagd auf Republikflüchtlinge und andere Volksfeinde war weit weniger Ansehen zu gewinnen.

Beharrlich forderte Mielke in der zweiten Hälfte der 80er Jahre, daß Wolf aus dem Ministerium zu verschwinden habe.

Wahrscheinlich hätte er damit auch Erfolg gehabt, denn in der Riege der ergrauten Proletarier des Politbüros hatte der Spionagechef nur wenige Befürworter. Doch Wolf wehrte sich gegen eine solche Abschiebung, indem er seine Freunde beim Moskauer Geheimdienst um Hilfestellung bat, mit dem Ergebnis, daß der Abgang aus dem Ministerium auf eigenen Wunsch und zu einem selbstgewählten Zeitpunkt stattfinden konnte, auf jeden Fall rechtzeitig vor der Wende.

Markus Wolf attestiert seinem früheren Chef, daß dieser den Partei- und Staatsapparat der DDR «bis in die feinsten Verästelungen» gekannt und sich dieses Wissens mit der «Virtuosität eines wahren Künstlers» zu bedienen gewußt habe: «Er verlegte mir stets alle Wege in das Zentralkomitee», und «als diese Verbindungen später erforderlich wurden, beauftragte er damit meinen Stellvertreter». Der in seinem Amt so erfolgreiche Chef der Spionage und Gegenspionage war seinem Vorgesetzten Mielke auf diesem Feld offensichtlich nicht gewachsen. Mielke wußte zu verhindern, daß Wolf Beziehungen im Parteiapparat aufbaute.

Honeckers harte Art, Kritik zu üben, so Markus Wolf, habe den mimosenhaft empfindlichen Stasi-Minister allerdings häufig zutiefst beleidigt, und weil er die Berechtigung solchen Tadels selten einzusehen vermochte, habe Mielke dessen Ursprung meist bei Margot Honecker vermutet. Beide mochten sich gegenseitig nicht.

Ließ er sich vom Generalsekretär der SED kaum belehren, so bestand er innerhalb des Ministeriums und dessen Dependancen auf uneingeschränkter Autorität. Wer abweichende Meinungen vertrat, lief Gefahr, niedergebrüllt zu werden. Wolf führt dieses Verhalten auf maßlose Eitelkeit zurück, die so weit ging, daß Mielke sich in mancherlei Hinsicht für vollkommen hielt. Deshalb glaubte er auch, er werde von fast allen Menschen in der DDR geliebt und nur von Volksfeinden gehaßt und gefürchtet. Als Mielkes Rede am 13. November 1989 in der Volkskammer von Protestrufen übertönt wurde, hatte er bekanntlich nicht begreifend mit den Worten reagiert: «Ich liebe euch doch alle!» Wolf: «Das war er, so habe ich ihn viele Male erlebt!»

Über die Hauptabteilung II müssen auch die Kontaktaufnahme und Beziehungen zu den Geheimdiensten arabischer Staaten gelaufen sein. Bei den Arabern wurde die DDR um so leichter anerkannt, als ihr Antipode Bundesrepublik sich anstrengte, gute Beziehungen zum jungen Staat Israel zu gewinnen und ihn mit Milliarden Mark unterstützte. Die guten Beziehungen der DDR zu den arabischen Staaten, vor allem den Öllländern, brachten ihr darüber hinaus auch noch dringend benötigte Devisen ein, indem sie dorthin Waffen lieferte.

Einer ihrer Geschäftspartner war der libysche Staatschef Muammar Al-Gaddafi, der von einer islamischen Großmacht unter seiner Führung träumte, die vom Jordan bis zum Atlasgebirge reichen sollte. Er hatte sich schon seit längerem durch seine Drohungen gegen Israel die Feindschaft der USA zugezogen. Nach einigen papiernen Feindseligkeiten zwischen der Weltmacht jenseits des Atlantik und dem Anrainer am Mittelmeer gab der strenggläubige Moslem seinem Geheimdienst schließlich die Order zu einem demütigenden Schuß vor den US-Bug. Ein Attentat gegen amerikanische Soldaten sollte den Nimbus der US-Allmacht vor aller Welt bröckeln lassen. Zum Ort der Tat wurde Berlin gewählt, denn was dort geschah, wurde stets weltweit registriert. Auch gab es eine Menge amerikanischer Dienststellen und etliche Diskotheken, in denen GIs verkehrten. Zudem konnten Sprengstoff, Geräte und Waffen in Berlin unschwer an den Tatort transportiert werden, weil Autos der libyschen Botschaft in Ost-Berlin an den Sektorenübergängen nicht kontrolliert werden durften. Aus West-Berlin war der Fluchtweg für die Attentäter kurz und risikolos, denn dank der Freundschaft mit den Genossen von der Staatssicherheit würden sie im Ostsektor schnell in Sicherheit sein.

Also explodierten am 5. April 1986 in der vorwiegend von amerikanischen Soldaten besuchten Diskothek «La Belle» 1,7 Kilogramm Plastiksprengstoff. Drei Menschen kamen ums Leben; 200 wurden verletzt. US-Präsident Ronald Reagan wußte bald, woher die Täter gekommen waren; er ließ fünf Tage danach nächtens die libysche Hauptstadt Tripolis aus Flugzeugen mit Bomben bewerfen, ein Luftangriff mitten im Frieden. Teile der Stadt wurden zerstört, viele Menschen starben. Reagan ließ verkünden, dies sei die Vergeltung für «La Belle».

Aus jetzt zugänglichen Akten ist nachweisbar, daß die Stasi über die Pläne und die Vorbereitung unterrichtet war; sie hatte einen Agenten in der libyschen Terroristenmannschaft. Die Gruppe des libyschen Geheimdienstes, etwa ein Dutzend Männer waren einer nach dem anderen über den Ostberliner Flughafen Schönefeld eingesickert und hatten sich von Angehörigen der Ostberliner Botschaft, dem «Volksbüro des Sozialistischen Libyschen Arabischen Volksjamahiviya», in die Örtlichkeiten und in ihre Aufgaben einweisen lassen. In Botschaftswagen wurden Sprengstoff, Zündvorrichtungen und Waffen über die Sektorengrenze geschmuggelt und dort deponiert. Bei diesen ganzen Vorbereitungen des Attentats ließ Mielke die Libyer überwachen, aber stören durften die Stasi-Beobachter nicht. Schon am 24. März 1986, also zwei Wochen vor dem Anschlag, hatten Mielke und Honecker durch ausführliche Berichte von den Plänen der Libyer erfahren. Sie beschlossen, nichts dagegen zu unternehmen und nur darauf zu achten, daß ihre Mitwisserschaft geheim blieb.

Neuerdings glauben die Ermittlungsbehörden zu wissen, wer der Stasi-Informant in der Terrormannschaft war: der

Libyer Mohammed Ashut, ehedem ein Angestellter der libyschen Botschaft in Bonn. Anscheinend ließ er sich sein Wissen sogar doppelt bezahlen, nämlich auch noch von den Amerikanern, die durch ihn kurz nach dem Anschlag die Auftraggeber erfuhren. Als Zeuge konnte er freilich nicht mehr auftreten; am 1. Mai 1986, also 26 Tage nach der Explosion in «La Belle», fand man seine Leiche in Ost-Berlin am Treptower Park vor einer Gaststätte mit einer Kugel im Kopf. Kriminalisten stellten anhand des Geschosses fest, daß es aus einer Pistole stammte, mit der schon einmal ein Libyer erschossen worden war und die früher zu den Beständen der diplomatischen Vertretung Libyens gehört hatte. Auch die Täter waren der Stasi schnell bekannt, wurden aber nicht daran gehindert, vom Flughafen Schönefeld aus in den Orient zurückzukehren. Die Stasi war angewiesen, in dieser Mordsache und auch im Fall des Attentats auf «La Belle» keine Ermittlungen anzustellen; schließlich wäre dies ja auch unnötige Arbeit gewesen. Ihr war alles schon bekannt, und vermutlich hatte Mielke auch den Generalsekretär Honecker und Egon Krenz und Hermann Axen als die zuständigen Mitglieder des Politbüros über die Pläne der Libyer unterrichtet, über ihre Vorbereitungen und über den Vollzug. Dieses Wissen hinderte Honecker nicht, am 10. April allen Opfern des Bombenanschlags auf «La Belle» sein «aufrichtiges Beileid» auszusprechen.

Aktionen, die in ihren Wirkungen über die Grenzen der DDR hinausreichten, durfte Mielke nur unternehmen, wenn ihm der Erste Mann im Staat dazu die Erlaubnis oder gar den Auftrag gegeben hatte. Ein solcher Fall trat ein, als die Stasi in den Lagern arabischer Länder Kontakt zur RAF erhielt. Das Bündnis zwischen RAF und Arabern war eine Zweckgemeinschaft, in der eigentlich jede Seite nur die andere für ihre Zwecke einspannen wollte. Die RAF-Aktionisten erhielten in arabischen Lagern eine Ausbildung an Waffen und Sprengstoffen und durften sich dort sicher vor polizeilicher Verfolgung fühlen. Andererseits konnte die RAF ihren Gastgebern als Informant und als Kontakt zu anderen Gruppen in Europa dienen.

Was Mielke und seine Generäle bewogen haben mag, den RAF-Verfolgten die DDR als Refugium anzubieten, ist nach wie vor unklar. Politisch trennten sie Welten. Was ihnen gemeinsam war – nämlich die Feindschaft gegen die Bundesrepublik und gegen die westliche Gesellschaftsordnung – kann Mielke vielleicht zu der Annahme verleitet haben, er erwerbe mit der Einladung einen billigen Sprengsatz, der bei passender Gelegenheit gegen die deutsche Konkurrenz in Bonn eingesetzt werden könnte.

Das war eine Fehlspekulation. Die Aussagen der inzwischen aus der ehemaligen DDR in die Bundesrepublik geholten RAF-Mitglieder und ihr Verhalten in den letzten Jahren beweisen, daß die Stasi bei dieser Übereinkunft nur Aussteiger angeheuert hatte. Vor bundesdeutschen Vernehmern packen sie jetzt aus – wohl auch, um die neuerdings geltende Regelung für Kronzeugen in Anspruch zu nehmen und in Gerichtsverfahren wohlfeiler wegzukommen. So Susanne Albrecht, so Henning Beer, so Silke Maier-Witt, so Werner Lotze, so Sigrid Sternebeck, die im «Spiegel» auch berichtet hat, wie es zur Umsiedlung in die DDR gekommen war. Sigrid Sternebeck lebte bis Ende der 70er Jahre in der Gruppe ihrer Gesinnungsgenossen in Paris – alle unter falschen Namen und in der Bundesrepublik steckbrieflich gesucht. Die wachsenden Zweifel an ihren bisherigen politischen Gewalttaten ließen sie eine Auswanderung nach Angola und Mosambik erwägen, ehemalige portugiesische Kolonien. Einzelne Mitglieder der Gruppe hatten schon angefangen, Portugiesisch zu lernen.

Wer von ihnen Wortführer gewesen war beim Aushandeln

der Zulassung zur DDR weiß Sigrid Sternebeck offenbar nicht. Es ist anzunehmen, daß Erich Honecker mit der Sache befaßt war, und sicher ist, daß Mielkes Ministerium für die Verhandlungen und die Eingliederung zuständig war. Diese Angelegenheit war von einer solchen Tragweite, daß sie damals zwischen Mielke und Honecker besprochen worden sein muß. Vermutlich, so das spätere Mitglied des Politbüros Günter Schabowski, habe der Staatsratsvorsitzende zum Sicherheitsminister gesagt: «Wenn die eines Tages hier anklopfen, dann läßt du sie rein! Aber paß auf, daß die nicht von uns aus weiter operieren.»

Die Umsteiger erhielten in Paris neue, natürlich falsche bundesdeutsche Pässe und neue Namen für die Reise in die DDR. Dazu Geld und die Weisung, nach Prag (per Eisenbahn) und weiter nach Berlin-Schönefeld (per «Interflug») in die neue Heimat zu reisen. Sigrid Sternebeck und ihr Freund Ralf Friedrich wurden in Berlin von einem Stasi-Mann empfangen und über Frankfurt/Oder nach Schwedt gebracht. Dort bekamen sie einen anderen Namen, galten als Ehepaar und erhielten eine kleine Wohnung, Arbeit und einen Betreuer, der ihnen angeblich erst fünf Jahre später anvertraute, daß auch er zum Staatssicherheitsdienst gehöre. Für ihn schrieb Sigrid «Stimmungsberichte». Er wollte wissen, was die Leute in Schwedt und die Kollegen im Betrieb bemeckerten: die leeren Läden, die schönfärbende Parteipresse, die Vorrechte der SED-Funktionäre. Sie wurde damit eine informative, freiwillige, inoffizielle Mitarbeiterin des Staatssicherheitsdienstes. Kurz bevor sie ein Kind gebar, erörterte sie mit ihrem Betreuer die Schwierigkeit, die bei der Anmeldung im Standesamt entstehen würde, weil sie mit ihrem Lebensgefährten nicht verheiratet war. Die Stasi lieferte standesamtliche Ehedokumente.

Ihre große Sorge war, daß jemand ihre wahre Identität entdecken würde. Die Gefahr kam dann plötzlich und aus einer unerwarteten Richtung. Kurz nach dem 9. November 1989 sagte ihr Stasi-Mann: «Nun können wir nichts mehr für euch tun.» Der Mann war zu der Zeit wohl schon damit beschäftigt, die eigene Haut zu retten. Anfang Juni 1990 konnte sie in einer Zeitung lesen, daß Susanne Albrecht in Ost-Berlin enttarnt und festgenommen worden war. Sigrid Sternebeck wußte, daß ihr das gleiche Schicksal blühte. Am 15. Juni 1990 wurde sie festgenommen.

Der Minister

Hatte Karl Marx noch die Vision vom Absterben des Staates in der kommunistischen Gesellschaft gehabt, so erlebten die Bürger der DDR, die beanspruchte, eine sozialistische Gesellschaft und mithin auf dem Wege zum Kommunismus zu sein, das Gegenteil: einen Staat, der als Vollstrecker der Partei Anspruch darauf erhob, das gesamte Leben, das öffentliche und private, das der Gesellschaft und auch des einzelnen zu regeln. Notwendigerweise mußte bei einer solchen Entwicklung der Staatsapparat ins Maßlose auswuchern. Da der ehrgeizige und machthungrige Mielke immer auf der Jagd nach neuen Zuständigkeiten war und dabei auch im Revier von anderen Ministerien wilderte, gedieh sein Apparat so sehr, daß am Ende bei der Auflösung des Ministeriums mindestens 86000 hauptamtliche Mitarbeiter gezählt wurden.

Sie zu dirigieren, reichte die ursprüngliche Hierachie von einem Minister mit einem Staatssekretär nicht aus. Unter Mielke (letzter Rang: Armeegeneral = ein Vier-Sterne-General) wirkten vier Stellvertreter, von denen zwei den Rang eines Generaloberst, zwei den eines Generalleutnants bekleideten und dementsprechend auch besoldet wurden. Diese Inflation an Sternen, Knöpfen und Tressen setzte sich im Ministerium abwärts fort bis zu den Aktenboten.

Mielke legte großen Wert darauf, daß seine Stasi-Mannschaft nach militärischen Rängen gegliedert war. Er selbst liebte seine Uniform und putzte sie mit einer ständig wachsenden Ordensbrust nach sowjetischem Vorbild farbenprächtig heraus.

Auch Häftlinge mußten ihre Bewacher und Verhörer mit dem Rang anreden. Mielke war zwar Kommunist, zugleich aber stolz darauf, ein Preuße zu sein; er genoß den Anblick, wenn seine bewaffnete Macht beinewerfend im Paradeschritt vor ihm vorbeizog. Kumpelhafte Kameraderie mochte er nicht; er hielt Abstand nach unten.

Nachdem in der DDR die Wehrpflicht 1962 Gesetz geworden war, galt der Dienst bei der Staatssicherheit und im Stasi-eigenen Wachregiment als Wehrdienst. Bezeichnend war, daß Mielke seinem Wachregiment den Namen eines Mannes gab, der als rücksichtsloser Verfechter proletarischen Terrors in die Geschichte der UdSSR eingegangen ist: Feliks Edmundowitsch Dzierzynski. Er war der Begründer und Chef der Tscheka, der politischen Polizei zu Lenins Zeiten, der gegen die Feinde der Bolschewisten ohne Pardon vorgegangen war und mit Folter und Mord ein ganzes Volk in Angst und Schrekken versetzt hatte. Briefe an Stasi-Mitarbeiter wurden gemäß Mielkes Beispiel häufig mit der Floskel abgeschlossen: «Mit tschekistischem Gruß». Dzierzynski war Mielkes bewundertes Vorbild. Als 1967 die sowjetische Geheimpolizei ihr 50jähriges Bestehen feierte, rühmte er sie im «Neuen Deutschland» mit einer langen Eloge unter dem Titel «Die Tscheka – Hüter der Revolution». Ihre Häscher nannte er «Ritter der Revolution». Er wußte sich wesensverwandt mit ihnen.

Das Wachregiment «Feliks Dzierzynski» war eine Truppe, in der junge Leute ihren Wehrdienst ableisten konnten; sie mußten sich dazu freiwillig melden und für drei Jahre verpflichten. Aus ihren Reihen rekrutierte sich der Nachschub für das Ministerium. Sie stellte den «Personenschutz» der Prominenten und wurde verwaltet und gelenkt von einer eigenen

Abteilung im Ministerium. Wo es galt, als Wache repräsentativ aufzutreten, wurden die Soldaten dieses Regiments eingesetzt. Sie sperrten die Straßen, wenn die Hausherren der Wandlitzer Landhäuser in die Innenstadt in ihr Amt fuhren oder von dort zurückkehrten. Falls es Erich Honecker einfiel, mit dem Auto zur Leipziger Messe zu fahren, riegelten sie zeitweise die ganze Strecke ab. Die zuletzt 10900 Männer dieses Regiments verfügten über Geschütze und Panzer. Mielke verhehlte nicht, daß diese Streitmacht auch bei inneren Unruhen eingesetzt worden wäre.

Zwei von Mielkes Stellvertretern wurden am 6. Februar 1990 von einem Ausschuß der Volkskammerabgeordneten über ihren ehemaligen Brotherrn und über die Arbeit im Ministerium befragt. Demnach hatte Mielke «uneingeschränktes Weisungsrecht gegenüber allen Angehörigen» des Ministeriums, «gegenüber seinen Stellvertretern und auch über die Dienststellen in den Bezirken und Kreisen». Wer für die Stasi tätig wurde, mußte einen Diensteid leisten, in dem er sich zur «bedingungslosen Erfüllung aller Befehle und Weisungen der jeweiligen Vorgesetzten und zur unbedingten Durchführung der Beschlüsse der Partei- und der Staatsführung» verpflichtete.

Die Volkskammerabgeordneten wollten wissen, wie denn dieser zum Mammutapparat gesteuert worden sei. Sie hörten: praktisch allein vom Minister. Wenn er aus der Dienstagsberatung im Politbüro ins Ministerium kam, pflegte er eine Fülle von Weisungen an seine leitenden Funktionäre zu verteilen, oft nur telefonisch und häufig nicht nur im militärischen Befehlston, sondern auch demütigend und verletzend. Der Generaloberst und Minister-Stellvertreter Rudi Mittig sagte aus: Problemberatungen auch nur im kleinen Kreis habe es nicht gegeben. Wurden je einmal die führenden Mitarbeiter versammelt, dann sprach in dieser Runde nur einer. Alternative Vorschläge habe Mielke entweder übergangen oder lapidar abgeschmettert mit dem Argument: «Der Minister bin ich!» Nachdem Mielke seinen festen Platz im Politbüro eingenommen habe, sei er noch autoritärer geworden. Er habe führenden Mitarbeitern nur ein Minimum an Selbständigkeit und Verantwortung überlassen, und er habe darüber hinaus auch noch in die Dienststellen von oben hineinregiert. Andererseits sei er jedoch mit zunehmendem Alter «nicht mehr in der Lage gewesen, alles zu überschauen».

Generalleutnant Wolfgang Schwanitz schilderte, daß beispielsweise der Entwurf für einen von der Stasi abzuliefernden Bericht über die wirtschaftliche Situation die heraufziehende Misere deutlich geschildert habe, damit Politbüro und Regierung daraus ihre Folgerungen hätten ziehen können. Beim Lesen habe sich Mielke gewunden: «Ist das denn die objektive Wahrheit?» Schließlich habe er entschieden: «Schreiben wir das doch noch einmal um!» und habe dann auch gleich befohlen, wo geschönt werden müsse. Schwanitz: «Ich habe zwei Stockwerke über dem Minister gesessen, aber zu individuellen Beratungen bin ich vielleicht in drei Jahren dreimal und da nur zu Einzelproblemen bis zu ihm vorgedrungen... Lediglich als die Lage 1989 zunehmend prekär wurde, gab es etwas mehr Beratungen... Das schließt natürlich nicht aus, daß es eine tägliche Kommunikation gab zwischen dem Minister und seinen Stellvertretern. Ich kann nicht zählen, wie viele Anrufe es am Tag gab – mitunter mehr als zu notieren und zu realisieren waren.»

Selbst gegenüber der Partei wurde Mielke patzig, wenn sie sich einmischte. Dabei war diese formal durchaus legitimiert dazu, gab es doch im Zentralkomitee einen Sekretär für Sicherheitsfragen, der Armee, Polizei und Staatssicherheit zu kontrollieren hatte. In den letzten Jahren der DDR oblag dies Egon Krenz, der seinerseits Wolfgang Herger als für Sicherheitsfragen zuständigen Abteilungsleiter im Apparat des ZK einsetzte. Als der Genosse Herger sich bei Mielke zu einem Antrittsbesuch meldete, wurde er unfreundlich mit den Worten empfangen: «Zu mir brauchst du nicht zu kommen. Die operative Arbeit» (also die Aktionen) «im Ministerium entscheide ich! Kümmere du dich um die Parteiarbeit!»

Außer dem krebsartig wuchernden Gebäudekomplex um die Normannenstraße gab es ein weiteres Areal, in dem Mielke kaum weniger absolut herrschte: die Siedlung Wandlitz in Niederschönhausen, einem grünen Vorort im Norden Berlins, mit einem Schloß, mit Schloßpark und dem fließenden Wasser der Panke. Hier wohnte Partei-Prominenz, in der Mielke nach Anciennität, Rang und Ansehen an sich keineswegs die erste Geige spielen durfte. Aber er hatte über die Sicherheit aller Prominenten zu wachen. Und er verstand es, mit den jeweils Mächtigsten gut Freund zu sein. Wilhelm Zaisser, der spanische General Gomez, zeitweilig sowohl in Spanien wie auch in der jungen DDR Mielkes Vorgesetzter, spottete über dessen Beflissenheit gegenüber Walter Ulbricht. Dem krieche Mielke so schnell und so tief in den Hintern – pflegte Zaisser zu sagen –, daß man nicht einmal mehr die Stiefelspitzen zu sehen bekomme. Gleichrangigen pflegte Mielke gelegentlich beizubringen, daß er über viele Leute Buch führe, und Emporkömmlinge belehrte er, über wieviel Macht und Vollmachten er verfüge. Zusätzlich stellte er in Wandlitz auch die Sicherungskräfte. Die dort lebenden Halbgötter des Arbeiter-und-Bauern-Staates wurden behütet von Soldaten des Wachregiments «Feliks Dzierzynski» – und zugleich natürlich auch beobachtet und kontrolliert.

Der Drill in diesem Regiment entsprach preußischer Tradition, wie denn Mielke überhaupt sich als Nachfolger preußischer Soldatentugenden empfand. Offenbar nahm er sich auch die Staatsjagden zum Vorbild, wie sie ehedem Kaiser Wilhelm mit Glanz und Gloria zu veranstalten pflegte. Die Stasi, genauer gesagt ihr Minister, verfügte über ein eigenes Jagdrevier in einem weiträumigen Staatsforst um das Jagdschloß Wolletz in der Uckermark, eine Autostunde von Berlin entfernt. Dort pirschte der Jäger Mielke häufig, begleitet von dem einen oder anderen seiner wenigen Freunde, manchmal aber auch mit geladenen Gästen von Partei und Staat oder auch mal mit Angehörigen des Ostberliner diplomatischen Korps. Bei solchen Veranstaltungen wurden den Schützen so viele Tiere vor die Flinten getrieben, daß die Strecke der Beute die Fläche eines mittelgroßen Kirchenschiffs hätte bedecken können. Die besten Stücke gingen nach Wandlitz. Der Jagdsport war bei den kommunistischen Funktionären ausgesprochen beliebt; so stolz sie sich in ihren Lebensläufen ihrer poletarischen Herkunft rühmten, so leidenschaftlich übernahmen sie das Freizeitvergnügen der von ihnen geschmähten Feudalherren. Hege und Pflege des Reviers war nicht Aufgabe der Nutznießer; der Staat kam mit Steuergroschen dafür auf. 3000 Hektar waren als Jagdgelände für das Volk gesperrt.

Ebenso großzügig zeigte sich der DDR-Staat auch gegenüber den Bewohnern der Wandlitz-Häuser. Es waren Villen für eine oder auch zwei Familien mit großflächigen Wohnungen, ausgestattet mit einem für DDR-Verhältnisse luxuriösen Komfort. Die Häuser gehörten dem Staat; sie stehen aufgelockert in einer parkähnlich angelegten Landschaft, die nur von ruhigen Fahrstraßen und Spazierwegen durchschnitten ist. Zäune waren nicht notwendig, nicht nur, weil das Areal gut bewacht wurde, sondern auch, weil es dort keinen privaten Besitz gab. Das Politbüro der SED entschied, wer einziehen durfte; der Bewohner zahlte eine lächerliche Miete, traf beim Einzug die Räume weitgehend möbliert an und mußte auf den zum Haus gehörenden Grünflächen weder Spaten noch Rasenmäher einsetzen. Der Staat hielt sich dafür eine Gärtnerbrigade.

Ehe Familie Mielke in Wandlitz in die Stille Straße 19 einziehen konnte, hatte sie in Hohen-Neuendorf im Kreis Oranienburg am nördlichen Rand von Berlin gewohnt, vermutlich weil der Vorläufer der Stasi, das K 5, im Norden Berlins seinen Standplatz hatte, in dem der Vizepräsident der Deutschen Verwaltung des Inneren, wie Mielke sich zeitweilig titulierte, arbeitete. Am 18. Dezember 1948, ihrem Hochzeitstag, waren die Mielkes in Hohen-Neuendorf eingezogen. Frau Gertrud, geborene Müller, war gelernte Schneiderin. Den gemeinsamen Sohn Frank, ein Vierteljahr zuvor geboren, brachten sie mit. Später kam noch ein Pflegekind hinzu. Nach der Wahl Mielkes ins Politbüro im Jahre 1971 wurde dann auch der Umzug nach Wandlitz fällig.

Als Erich Mielke Ministeramt und Parteifunktionen im Dezember 1989 verloren hatte, besaß er ein Sparbuch über 42 000 Mark, zwei Girokonten über zusammen 950 000 Mark, war also ein Bargeldmillionär. Im Dezember 1989 bezog er monatliche Renten in Höhe von 6277 Mark. Auch den Sohn hatte der jetzt 82jährige hinlänglich versorgt. Frank hatte Medizin studiert und wurde als Dr. med. in einer Diensteinheit der Stasi als OibE (Offizier in besonderem Einsatz) im Rang eines Majors beschäftigt. Seine zwei Jahre jüngere Ehefrau, ebenfalls Doktor der Medizin, war auch bei der Stasi im Rang eines Majors angestellt. Solange sie zusammen in der Stillen Straße wohnten, fehlte es ihnen an nichts. Sie konnten alles einkaufen, was sie wünschten, mußten nirgends Schlange stehen wie das gemeine Volk, Autos standen ihnen auf Anruf zur Verfügung, mit Chauffeur und auch für das Wochenende. Für Ferientage besaßen sie an einem märkischen Gewässer noch eine Datsche.

In der Harmonie des Erreichten und scheinbar Gesicherten

lebte die Zwei-Generationen-Sippe im Wandlitzer Haus still vor sich hin, streng regiert vom Altersvorstand, abgeschlossen nach außen – wie im Grund alle hier hausenden Mitglieder der SED-Crème. Einer aus dieser Gruppe, das Politbüro-Mitglied Günter Schabowski, zog unaufgefordert gleich nach der Wende mit Frau, zwei Kindern und Schwiegermutter in die Stadt zurück. Rückblickend nannte er Wandlitz einen goldenen Käfig, ein Ghetto, und in der normalen Berliner Mietwohnung, die er dann bezog, fühlten er und seine Familie sich viel wohler. Dort plagte ihn auch nicht mehr «ein ungutes Gefühl», das er in Wandlitz immer empfunden habe, wenn er dort «Sachen erwarb, die entweder für die Bevölkerung gar nicht erhältlich waren oder nur gegen Westgeld in Intershops».

In Wandlitz war das Angebot, gemessen an den normalen Geschäften in der DDR, mehr als hervorragend; der Stasi-Oberst Alexander Schalck-Golodkowski, Waffenhändler und Devisenspekulant im Regierungsauftrag, ließ aus dem Westen heranschaffen, was im Osten nicht erhältlich war und was die bevorrechtigten Genossen wünschten. Honecker war auf Walderdbeeren versessen.

Nachbarliche Geselligkeit hingegen gab es dort nicht. Da gab es Rangunterschiede, die gewahrt wurden, da gab es Eifersucht und sehr viel Mißtrauen. Den Stasi-Mielkes mißtrauten alle. Freundschaftliche Gefühle konnten so unter den Wandlitzern nicht gedeihen. Ein Foto bezeugt dies; es wurde am 28. Dezember 1987 aufgenommen, als die Politbüro-Riege sich zu Mielkes 80. Geburtstag in einem kleinen Saal des Ministeriums versammelte. Die Herren stehen in drei Reihen, angeführt von Erich Honecker, dem Jubilar gegenüber mit den feierlich ernsten Gesichtern eines Seniorenchors aus der Liedertafel, die ihrem ältesten Mitglied notwendigerweise ein Ständchen bringen und die Ehrenmitgliedschaft hatten antragen müssen.

Der Geehrte steht klein, gedrungen und etwas beleibt im dunklen Anzug vor ihnen, steif vor Würde und mit dem steinernen Gesicht eines Mannes, der etwas entgegennehmen wird, das ihm eigentlich schon lange gehört. Was wird ihm nicht alles zuteil an diesem Ehrentag: eine Gedenkmedaille für aktive Teilnehmer der Revolution, des Bürgerkriegs und des sozialistischen Aufbaus von 1917–1930 aus der Sowjetunion, der Karl-Marx-Orden (zum sechsten Mal), die Ernennung zum Verdienten Angehörigen der Grenztruppen der DDR, die Ernennung zum Verdienten Mitarbeiter im außenpolitischen Dienst der DDR, eine Ehrenurkunde des Zentralrats der Freien Deutschen Jugend, den Ehrentitel «Held der Sowjetunion», verbunden mit dem Lenin-Orden (zum vierten Mal) und dazu die Medaille «Goldener Stern». Ferner aus der ungarischen Volksrepublik der Orden «Frieden und Freundschaft», aus Kuba die Medaille «Revolutionäre Streitkräfte», aus Moskau die Erinnerungsmedaille «70 Jahre Tscheka-KfS». Das alles sind die neuesten Zugaben zu einem schon vorhandenen Arsenal an Orden und Ehrentiteln, unter denen der Held der DDR, der Verdiente Jurist, der Verdiente Bauarbeiter, der Verdiente Eisenbahner und der Ehrenbergmann, verliehen von den Uranschürfern der Wismut-Betriebe die skurrilsten sind. Die Urkunden wurden in seinem Arbeitszimmer in der Normannenstraße zusammen mit anderen Trophäen in großen Glasvitrinen verstaut. Hier verwahrte er auch die Anstecknadeln, die Erinnerungsmedaillen, die Orden und dazu auch noch Plaketten aller Größen.

Im Amt und in der Partei war der General Mielke überhaupt nicht umgänglich. Günter Kratsch, zeitweise Chef der Hauptabteilung II («Spionageabwehr») berichtet: «Zwischen ihm und uns lag meilenweite Distanz. Er ließ jeden fühlen: Er ist Minister, Politbüromitglied, Armeegeneral, Mitglied des Verteidigungsrates der Volkskammer.» Wer immer sein Rivale sein oder werden konnte, wurde kleingeherrscht. Er mißtraute jedem und grundsätzlich; als Stasi-Minister und als Apparatschik in der Partei war er dazu fast verpflichtet, unter seinesgleichen, als Genosse, war es ein in Jahrzehnten verwurzeltes Überlebensgebot. Nur gelegentlich stieg er vom hohen Roß, dann freute er sich über seine eigene Gönnerhaftigkeit. Als er beispielsweise mit einer Reisegruppe des «Dynamo»-Vereins in der Berglandschaft am Schwarzen Meer wanderte, sang er gemeinsam und begeistert mit seinen jüngeren Begleitern Lieder aus der Zeit im Kommunistischen Jugendverband.

Im Umgang mit den «Dynamo»-Mitgliedern, mit den Funktionären der Sportler, gab er sich gern zivil, als gütiger Sponsor. Spielte die Fußballmannschaft, dann saß er häufig auf seinem Stammplatz auf der Tribüne im Berliner Stadion, gestikulierte, jubelte, schrie und schimpfte. Einmal im Jahr veranstaltete er einen Vereinsball, selbstverständlich im vornehmen Palast-Hotel. Er genoß es, daß er schon bei seinem Eintritt in den Saal bejubelt wurde, und daß die Leute klatschten, bis er seinen Platz erreicht hatte. Selbstverständlich ging vor ihm niemand auf die Tanzfläche. Für Rock-Musik war er nicht zu haben. Am liebsten hörte er Wiener Schrammelklänge. Daß sich die sportliche Jugend dabei langweilte, wagte ihm niemand zu sagen.

Er hielt sich für einen guten Redner, war es aber nie. Immerhin konnte er mit dem gängigen Phrasenkleingeld der Partei fast eine Stunde lang schwadronieren. Aktuelle Probleme rührte er nicht an, es sei denn, daß er die Gegner mit Kraftsprüchen zudeckte. Kam er auf die Feinde im Westen zu sprechen und dabei gar auf die Bundesrepublik, dann konnte er große Töne spucken. Klatschte ihm dann die Menge rhythmisch Beifall, vergaß er wohl, daß diese laute Zustimmung parteiamtlich vorgeschrieben war und daß Stasi-Beobachter dabei die Säumigen kontrollierten. Markus Wolf, bis 1988 Stellvertreter des Ministers und Chef der Spionage merkte dazu an: «Wenn eine Gunstbezeugung ausblieb, merkte er es sofort und mißbilligte es sichtbar.» Dagegen genoß der kurzgeratene General deutlich den Jubel seiner Soldaten vom Wachregiment, als er sie aufgestachelt hatte: «Wenn die Parteiführung die Weisung erteilt, wachen die Westberliner am nächsten Morgen mit dem Personalausweis der DDR auf. Dazu brauchen wir überhaupt keinen anderen. Das schafft das Ministerium aus eigener Kraft...»

Solches Maulheldentum befriedigte seine Eitelkeit. Er wußte wohl, daß es ihm nie gelingen würde, sich an die Spitze von Partei und Staat zu kämpfen, aber der zweitmächtigste Mann in der DDR zu sein lockte ihn, und gewiß hat er sich zeitweise auch in dieser Position gefühlt. Zwar zog er es dabei vor, aus dem Hintergrund heraus zu wirken, doch etwas mehr Popularität war dann auch wieder angenehm.

Dem versuchte Mielke gelegentlich nachzuhelfen, indem er sich in der Öffentlichkeit menschlich gab – auf seine Art. So etwa im Frühjahr 1981 zum Abschluß des XI. Parteitages der SED. Als er am Abend in Berlin auf den Platz der Republik hinaustrat, entdeckte er dort die Gruppe der Rundfunkreporter, die über die Sender und auch über die hier aufgestellten Lautsprecher mit launigen Sprüchen über den Ausklang des Tages berichteten. Er wurde von einem Sportjournalisten gleich als der «zentrale Mittelstürmer des BFC Dynamo» begrüßt, mit dreifachem «Hoch» und dreifachem «Sport frei», dem Ruf der Arbeitersportler. Festlich gestimmt nutzte er das Mikrophon; er berlinerte als der Junge aus dem Wedding mit nichtssagenden Sätzen, pflaumte ein wenig den gleichfalls hier stehenden Ersten Sekretär des Berliner Bezirks der SED an und versicherte den Zuhörern, sie könnten sich «persönlich an mich, Minister der Staatssicherheit, wenden, wenn etwas los ist».

Noch menschlicher, vielleicht allzu menschlich, gab er sich zu vorgerückter Stunde bei den «Dynamo»-Bällen im Palast-Hotel. Als auf der Bühne Bademoden in Form eines Balletts vorgeführt wurden, mischte er sich, wohl vom Krimsekt befeuert, tänzelnd zwischen die Mädchen, streichelte nackte Arme und tätschelte die Pos. So angeregt, grabschte er auf der Tanzfläche seiner Partnerin, einer attraktiven Schauspielerin, an den Busen und war tief beleidigt, als sie ihm deswegen auf die Finger schlug. Als er etliche Zeit danach im Friedrichstadtpalast an ihrer Seite und auf der Bühne ein nahezu nacktes Ballett tanzte, haute er seiner Nachbarin kraftvoll aufs Knie und berlinerte: «Mensch, so mußte auftreten. Nich immer bis oben zu, schwarz – und dann noch Schiller!»

Mit seiner sturen Rechthaberei gerade bei Nebensächlichkeiten ging er den eigenen Genossen häufig auf die Nerven. Er ließ keine Gelegenheit aus, jemanden zurechtzuweisen, zwar nicht am Beratungstisch, dafür aber im anschließenden persönlichen Gespräch. Dem Bezirks-Chef von Berlin, Günter Schabowski, lag er wochenlang mit einer Beschwerde in den Ohren, daß er auf der «Protokollstrecke» zwischen Wandlitz und der Innenstadt täglich zweimal an einem Haus vorbeifahren müsse, dessen Fassade durch austretenden Schwamm fleckig sei. Obschon er wußte, daß die Berliner Partei Verputz und Farbe nicht in Mengen herbeizaubern konnte, aber doch ihr möglichstes tat, um wenigstens den Göttern vom Wandlitzer Olymp das Bild ihrer heilen Welt zu erhalten, bemäkelte er nach fast jeder Sitzung des Politbüros diesen Schönheitsfehler erneut. Daß seitlich seines Arbeitsweges ganz Ost-Berlin bröckelnd verkam, störte ihn offenbar weniger.

Ähnlich sein Auftreten als Familienvater: Er terrorisierte Frau und Kinder mit Vorschriften für den Alltag. Nach preußischem Kommißbrauch mußten Hemden auf Kante zusammengelegt und gestapelt werden. Das gleiche galt für Wäsche. Anzüge durften nur die vorgegebenen Falten haben. Waschen, Haarschnitt, Zähne- und Schuheputzen mußten wie vorgeschrieben ablaufen. Lockere Knöpfe, ein loser Faden, eine schräg sitzende Krawatte lösten harten Tadel aus. Bei Tisch kommandierte der Vater: «Klecker nicht! Schmatz nicht! Schlürf nicht! Was auf dem Teller liegt, wird aufgegessen».

Als ihn der nahezu erwachsene Sohn Frank einmal fragte, ob der Bericht einer Westzeitung zutreffe, daß er 1931 einen Polizeioffizier erschossen habe, behauptete der Vater, er sei zu dieser Zeit gar nicht in Berlin gewesen. Nachzufragen traute sich der Sohn nicht. Dem Sohn erzählte der Vater außerdem, er habe während der letzten Phase des Zweiten Weltkriegs hinter den deutschen Linien als Rotarmist gegen die Hitler-Armee gekämpft. In seinem bei der Partei eingereichten Lebenslauf liest es sich anders.

Ebenso wußte Mielke genau Bescheid über Gut und Böse der Genossen aus dem obersten Stockwerk der Partei. Sie wiederum wußten, daß er jeden Monat einen Situationsbericht an Honecker über die Stimmung im Volk zu liefern hatte, und wenn darin etwa über Klagen wegen der leeren Regale in den Läden berichtet wurde, dann mußte dies notwendigerweise auf den Verantwortlichen im Politbüro zurückfallen. Allzu harte Kritik war allerdings selten.

Der Bericht des Ministers basierte auf den von den Kreisdienststellen gesammelten Angaben inoffizieller Mitarbeiter und der sogenannten Objektdienststellen in großen Betrieben. Doch ehe ein solcher Bericht weitergeleitet wurde, vom Kreis an die zuständige Bezirksdienststelle, mußte ihn der Erste Sekretär der SED des Kreises genehmigen. Die Bezirksdienststelle sammelte die Berichte ihrer Kreise und faßte sie zusammen. Diesmal hatte dann der Erste Sekretär des Bezirks der

Partei das letzte Wort. Alle diese Funktionäre waren natürlich darauf bedacht, die Zustände in ihrem Bereich möglichst rosig zu malen. Denn: Wer seinen Bezirk nicht bei der Stange halten konnte, wurde abgelöst. Typischer Fall bei der SED: Der Erste Sekretär der SED des Bezirks Berlin, Konrad Naumann, wurde wegen unpassender Reden und Saufgelage mit seinem SED-Gefolge so unpopulär, daß ihn Honecker durch Günter Schabowski ersetzte.

Den meisten Ärger bereitete im Volk die Talfahrt der Wirtschaft, doch wer daran Kritik übte, bekam es im Politbüro mit Günter Mittag zu tun, dem ZK-Sekretär für die Wirtschaft. Auf diesem Gebiet war er Honeckers Ratgeber, der in Wirtschaftsfragen ziemlich ignorant war. In Wandlitz spürten die Funktionäre zwar die Misere kaum, denn wenn dort etwas besonders gewünscht wurde, fuhr eben ein Einkäufer nach West-Berlin. Trotzdem konnten dem Stasi-Chef die Mängel der Planwirtschaft nicht verborgen bleiben; früher und deutlicher als jeder andere Funktionär mußte er erkannt haben, daß die Situation für das System immer prekärer wurde. Doch gegen Mittag wollte Mielke nicht antreten, auf keinen Fall allein. Er war insofern gewarnt, als die parteieigene «Berliner Zeitung» in einem gründlichen Beitrag einmal die Mängel in der Versorgungsindustrie gerügt hatte, worauf Mittag die Bezirksleitung angriff, weil sie die Veröffentlichung nicht verhindert hatte. Honeckers Urteil: Der Journalist wird entlassen.

Ebenso wußte Mielke, daß das Volk Rede- und Reisefreiheit verlangte und die Bevormundung durch die Partei nicht mehr dulden wollte. Wenn populäre Leute wie der Liedermacher Wolf Biermann oder die Schauspieler Manfred Krug und Armin Müller-Stahl protestierend die Republik verließen oder verlassen mußten, dann wurden sie vom Volk nicht geschmäht, wie es die Partei gern gesehen hätte, sondern lösten eine Welle von Solidaritätsbekundungen aus. Gelegentlich beklagte Mielke am Familientisch die Entwicklung und meinte, es müsse eben doch einiges geändert werden, resignierte jedoch auch gleich wieder, wenn ihm der Sohn riet, dazu doch einen Vorstoß zu unternehmen. Er behauptete, sich gegen Honecker, Mittag und Genossen in dieser Frage doch nicht durchsetzen zu können.

Es scheint wenig glaubhaft, daß Mielke ernstlich einen anderen Kurs gewollt hat. Sein Amt und seine Macht leiteten schließlich ihre Berechtigung davon ab, daß er die Gegner dieses Staates bekämpfte und schreckte. Zwar konnte es der offiziellen Propaganda entsprechend in der DDR gar keine Opposition geben, weil schließlich niemand gegen den Sozialismus sein könne, doch Mielkes kraftmeierische Ansprachen, daß seine «Tschekisten», die Soldaten seines Leibregiments, die Betriebskampfgruppen und andere «gesellschaftliche Kräfte» siegen würden, falls die Reaktion es wage, ihr Haupt zu erheben, legten vom genauen Gegenteil Zeugnis ab. Mehr als jeder andere wußte er über Mißstimmung und Widersetzlichkeiten, aber die daran Beteiligten waren für ihn schwer zu fassen. Sie organisierten sich kaum, trafen sich nur zu losen Diskussionen, und selbst die protestantisch-kirchlichen Kreise hüteten sich vor offener Aufsässigkeit. Vorbeugend wurden Namen und Anschriften in den Stasi-Akten festgehalten. Sollte sich wirklich einmal ernstliche Gegnerschaft entwickeln, dann war schon auf besonderen Listen vermerkt, welche Unruhestifter abgeholt und in «Isolierungsobjekte», die auch bereits vorbereitet waren, interniert werden sollten. «Im Verteidigungszustand», so hatte der Minister für Staatssicherheit im März 1989 in einer «Geheimen Verschlußsache» befohlen, «haben die Stasi-Truppen Voraussetzungen zu schaffen zur ‹Festnahme bzw. Liquidierung› aufgeklärter subversiver Kräfte.»

Weil in dieser kritischen Lage Mißtrauen am Platze war, traute selbst die Parteispitze ihrem Sicherheitsminister nicht mehr vorbehaltlos. Er verfügte über Streitkräfte, über ein Heer eingeschworener Gefolgsleute im militärischen Rang. In Moskau besaß er noch immer Freunde in Schlüsselstellungen, trotz Gorbatschow. Bezeichnend ist wohl, daß der alterssklerotische Erich Honecker, auch als er schon gestürzt war und die DDR nicht mehr bestand, den Verdacht äußerte, der Genosse Mielke habe putschen wollen. Vielleicht hätte der Sicherheitsminister dabei sogar mitgemacht, wenn er einen Chef-Putschisten gefunden hätte. Für mehr Freiheit und Demokratie allerdings hätte sich der durch und durch von der Zeit des Stalinismus geprägte Mielke dabei wohl kaum eingesetzt. Er war ein Machtpolitiker.

Nicht nur von ihm wurde das Potential der Unzufriedenen im Volk unterschätzt. Wo sie sich äußerten, geschah dies allerdings in leicht einzudämmenden Einzelaktionen mit eher schwacher Beteiligung. Die Mehrheit der DDR-Bürger war seit Jahrzehnten gewohnt, der Obrigkeit gehorsam zu sein. Doch es entstanden im Laufe der letzten Jahre immer mehr «Menschenrechtsgruppen», «Friedensgruppen», «Basisinitiativen», Ökologieforderungen, eine «Initiative Frauen für den Frieden» in Berlin und andere. In einer Information des Ministeriums für Honecker, Krenz und noch einige Mitglieder des Politbüros, datiert vom 6. Januar 1989, werden die «inneren, oppositionellen und andere negative Kräfte» vorgestellt, aber ohne lauten Alarm und nur routinemäßig bekam die Titelseite den Stempel: «Streng geheim! Um Rückgabe wird gebeten!»

Stasi-Chef Mielke konnte in diesen Gruppen keine Staatsgefahr entdecken. Für ihn waren das alles Außenseiter, intellektuelle Häretiker ohne Anhang, ohne Organisation. Daß sie in Kürze zu Kristallisationszentren des Aufstandes werden sollten, war für Erich Mielke nicht vorstellbar.

So heterogen diese Gruppen in ihrer Substanz und in ihren Zielen auch sein mochten, so gab es doch ein Wort, das alle einte: Freiheit! Freiheit der Rede, der Versammlung, der Presse, des Denkens überhaupt und vor allem auch des Reisens. Ihr Forderungskatalog mutete an wie fast aus dem Jahre 1789 stammend, aus der Großen Französischen Revolution; das Regime der SED war in einer der Verwerfungen der Geschichte wieder dort angekommen, wo das Bürgertum die Feudalherrschaft abgeworfen hatte. Die Bürger der DDR hatten es satt, sich in allen Bereichen ihres Lebens von Partei und Staat gängeln zu lassen. Zur großen politisch-moralischen Identifikationsfigur dabei wurde die im Januar 1919 ermordete Rosa Luxemburg. Sie hatte sich für die Freiheit aller, auch der Andersdenkenden eingesetzt. Deshalb schickte sich eine Anzahl Leipziger Bürger an, die von der SED zum 15. Januar 1989 geplanten Gedenkfeiern zum 70. Todestag von Rosa Luxemburg zum Anlaß für eine Protestaktion zu nehmen.

Das Vorhaben wurde der Stasi bekannt, als die Sicherheitswächter am 12. Januar «1 männliche Person (26 Jahre, Ingenieur) und 1 weibliche Person (19 Jahre, Buchhalterin) ... auf frischer Tat bei der Verteilung von Flugblättern gestellt und zugeführt» hatten. In den Flugblättern wurde die Bevölkerung aufgefordert, durch Teilnahme an einem Schweigemarsch «weiter für die Demokratisierung unseres sozialistischen Staates einzutreten» – nämlich für das Recht der freien Meinungsäußerung, für Versammlungs- und Vereinigungsfreiheit, für Pressefreiheit. Die Stasi sammelte 3457 Flugblätter wieder ein, auch mittels Hausdurchsuchungen. Sie verhaftete weitere Verteiler «zu je 2 Personen» und setzte ihre «Untersuchungen zur weiteren Aufklärung der Organisatoren und Hintermänner dieser provokatorisch-demonstrativen Aktion... intensiv» fort. Sie war dann am 15. Januar, einem Sonntag, um 16 Uhr ebenfalls am Treffpunkt und nahm von den etwa 200 Demonstranten 53 vorläufig fest. «Die vorbereiteten gesellschaftlichen Kräfte» (Betriebskampfgruppen) wurden nicht eingesetzt.

Sollte Mielke angenommen haben, den Leipzigern sei damit die Lust am Opponieren vergangen, so wurde er am 13. März 1989 eines anderen belehrt. Wie an jedem Montag wurde am frühen Abend in der Nikolaikirche ein «Friedensgebet» abgehalten – ein Gottesdienst, wie er auch in anderen Städten der DDR stattfand, an dem sich Gegner des Regimes zu versammeln pflegten. Die Stasi hatte vermutlich durch Spitzel erfahren, daß diesmal ein Nachspiel geplant war: eine Demonstration. Die Hälfte der etwa 600 Besucher der Nikolaikirche sammelte sich nach dem Gottesdienst vor dem Portal; die meisten von ihnen hatten ihre Ausreise in die Bundesrepublik beantragt und waren bis jetzt ohne Bescheid geblieben. Sie schickten sich an, geschlossen in das Stadtzentrum zu marschieren, aber bereits nach 300 Metern wurde die Kolonne von einer Übermacht, von 850 Bewaffneten, gewaltsam aufgelöst. In einer von Mielke unterschriebenen Meldung an Honecker wird den Demonstranten eine provokatorische Absicht unterstellt – es mag schon sein, daß Reporter des westdeutschen Fernsehens und der Nachrichtenagenturen nicht zufällig am Ort des Geschehens waren und Augenzeugen der Auseinandersetzungen wurden. Andererseits war Mielke jedoch bestrebt, die Vorfälle herunterzuspielen, denn anläßlich der Leipziger Messe waren viele Besucher aus dem Westen in der Stadt.

Weshalb wohl das Politbüro als die oberste Instanz es für zweckmäßig hielt, gerade in dieser Zeit zunehmender Spannungen die an sich noch nicht überfällige Wahl der kommunalen Parlamente auf den 7. Mai 1989 anzusetzen? Nach der letzten Wahl am 6. Mai 1984 war amtlich verkündet worden, daß

99,8 Prozent aller abgegebenen Stimmen die Kandidaten der Einheitsliste gewählt hatten, auf der vom Staat genehmigte Parteien und Verbände ihre Mitglieder in einer vorher festgelegten Anzahl und Reihenfolge plaziert hatten.

Aber Mielkes Ministerium hatte diesmal mit einem «Hinweis zur Reaktion der Bevölkerung» am 26. April in einem Rundbrief gewarnt, daß sich die «allgemeine Stimmung unter breiten Teilen der Bevölkerung... unter dem Einfluß der oben genannten Probleme spürbar verschlechtert» habe, dann aber auch wieder abgewiegelt und Optimismus verbreitet, daß mit der Wahl «das Vertrauen der Bürger in die Politik von Partei und Regierung erneut bestätigt werde».

In einer von Mielke unterschriebenen und außer an Honecker nur noch an wenige politische Größen verteilten «Information» wurde am Tag nach der Wahl bisher Unerhörtes gemeldet. So zum Beispiel, daß in zahlreichen Berliner Wahllokalen Gegner den Wahlvorgang und vor allem die Auszählung kontrolliert hätten, im Stadtteil Prenzlauer Berg allein in 64 Wahllokalen. Häufig sei den Wahlvorständen vorgeworfen worden, sie hätten das Ergebnis manipuliert, und diese Beschuldigung sei dann auch noch durch Flugblätter verbreitet worden. Eine Anzahl Bürger hätte demonstrativ nicht gewählt, und manche hätten sogar ihre Wahlscheine im Lokal öffentlich zerrissen, um damit die ganze Prozedur als Schwindel zu entlarven. In Leipzig seien Demonstrationen nur durch «den vorbereiteten sofortigen Einsatz von Sicherungs- und gesellschaftlichen Kräften» verhindert und 72 Demonstranten vorübergehend festgenommen worden.

Sogar innerparteilichen Ärger mußte die Stasi registrieren. Viele Genossen wären verunsichert durch die in der Sowjetunion immer stärker werdende Kritik an der stalinistischen Vergangenheit. Mitglieder der SED – so ein am 10. Mai 1989 verbreiteter Hinweis des Mielke-Ministeriums – «äußerten sich immer wieder bestürzt über die Schärfe der in der UdSSR geführten Auseinandersetzungen mit politischen Fehlern führender Persönlichkeiten in der Geschichte der Sowjetunion». Diese Formulierung läßt erkennen, daß in Mielkes Haus der Name Stalin nicht im Zusammenhang mit Verbrechen genannt werden durfte. «Diese Informations- und Medienpolitik» – so heißt es in dem Hinweis weiter – «sei für die Menschen mehr verwirrend als nützlich... Davon würden auch politisch und ideologisch destabilisierende Wirkungen auf andere Länder ausgehen.» Schlichtweg gesagt: Glasnost in Moskau sei nicht gut für Berlin.

In einem Rundschreiben am 19. Mai machte der Stasi-Chef Mielke die Leiter seiner Diensteinheiten darauf aufmerksam, daß in Berlin, Leipzig, Dresden und Potsdam «provokatorische Handlungen zur Diskreditierung der Ergebnisse der Kommunalwahlen» festgestellt worden seien. Gegen die «Herabwürdigung der Wahlen in der Öffentlichkeit» sei mit «strafprozessualen Maßnahmen» vorzugehen. Sachlich gehaltene Schreiben sollten die Sekretäre der Wahlkommissionen mit einem im Rundschreiben vorformulierten Text von vier Zeilen beantworten, in dem schlichtweg behauptet wurde, alles sei geprüft worden, und «dem ist nichts hinzuzufügen». Auf angeführte Fakten sei nicht einzugehen. Anzeigen wegen Wahlfälschungen «nach § 211 Strafgesetzbuch... sind ohne Kommentar entgegenzunehmen» und erst zu beantworten «nach Ablauf der vorgesehenen Fristen» – nämlich abschlägig. Mit dem Ablauf der Einspruchsfrist waren sie damit auch erledigt. Der Erste Sekretär des SED-Bezirks Berlin Günter Schabowski hat nach der Wende in einem Buch geschildert, wie seine Partei geschummelt hat – ohne sein Wissen, schreibt er. So hatte der Leiter der Berliner Wahlkommission in allen Stadtbezirken das gewünschte Ergebnis vorab festgelegt. «Wenn beim Addieren nicht die Ergebnisse herauskamen, die vorher abgesprochen waren», berichtet Schabowski, «dann veränderte der Wahlleiter die Ergebnisse.»

Mielkes Hoffnung, mit seinen Ratschlägen das Thema Wahlfälschungen vom Tisch gebracht zu haben, erwies sich umgehend als Irrtum. Schon am Tag nach der Wahl, am 8. Juni, hatten in der Gethsemanekirche Berlins weit über tausend Menschen bis nahe Mitternacht protestiert – gegen «Verstöße gegen das Wahlgesetz», wie in einer Information des Mielke-Ministeriums zu lesen war. Im Verlauf des Juni gab sein Ministerium warnende Hinweise heraus auf weitere «langfristig vorbereitete und teilweise realisierte politische Störaktionen», die an die Kommunalwahl anknüpfen würden. In kirchlichen Veranstaltungen werde zum Teil offen von Wahlbetrug gesprochen. In Leipzig sei ein öffentlicher Protest gegen das Wahlergebnis nur «durch den Einsatz gesellschaftlicher Kräfte unterbunden» worden – was im Klartext heißt, daß die Protestierenden mit Gewalt auseinandergetrieben wurden. Als besonderes Ärgernis wurde ein Demonstrant vermerkt, der mit einem Schriftplakat ankam, auf dem zu lesen stand: «Zu dumm zum Addieren, aber ein ganzes Land regieren».

Zum 31. August 1989 holte Mielke die Chefs der 15 Bezirksverwaltungen des Ministeriums in die Normannenstraße. Sie mußten über Stimmung und Situation in ihren Bezirken berichten, und es sollte beratschlagt werden, was dagegen zu tun sei. «Die Situation ist ernst», begrüßte sie Mielke, «und komplizierte Fragen stehen uns bevor.» Denn die Aktionen der Widersetzlichen bekamen immer größeren Zulauf, und ebenso alarmierend stiegen die Zahlen der Abtrünnigen, der legalen Auswanderer und der illegalen Republikflüchtlinge. Die Herren, fast alle im Rang eines Generalmajors, rapportierten, was sie gegen diese Entwicklung unternommen hatten. Als sich der Stasi-Chef des Bezirks Berlin um eine konkrete Aussage mit der Begründung drücken wollte, es sei noch zu früh für eine objektive Erklärung der Ursachen, wies ihn der Minister zurecht: «Das ist eine sehr einfache Frage! Das ist eine Frage der Macht. Sonst nichts!»

Die Rede kam auch auf den Fluchtweg Ungarn und auf die Zufluchtsuchenden in der bundesrepublikanischen Botschaft in Budapest. Mielke verlangte Vorschläge, wie man das eindämmen könne. Wiederum sagte einer der ratlosen Generalmajore, das sei «eine komplizierte und schwierige Frage, Genosse Minister», und wiederum herrschte Mielke sie an: «Das ist die Hauptfrage!»

Er wollte von ihnen Vorschläge hören, «was noch verbessert werden muß... nicht unsere Staatssicherheit bloß, sondern die politische Einwirkung». Entweder konnte oder wollte er nicht sehen, was die Menschen im DDR-Staat so bedrückte, daß sie ihre Habe zurückließen und auswanderten. Er klagte: «Der Sozialismus ist ja so gut; da verlangen sie immer mehr und mehr», und erinnerte sich an seine Jugendjahre in Berlin: «Ich konnte auch keine Bananen essen, nicht weil es keine gab, sondern weil wir kein Geld hatten.» Er merkte nicht einmal, daß er mit diesem Einwand ins Schwarze getroffen hatte; was nutzten dem DDR-Bürger viele Geldscheine und ein pralles Bankkonto, wenn er damit nicht einmal seine bescheidenen Bedürfnisse befriedigen und die kleinen Wünsche erfüllen konnte, weil ihm die Wirtschaft des Systems keinen Gegenwert lieferte. Der Generalleutnant aus Leipzig verzichtete auf Schönfärberei: «Die Stimmung ist mies!» sagte er. «Es ist tatsächlich so, daß in einer zufällig entstandenen Situation ein Funke genügt, um etwas in Bewegung zu bringen.» Diese Bewegung fürchteten alle in diesem Kreis, denn sie bedeutete Widerstand, wenn nicht gar Aufstand.

Die Ratschläge der Generale waren nur geeignet, die Spannungen noch zu verstärken. Der Stasi-Chef von Karl-Marx-

Stadt (Chemnitz) riet, die Veranstaltungen oppositioneller Gruppen mit eigenen Leuten in ausreichender Zahl zu beschicken. Sie könnten – was er bereits praktizierte – durch Trampeln, Pfeifen und Johlen jeden Redner übertönen und zum Schweigen bringen, so daß der Saal spätestens nach zehn Minuten leer sei. Eine andere Möglichkeit sei, die «Rädelsführer» der Gegner von morgens früh an zu observieren und sie dann festzunehmen, sobald sie sich dem Ort der Veranstaltung näherten. Der Vertreter Dresdens empfahl ein Rezept, wie die Republikflucht eingedämmt werden könnte: Die Papiere der legal über die Grenze in die Tschechoslowakei Ausreisenden könnten noch so einwandfrei sein, aber ihr Auto, mit dem sie dann nach Ungarn weiterreisen wollten, würde in seinem Bereich vom Zoll so gründlich gefilzt und überprüft, «daß wir etwas finden, was Anhalte bietet, um ihn nicht rauszulassen».

Mit dem Ergebnis dieser Beratung konnte der Stasi-Chef kaum zufrieden sein. Er resümierte abschließend: «Wir haben also nun die Einschätzung, daß einigermaßen die Sache im Griff ist... Man kann natürlich niemals ganz ruhig sein. Man muß sich immer wieder darauf einstellen, daß irgend etwas spontan entstehen kann... Man muß nur eins beachten, wenn man polizeiliche Mittel oder andere Mittel einsetzen will, daß sie möglichst zunächst in gedeckter Form erfolgen.» Viel mehr als diesen dürftigen Ratschlag vermochte Mielke seinen Divisionären nicht mit auf den Weg zu geben.

Die engsten und einflußreichsten Berater Mielkes waren jedoch nicht die Bezirksgenerale, ja nicht einmal seine drei oder manchmal auch vier Stellvertreter. Stärker noch traute Mielke der ZAIG, den Mitarbeitern der Zentralen Auswertungs- und Informationsgruppe, die von Generalleutnant Werner Irmler geleitet wurde und bei den oberen Instanzen in der Normannenstraße gründlich verhaßt war. Die führenden

Männer der ZAIG, die aus annähernd 900 Mitarbeitern bestand, hatte Mielke selber ausgesucht. Sie waren die eigentliche Stütze des Ministers, und wenn man dem Generalleutnant Wolfgang Schwanitz, einem der Stellvertreter des Ministers, glauben will, war es gerade die ZAIG, die Mielke in seinem harten Kurs bestärkte. Diese anonyme Institution verfaßte die vielen als Information oder Hinweis überschriebenen Verlautbarungen des Ministers, die sich in ihren oft intellektuellen Formulierungen deutlich von Mielkes eigenen Willensäußerungen unterscheiden, der, abgesehen von den gestanzten Formeln des Parteichinesisch, sich in der Berliner Umgangssprache noch am besten ausdrücken konnte.

Aus den von ZAIG hinterlassenen Akten ist nicht zu entnehmen, daß die Ratgeber je eine vorgefaßte Meinung des Ministers berichtigt oder etwa nicht geteilt hätten. Seine Stellvertreter Wolfgang Schwanitz und Rudi Mittig behaupteten allerdings in einer Anhörung durch einen Ausschuß der Volkskammer, sie hätten ihren Chef auf die Klagen der DDR-Bürger «seit Jahren aufmerksam gemacht» – so auf die Mängel der staatlich gelenkten Wirtschaft, auf die unzureichende Gesundheitspflege und anderes. Sie wollen ihm empfohlen haben, «mit Andersdenkenden politisch zu arbeiten» statt «die Kirche und kirchenleitende Persönlichkeiten ins Abseits zu stellen... Aber leider wurde das nicht beachtet.»

Der rote und der graue Koffer

Im Politbüro hatte sich lange jeder gescheut, das Problem der Republikmassenflucht zur Sprache zu bringen. Auch Mielke schwieg, wie er denn überhaupt in diesem Kreis wenig sagte. Seine Leute machten ihren Kontrolldienst an den Grenz- und Sektorenübergängen, gemeinsam mit den Grenztruppen der DDR, prüften die Papiere der Reisenden, musterten Personen und stellten gelegentlich Fragen.

In einer fast nur dem Minister zugänglichen Information hatte die ZAIG, deren Mitarbeiter durchaus spürten, daß sich der Wind zu drehen drohte, eine Reihe von Mißständen aufgezählt, die über den allgemeinen Unwillen im Volk hinaus bereits zu einer beachtlichen Anzahl von Austritten aus der SED geführt hatten. Natürlich machten sich die vorsichtigen Berichterstatter die Klagen keineswegs zu eigen; sie meldeten meist im Konjunktiv, was andere sagten. Demnach beanstandete das Volk besonders, daß in den Medien – von den Zeitungen bis zum Fernsehen – von den Nöten des Alltags nie die Rede sei, um so mehr jedoch von der Verehrung der Massen für Erich Honecker und seine Funktionäre. «Es werde das Bild einer heilen Welt vermittelt» – klagten die Leute den Stasi-Berichterstattern – «das teilweise in krassem Widerspruch zur Wirklichkeit steht.»

Weil die Ungarn am 11. September ihre Grenze nach Österreich öffneten, gab Mielke am 13. September der Stasi neue

Anweisungen, wie der Strom der Flüchtlinge einzudämmen sei «durch politisch-operatives Zusammenwirken mit anderen Grenz- und Sicherheitsorganen». Nun mußten alle Reiseanträge nach Ungarn, Rumänien, Bulgarien von der Stasi Abteilung XII zentral «auf der Grundlage elektronischer Datenträger der Personaldatenbank der DDR» überprüft werden. An Grenzübergängen und auf dem Flughafen «ist zielgerichtet die Filterungstätigkeit im Zusammenwirken mit dem Grenzzoll intern zum Erkennen von Verdachtsmomenten zu verstärken». Zusätzlich wurden 180 Zöllner eingesetzt.

Tags zuvor hatte Günter Schabowski in der Dienstagssitzung des Politbüros verlangt, die Partei müsse zu dem Geschehen eine Erklärung abgeben. Aber es geschah nichts; Honecker war noch im Krankheitsurlaub nach seiner Operation, Egon Krenz, sein zeitweiliger Vertreter, urlaubte an der Ostsee, und die übrigen Mitglieder, dirigiert von Günter Mittag, waren der Ansicht, ein so schwieriges Thema könne erst beraten werden, wenn der Genosse Generalsekretär wieder anwesend sei. Sicherheitschef Mielke, den das Geschehen doch wohl in erster Linie berührte, sagte nichts.

Am 25. September nahm Honecker wieder seinen Platz im Politbüro ein. Er entschied, daß Tausende von Flüchtlingen, die in der Prager Botschaft der Bundesrepublik unter menschenunwürdigen Umständen kampieren mußten, in den Westen ausreisen dürften – in Eisenbahnzügen und durch die DDR. Der Erfolg war, daß die Prager Botschaft binnen kurzem doppelt so viele Flüchtlinge beherbergen mußte. Als auch sie wieder auf dem gleichen Wege ausreisen sollten, strömten Tausende junger Leute, vorwiegend aus Dresden, auf den Dresdener Hauptbahnhof und an die Bahnstrecke, um auf die von Prag kommenden Züge aufzuspringen. Volkspolizisten, Stasi-Mitarbeiter und «gesellschaftliche Kräfte» räumten gewaltsam die Geleise und den Bahnhof. Egon Krenz berichtet:

«Am 4. Oktober wurden dann auch in Dresden und an anderen Orten die Geleise belagert.» Dabei sei es am Hauptbahnhof «zur Demolierung des Gebäudes und zu ernsthaften Konfrontationen zwischen Randalierern, aber auch harmlosen Schaulustigen und Volkspolizisten» gekommen.

ZAIG verfaßte und Mielke unterschrieb am 4. Oktober einen Stimmungsbericht, der sich weitgehend des Konjunktivs bedient. Zitiert wird Volkes Stimme; so auch, als Honeckers Entschluß mißbilligt wird, die Flüchtlinge aus Prag in den Westen reisen zu lassen. «Mit Verärgerung werde festgestellt, daß diese Entscheidung wiederum diejenigen benachteiligt, die ordentlich arbeiten und fest zu ihrem Staat stehen.» Die Genehmigung zur Ausreise sei «besorgniserregend», denn «hinlänglich bekannte feindliche Kräfte fühlen sich in ihrer Haltung bekräftigt». Tatsächlich versuchten jetzt auch schon geschlossene Gruppen DDR-Bürger mit regulären Fernzügen die Ausreise in die Tschechoslowakei zu erzwingen. Sie besetzten in den Zügen Berlin–Prag und Leipzig–Bratislava ganze Waggons, verriegelten in der Grenzstation alle Türen und verhinderten damit die Kontrolle durch Zoll und Stasi. Doch ihre Waggons wurden abgekoppelt und nach Dresden zurückgebracht. Dort stießen die Passagiere im Bahngelände auf Demonstranten, und zusammen mit ihnen sperrten sie stundenlang alle Geleise des Hauptbahnhofs, bis sie mit Gewalt vertrieben wurden. Ähnlich Szenen spielten sich in Karl-Marx-Stadt ab. Mielke meldete, seine Leute hätten in der Nacht vom 3. zum 4. Oktober im Verlauf von 13 Stunden mehr als 2000 Bürgern die Reise in die ČSSR verwehrt.

Auch die am 5. Oktober ausgegebene Weisung Mielkes an die Leiter der Diensteinheiten zielte gegen Honecker, der – als viel zu weich – die sich in Prag widerrechtlich aufhaltenden Personen in den Westen ausreisen ließ und damit «zur weiteren Verstärkung der Bestrebungen» beitrage, «die Staatsgrenzen der DDR widerrechtlich zu passieren.» Mielke befahl seiner Truppe: «Durch den zielgerichteten Einsatz der IM (inoffizielle Mitarbeiter) «und GMS» (Gesellschaftliche Mitarbeiter Sicherheit) «sowie weiterer geeigneter operativer Mittel und Möglichkeiten sind Informationen über Personen zu erarbeiten», die für fluchtverdächtig gehalten werden. Derartige Aktivitäten seien mit polizeilichen Mitteln zu unterbinden. Ferner sei das «unmittelbare Grenzvorfeld» verstärkt zu kontrollieren, und es sei auf den «schwerpunktmäßigen Einsatz der freiwilligen Helfer und anderer gesellschaftlicher Kräfte in Abstimmung und in Zusammenarbeit mit den Grenztruppen und der Volkspolizei hinzuwirken».

Am 8. Oktober ordnete der Minister «für alle Diensteinheiten... volle Dienstbereitschaft» an. «Waffenträger haben ihre Dienstwaffe ständig bei sich zu führen... Es sind ausreichende Reservekräfte bereitzuhalten, deren kurzfristiger Einsatz auch zu offensiven Maßnahmen zu gewährleisten ist.» Die IM und die GMS, also das Heer der Spitzel, seien gegen Personen einzusetzen, von denen antisozialistische Aktivitäten nicht auszuschließen sind. Im besten Bürokratendeutsch befahl er, «geeignete Maßnahmen festzulegen, um erforderlichenfalls kurzfristig die Zuführung bzw. Festnahme solcher Personen zu realisieren». Das besagt: Bereitet alles für Massenverhaftungen vor.

ZAIG lieferte jedoch am gleichen Tag noch «Hinweise über Reaktionen progressiver Kräfte», die mit der alarmierenden Meldung beginnen, «Mitglieder der SED» sähen «die sozialistische Staats- und Gesellschaftsordnung in Gefahr». Dieser Warnruf paßte schlecht in die offizielle Feststimmung; die DDR war in jenen Tagen dabei, ihr 40jähriges Bestehen zu feiern. Aus Moskau war Michail Gorbatschow gekommen, und die «Freie Deutsche Jugend» bejubelte ihn mit einem Fackelzug und mit «Gorbi-Gorbi»-Rufen. Honecker hatte eine Rede gehalten, spürbar noch von der Krankheit geschwächt, aber über die Flüchtlinge und über die wirtschaftliche Situation seines Staates hatte er kein Wort verloren. Er hatte, im Gegenteil, von einem DDR-Vorsprung in der Spitzentechnologie, vor allem der Elektronik, gesprochen, über sozialistische Demokratie und über die Geschlossenheit der Partei.

Am Abend des 7. Oktober störten allerdings in Berlin heftige Zusammenstöße zwischen Jugendlichen und Volkspolizei dieses schöne Bild.

Noch immer hielt sich der General Mielke im Hintergrund. Seine ZAIG-Leute stellten zum 8. Oktober so etwas wie einen Katalog von Forderungen zusammen, die (natürlich anonym) von Funktionären der SED, von gesellschaftlichen Organisationen «zur Überwindung der vorhandenen Probleme» erhoben würden. Vorgeschlagen wurde darin eine veränderte Wirtschaftspolitik, die Weiterentwicklung der sozialistischen Demokratie, Informationen, die an Stelle des Wunschdenkens die Wirklichkeit wiedergeben, und die Möglichkeit, durch Kritik die offizielle Meinung zu beeinflussen. Doch diese Mahnungen ließ Mielke im Aktenschrank verschwinden; nur er selber und der Generalleutnant Irmler, Chef von ZAIG, durften sie kennen. Andererseits setzte Honecker am 10. Oktober in der Routinesitzung des Politbüros eine von Egon Krenz verfaßte Erklärung auf die Tagesordnung, wonach die Entwicklung nicht allein durch die Kapitalisten im Westen und ihre Propaganda entstanden sei, sondern auch durch fehlerhaftes eigenes Verhalten der Partei und der Staatsführung. Im Politbüro kam es darüber zur erregten Debatte.

Auch dabei wurde nicht klar, wo Mielke stand. Er hatte sich Papiere für alle Fälle erstellen lassen. Solange er noch nicht wissen konnte, wohin die Reise gehen würde, sicherte er sich Fahrkarten in beide Richtungen.

Am 7. Oktober, als Honecker und Gorbatschow vormittags im Schloß Niederschönhausen zunächst allein hinter verschlossenen Türen berieten, klärten sich die Fronten im Politbüro. Es war versammelt, weil Gorbatschow anschließend zu den Würdenträgern sprechen würde. Er gestand, im eigenen Land große wirtschaftliche Schwierigkeiten zu haben, kündigte jedoch an, er werde trotzdem seinen demokratischen Kurs weitersteuern. «Man darf die Signale der Realität nicht übersehen!» sagte er. «Wer zu spät kommt, den bestraft das Leben!»

Der kleine Kreis der Zuhörer begriff, was er damit sagen wollte: Auch für die DDR sei die Zeit der Reformen, für einen Kurswechsel gekommen. Die Mitglieder des Politbüros konnten sehen, wie Honeckers Gesicht sich bei diesen Worten rötete; ihn ärgerte die Mahnung. Doch er quittierte die Rede mit dem bei solchen Anlässen üblichen Beifall plus Händedruck plus freundlichem Lächeln, das freilich – so schilderte Schabowski die Szene – gezwungen und verkrampft wirkte. Honecker antwortete seinerseits mit einer Rede, in der er seine DDR in rosigen Farben malte. «In Gorbatschows Miene stand Resignation und Verständnislosigkeit», stellte Schabowski fest.

Schabowski: «Beim Verlassen des Saales haben Krenz und ich Blicke gewechselt. Wir waren uns einig: Es geht nicht mehr weiter so... Wir wußten auch, Honecker muß weg.» Die Situation für die Palastrevolution war gekommen. Honecker selbst hatte in einer ganz ähnlichen Situation seinen Vorgänger Walter Ulbricht vom Parteithron gestürzt. Auch im Frühjahr 1971 war die DDR in einer wirtschaftlichen Krise, und der von Ulbricht favorisierte Honecker fürchtete, daß das Erbe über kurz oder lang nicht mehr existent sein würde – um so mehr, als sich damals untergründig so etwas wie eine Annäherung zwischen Bonn und Ost-Berlin abzubahnen schien. Leonid Breschnew, dem damaligen Kremlchef, mißfiel zudem, daß

Ulbricht die totale Bevormundung der SED durch die Genossen der Sowjetunion abbauen wollte. Als dann Honecker und etliche Mitglieder des damaligen Politbüros sich in Moskau über die Selbstherrlichkeiten und die einsamen Entschlüsse Ulbrichts beschwerten und als der ostdeutsche Parteichef sich auch weiterhin überheblich gegenüber der Großmacht Sowjetunion benahm, wurde dem Ostberliner Parteichef aus dem Kreml bedeutet, daß er mangels eigener Gefolgschaft in der eigenen Partei und angesichts seiner Mißerfolge seine Stellung zu räumen habe – was dann auch geschah.

Diesmal war die Situation kaum anders. Der Moskauer Generalsekretär war – wenn auch aus anderen Gründen – mit seinem ostdeutschen Kollegen unzufrieden. Wiederum murrten die Gefolgschaft und das Volk gegen den Generalsekretär der SED. Die Fronde gegen Honecker konnte also damit rechnen, daß ihr die Moskauer keine Steine in den Weg legen würden. Schabowski und Krenz hatten jedoch die Sorge, die Unruhen im Land würden weiter um sich greifen. Sie wußten, «daß zwischen Honecker und Mielke Absprachen über einen militärischen Einsatz bestanden» (so Schabowski), also wollten sie handeln.

Am 12. Oktober, einem Freitag, flog Krenz nach Leipzig, begleitet von Mielkes Stellvertreter Rudi Mittig und dem Chef des Stabes der Volkspolizei. In der Messestadt wurde am 16. Oktober die schon zur Tradition gewordene Großdemonstration des Montags erwartet. Mit örtlichen Parteigrößen formulierten Krenz und seine Begleiter einen Befehl, der den Einsatz der Polizei gegen friedliche Demonstranten untersagte. Auf keinen Fall dürfe von Schußwaffen Gebrauch gemacht werden. Nach Berlin zurückgekehrt, erreichte Krenz, daß Honecker diesen Befehl in seiner Eigenschaft als Vorsitzender des Nationalen Verteidigungsrates unterzeichnete.

Das nun folgende Wochenende nutzte die Fronde, um weitere Mitglieder des Politbüros für einen Generalangriff gegen Honecker zu gewinnen. Willi Stoph, der Ministerpräsident, war dafür zu haben; auf ihn und seine Position pflegte Honecker kaum mehr Rücksicht zu nehmen. Zu Harry Tisch, Chef der Gewerkschaft, joggten am Sonntag, dem 15. Oktober, in der Abenddämmerung Krenz und Schabowski durch das Wandlitzer Parkgelände. Was Tisch als Vorsitzenden des FDGB empörte, war die Aussicht, Günter Mittag künftig als Parteichef über sich zu wissen, denn mit ihm, dem Zuständigen für die Wirtschaft, hatte er die größten Differenzen. Er war deshalb leicht zu gewinnen; er verlangte nur, daß gleichzeitig mit Honecker auch Mittag aus dem Amt gekippt würde.

Die drei Rebellen in Tischs Wandlitzer Haus kamen überein, daß bereits die nächste Sitzung des Politbüros am Dienstag (17. Oktober 1989) die letzte sein müßte, die unter dem Vorsitz von Honecker stattfände. Am Montag zählten die Rebellen nach vielen Telefongesprächen ihre Gefolgschaft. Schabowski: «Wir kamen auf zehn, elf Leute!» – das war nahezu das halbe Politbüro. Vorsichtshalber telefonierte Schabowski noch mit dem sowjetischen Botschafter in Ost-Berlin und erreichte mit Andeutungen, daß auch Gorbatschow über die bevorstehende Veränderung der deutschen Bruderpartei rechtzeitig informiert werden würde.

Noch immer aber war offen, wo in der kommenden Auseinandersetzung der Armeegeneral Mielke stehen würde. Schabowski hatte offenbar keinen direkten Draht zum Stasi-Minister. Anders Krenz; denn er war im Zentralkomitee und im Politbüro zuständig für Sicherheitsfragen. Schabowski: «Es ist möglich, daß er mit ihm gesprochen hat...»; es war wichtig, daß Mielke die Aktion nicht konterkarierte, verfügte er doch über die Möglichkeit, mehrere zehntausend Bewaffnete aufmarschieren zu lassen.

Schon am 8. Oktober hatten sich alle für Sicherheitsfragen

zuständigen Funktionäre der SED in der Normannenstraße in Mielkes Dienstzimmer getroffen – dabei waren auch Egon Krenz und Dr. Wolfgang Herger, dazu Schabowski –; worüber sie berieten, wird bis heute nicht deutlich. Honecker hat später behauptet, dabei seien die Pläne für einen «Putsch» (so nannte er rückblickend seine Entmachtung) geschmiedet worden. Beweise hat er nicht. Ihm sei – so erklärt er jetzt – die Konspiration entgangen, weil er ein Vierteljahr durch Operation und Genesung nicht auf dem Posten gewesen sei, und anschließend habe ihn körperliche Schwäche gehindert, die Gefahren zu erkennen.

Günter Mittag, Honeckers Vertrauter, übernahm die Rolle des Brutus bei der Beseitigung des Cäsaren von Berlin; er lud alles, was ihm vorgeworfen werden konnte, auf den bereits angeschlagenen Vorsitzenden ab, der mit dem Anspruch des Allwissenden angeblich auch die wirtschaftlichen Fragen entschieden habe, obwohl er dafür nicht einmal Grundkenntnisse besessen habe.

Mit diesen Ausflüchten hoffte Mittag, dem Scherbengericht entgehen zu können, aber jedermann wußte, daß er log. Seine Unverfrorenheit rettete ihn nicht. Er wurde nach Honecker das nächste Opfer einer Abstimmung. Das Politbüro entledigte sich mittels Handzeichen außer Mittag auch gleich des Joachim Herrmann, Honeckers Fachmann für Agitation und Propaganda. Anders als die beiden anderen Ausgestoßenen bekannte er sich in der Debatte als schuldig; er habe mit seinen Anweisungen an die Medien das Vertrauen des Volkes in Partei und Staat zerstört.

Und Mielke? Die Verfolgung von Andersdenkenden, der Maulkorb für Oppositionelle, die Beschnüffelung der Post, die Lauschaktionen am Telefon, das Spitzelheer allüberall – glaubte man Mielke, dann geschah das alles auf Honeckers Befehl. Dem Minister für Staatssicherheit habe man alles aufgepackt, was den Bürger ärgern könnte. Nun sei er froh, daß er künftig sein wahres Gesicht, seine versöhnliche Haltung zeigen könne.

Während Honecker bis dahin den meisten Vorwürfen seiner Genossen nichts entgegenhielt, wollte er Mielkes Angriff nicht hinnehmen. Von ihm fühlte er sich betrogen. Die Kumpanei war zerbrochen. Die perfide Art, mit der ihm nun auch noch dieser Engvertraute, dem er jede nur mögliche Rangerhöhung, jeden begehrenswerten Orden verschafft hatte, in den Rücken fiel, trieb ihm die Röte stiller Wut in das unbewegte Gesicht.

Lange nach seinem Sturz sagte er in einem Interview, er habe mit Mittag, Mielke und Herrmann «stets ein gutes Verhältnis» gehabt, und zwischen ihnen habe stets eine «gesunde Atmosphäre» geherrscht. Er habe «sehr oft Mielke darauf hingewiesen, daß das Ministerium kein Überministerium ist, das außerhalb der Regierung steht». Er schätze «die Tätigkeit der Mehrheit der Mitglieder des Ministeriums für Staatssicherheit sehr hoch ein. Das sind verantwortliche Genossen gewesen. Aber ein solches System flächenweit zu entwickeln, das widersprach allen Beschlüssen sowohl des Politbüros als auch des Nationalen Verteidigungsrates... und ist nur zu erklären, daß man versucht hat, entsprechend dem Vorbild der Tscheka einen Staat im Staate zu machen.» Auf die Frage, weshalb die Stasi ein Staat im Staate geworden sei, den auch er nicht mehr habe kontrollieren können, meinte er resignierend: «Das war von vornherein so. Das lag in der Tradition des Systems der Staatssicherheit innerhalb der sozialistischen Länder.»

Honecker berichtete weiter: Nach dem Sturz seines Vorgängers Ulbricht sei sein «erster Gang in die Normannenstraße zu Erich Mielke» gewesen, «um mich unterrichten zu lassen». Über ihn und die Tscheka-Verbindungen erhielt Honecker das Gütesiegel aus Moskau. Schließlich hatte Mielke dazu beigetragen, daß der Erste Sekretär der SED, Walter Ulbricht, im Kreml in Ungnade gefallen war, indem er dorthin berichtet hatte, wie sehr der SED-Chef sich mühte, die Moskauer Vormundschaft abzuwerfen. Honecker sagte, er habe seit dieser Zeit in Mielke einen Freund gesehen. «Das Verhältnis» – sagte Honecker – «war bis zum Schluß gut. Ich nahm an, es beruhte auf gegenseitiger Offenheit und Sympathie. Es hat sich dann allerdings im nachhinein herausgestellt, daß das nicht der Fall war.»

Dieses Nachhinein bezog sich auf den unerwarteten Dolchstoß im Politbüro am 17. Oktober. Günter Schabowski: Mielke «lieferte eine ziemlich unerträgliche Vorstellung. Er erging sich in Entrüstungstiraden... Da hat Honecker eine Regung gezeigt, die Mielke signalisierte, er solle die Klappe nicht so weit aufreißen. Daraufhin schrie Mielke, er würde noch mal auspacken und erzählen, da würden wir uns noch wundern...» Doch Erich Mielke tat seinen Genossen nicht den Gefallen, sein Wissen über Honecker auszuplaudern.

In seinem Safe in der Normannenstraße, den nur er aufschließen konnte, verwahrte Mielke Akten in einem roten und einem grauen Koffer. Einige Faszikel handelten von den Taten des Erich Honecker, als er noch kein Staatsmann war, sondern (nach eigenem Zeugnis) Oberberater des Kommunistischen Jugendverbandes im Bezirk Südwest, also im Saargebiet, in der Pfalz, in Hessen, Baden und Württemberg. Im Sommer 1935 hatte ihn die KPD nach Berlin beordert, angeblich als Bezirksleiter der Jugendorganisation in der Reichshauptstadt. So wenigstens schilderte Honecker später selber seinen Auftrag, als er bereits ein hoher Politfunktionär geworden war und seine Autobiographie auf schweres Glanzpapier drukken lassen konnte.

Die Historikerin Monika Kaiser hat nach der Wende im Auftrag der Ostberliner Staatsanwaltschaft diese Lebensgeschichte auf ihren Wahrheitsgehalt geprüft. Sie kam insofern zu anderen Ergebnissen, als ihre Quellen den Erich Honecker nur als Kurier in der Bezirksleitung auswiesen. Als solcher wurde er eines Tages beauftragt, eine aus Prag angekündigte Genossin, eine Medizinstudentin und Jüdin, am Anhalter Bahnhof zu treffen und dort einen hinterlegten Koffer mit antifaschistischem Propagandamaterial abzuholen. Als er dies tat, glaubte er sich beobachtet. Er wollte sich mit einer Taxe in Sicherheit bringen, hielt sich aber für verfolgt und verließ am Bahnhof Zoo das Auto. Den Koffer ließ er in der Eile liegen. Am folgenden Morgen, am 4. Dezember 1935, wurde er – so seine Worte – «beim Verlassen meiner Wohnung im Stadtbezirk Wedding verhaftet».

Im Hauptquartier der Gestapo in der Prinz-Albrecht-Straße und in der Kaserne der SS-Leibstandarte wurde Honecker verwahrt, verhört und vielleicht auch gefoltert. Wie er wurde am gleichen Tag zur gleichen Stunde die gesamte Leitung des Berliner Jugendverbandes und auch dessen Leiter Bruno Baum festgenommen, ebenso die junge Frau aus Prag: «Weder durch die physischen und psychischen Torturen der Gestapobeamten noch in den zahlreichen Verhören ... war ich», so triumphiert Honecker in seiner Lebensbeschreibung, «von meiner kommunistischen Weltanschauung abzubringen.» Solchem Heldenlied widersprechen jedoch die bei Mielke gefundenen Gerichts- und Gestapoakten. Schon am Tag nach seiner Festnahme schilderte er einem Vernehmer einen konspirativen Treff, und zwei Tage später bezeichnete er den Genossen Baum als «verantwortlichen Mann» der kommunistischen Jugend. Er selber sei nur dessen Laufbursche gewesen. Die Frau aus Prag sei – so sagte er aus – eine «Genossin, die zu Kurierzwekken nach Berlin gekommen war», und er mutmaßte, «daß sie den Kofferinhalt kannte». Wenn sie später im Strafprozeß trotzdem freigesprochen wurde, so war das wahrscheinlich nur ein kurzfristiges Glück, denn auf die junge Jüdin dürfte schon die Gestapo gewartet haben.

Honecker selbst wurde am 8. Juni 1937 vom Volksgerichtshof zu zehn Jahren Zuchthaus verurteilt, Bruno Baum zu 13 Jahren. Einen Monat später wurde Honecker in das Zuchthaus Brandenburg-Görden überstellt. Dort wird er keineswegs durch heroischen Widerstand aufgefallen sein, sonst hätte man ihn wohl kaum schon nach verhältnismäßig kurzer Zeit dem Anstaltsarzt als Sanitätsgehilfen beigegeben.

Diese Honecker-Akten waren nach Kriegsende bei der Gestapo und beim Gericht gefunden worden. Sie wurden zunächst ins Zentrale Parteiarchiv der SED gebracht, aber studiert hat sie dort wohl niemand. Sie waren dann 1973 als Dauerleihgabe an das Zentralkomitee gegangen, insgesamt elf Aktenordner. Irgendwann verschwanden sie dort. Sie tauchten erst am 10. Dezember 1989 wieder auf, als Mielkes persönlicher Safe geöffnet wurde.

Mielke hatte sich also jahrelang in der Gewißheit wiegen können, daß selbst der Parteichef ihm nichts anhaben konnte. Wer Genossen an die Gestapo verraten hatte, war diskreditiert, und darüber hinaus hätte Mielke auch noch einige läßliche Sünden Honeckers preisgeben können. Mielke hatte bei Genossen, die ebenfalls im Zuchthaus Brandenburg gesessen hatten, ermitteln lassen, daß der Mithäftling Honecker sie in mehr als einer Hinsicht enttäuscht hatte. Obwohl er unter vorwiegend politischen Gefangenen war, benahm er sich gegenüber Kameraden ausweichend und trat als Kalfaktor oft herrisch auf. Sein Vater hatte 1939 und wieder 1942 durch den Ortsgeistlichen der Heimatgemeinde Gnadengesuche eingereicht. Der Zuchthausdirektor, zur Stellungnahme aufgefordert, lobte die gute Führung des Häftlings und schrieb bei seiner zweiten Beurteilung, «der in kommunistischen Anschauungen erzogene» Honecker sei jetzt zur Ansicht gekommen, daß der NS-Staat seine eigenen Jugendideale verwirkliche, so daß er «keinen größeren Wunsch habe, als vor dem Feind die Redlichkeit seiner Gesinnung beweisen zu können».

Entgegen einer Vereinbarung unter den Gefangenen floh Honecker am 6. März 1945 aus der Haft und setzte damit seine Mitgefangenen Repressionen aus. Seine Funktion als Sanitätsgehilfe hatte er zuvor schon verloren, weil man den Dachdecker trotz abgebrochener Lehrzeit im zerbombten Berlin dringlicher benötigte. Weil niemand aus der Wachmannschaft auf die hohen Dächer mitstieg, verschwand er über Nachbarhäuser. Unterschlupf fand er bei einer Frau, die er während der Außenarbeiten am Frauengefängnis als Aufseherin kennengelernt hatte. Sie wohnte bei ihrer Mutter, einem tiefgläubigen Mitglied der (verbotenen) Zeugen Jehovas.

Ein junger Mann ohne Arbeitsplatz und ohne Uniform mußte in Berlin während der ersten Monate 1945 allerdings allzusehr auffallen. Dagegen war das Zuchthaus ein sicherer Aufenthaltsort, und die Aufseherin Lotte Grund half ihm, dorthin zurückzukehren. Sie überredete den Führer des Arbeitskommandos, das in der Frauenstrafanstalt wirkte, den entflohenen Häftling wieder in seine Kolonne aufzunehmen. So kam Honecker nach Brandenburg zurück, ohne daß sein Fehlen Folgen gehabt hätte. Lotte Grund wurde höchstwahrscheinlich Honeckers Ehefrau Nummer eins, bis sie 1947 an Krebs starb. In seinen Memoiren erwähnt er seine Retterin nicht einmal, wohl aber den Führer des Arbeitskommandos Paul Seraphin. Aus dem dienstverpflichteten ehemaligen Sozialdemokraten machte er einen SS-Kommandoführer. Als der Mann im befreiten Berlin wegen dieser Tätigkeit Schwierigkeiten bei der Entnazifizierung bekam, bat er den inzwischen arrivierten Honecker um Beistand. Honecker stellte sich taub. Seraphin wurde von den Russen verhaftet und in ein Lager abtransportiert. Er ist seitdem verschollen.

Auch über die nächsten beiden Ehen des Genossen Honecker gab es in Mielkes Safe einige Akten. So etwa einen Brief, mit dem sich Ehefrau Nummer zwei, Edith, geborene Baumann, über ihren Mann beschwerte, weil er ein Verhältnis unterhalte mit einer führenden Genossin aus der Jugendorganisation. Immerhin blieb er mit seinen Liaisons innerhalb der Partei; Edith war Parteifunktonärin, und Margot Feist saß schon 1949 als jüngste Abgeordnete in ihrer Eigenschaft als FDJ-Führerin in der Volkskammer.

Auch die Ehe mit Edith erwähnte Honecker in seinen Erinnerungen nicht. Er stand wohl auf dem Standpunkt, daß seine privaten Geschichten die Genossen nichts angingen.

Zu der Zeit, da Mielkes Safe geöffnet wurde, war Erich Honecker nur noch eine Privatperson, für die sich vor allem der Staatsanwalt interessierte. Die Akten aus Mielkes «Privatarchiv» blieben zunächst unbeachtet in dem Meer von Papier, das plötzlich die Deiche der Geheimhaltung brechen ließ. Unbeachtet blieben auch einige Aktenordner, die mit der Aufschrift GKdos als «Geheime Kommandosache» gekennzeichnet waren. Später stellte sich heraus, daß sie Aufzeichnungen von Telefongesprächen enthielten, die von Honeckers Verwandten geführt worden waren. So etwa, wenn die Tochter Sonja mit ihrer Mutter Margot plauderte. Abgeheftet war auch ein handschriftlicher Brief, den die Ehefrau Nummer zwei, Edith, an Walter Ulbricht mit der Bitte gerichtet hatte, der Parteichef möge seinen obersten Jugendführer Erich Honecker und die Jugendführerin Margot Feist zur Sittsamkeit ermahnen. Der Brief blieb wirkungslos. Edith und Erich wurden geschieden.

Erich und Margot heirateten, und sie brachte es bis zur Ministerin für Volksbildung.

Andere Papiere in Mielkes Besitz betrafen ihn selbst, beispielsweise eine Seite aus der Westberliner Tageszeitung «Telegraf» vom 20. April 1955. Das Blatt meldete, man habe in den Morgenstunden auf dem Gleiskörper der S-Bahn nahe dem Bahnhof Tegel einen Leichnam gefunden, dessen Kopf von den Rädern eines Zuges abgetrennt worden sei. Der Tote wurde als der 44jährige Heinz Mielke identifiziert, Bruder eines SSD-Generals im Ostsektor. Ergänzend fügte das Blatt hinzu, die Kriminalpolizei habe einwandfrei Selbstmord als Todesursache festgestellt; eine Schwester des Toten habe der Polizei mitgeteilt, Heinz habe an Schwermut gelitten und sich eingebildet, völlig vereinsamt zu sein. Zusätzlich ermittelte die Westberliner Polizei, daß Heinz Mielke einige Wochen vorher schon einen Selbstmordversuch mit Schlaftabletten unternommen hatte. Bis zu seinem Tode hatte er bei einer Stahlbaufirma als Bürobote gearbeitet und auch im Betriebsgebäude gewohnt. Manchmal habe er die Schwester besucht und dabei auch den Bruder getroffen. Ein Westberliner Polizeiprotokoll enthält dazu noch die Aussage einer Kollegin aus der gleichen Firma. Ihr habe Heinz Mielke ein halbes Jahr zuvor erzählt, sein Bruder sei ein hohes Tier im Osten, und sooft sie sich träfen, fordere ihn der Bruder auf, dem Staatssicherheitsdienst über die Geschäfte des Arbeitgebers zu berichten. Er sei zwar bis 1933 Mitglied der KPD gewesen, aber jetzt wolle er nichts mehr mit diesen Leuten zu tun haben. Heinz Mielke sei ein sehr sensibler Mensch gewesen, und weil ihn sein Bruder so sehr bedrängt habe mit der Forderung nach Betriebsspionage, habe er sich in den Alkohol geflüchtet, aber schließlich nur noch den Ausweg im Tod gesehen. Nach Ansicht dieser Frau – liest man im Protokoll – «hat E. Mielke seinen Bruder auf dem Gewissen».

Ein solcher Vorwurf, Erich Mielke habe seinen Bruder in den Tod getrieben, mag weit hergeholt sein. Aber in dem grauen Koffer fanden sich auch die Akten zu dem Mordfall Anlauf/Lenck, jenen beiden am 9. August 1931 auf dem Bülowplatz erschossenen Polizeioffizieren, deren Tod Erich Mielke mitzuverantworten hat. Ein Aktenbündel wurde zusammengehalten durch einen Soennecken-Schnellhefter, der auf seiner Titelseite oben den Stempel trug «Der Generalstaatsanwalt beim Kammergericht» und mit der breiten Feder, wie sie bei den Gerichten üblich war, säuberlich beschrieben war: «Betr.: Strafsache gegen Mielke (Mordsache Anlauf/Lenck)». Entstanden war die Akte bei dem Versuch, einen der Schuldigen an den Morden auf dem Bülowplatz wenigstens 16 Jahre nach der Tat zu bestrafen.

Am 21. Januar 1947 hatte der Kommandeur der Berliner Schutzpolizei Kanig dem Polizeipräsidenten der Stadt, Paul Markgraf, eine maschinengeschriebene Notiz von wenigen Zeilen geschickt. Bei ihm habe «vor wenigen Wochen» der Kommissar der Schutzpolizei, Michaelis, den Vizepräsidenten bei der Deutschen Verwaltung des Inneren, Mielke, als den Mörder der beiden Polizeioffiziere angezeigt. Kommandeur Kanig hatte offenbar das Gefühl, daß ihm damit ein heißes Eisen zugeschoben wurde, denn er habe erklärt, er habe «dieser Meldung keinen Glauben geschenkt... da ich Mielke persönlich sehr schätze». Dennoch gab er die Meldung «an Sie, Herr Präsident, zur weiteren Veranlassung weiter».

In jeder der vier deutschen Besatzungszonen war es bei dem jeweiligen Regime fast eine Tollkühnheit, einem vom Militärregime in ein Amt eingesetzten Antifaschisten Übles nachzusagen, und die Reaktion sowjetischer Stellen war in einem solchen Fall schon gar nicht vorauszuberechnen. So war es denn auch nicht weiter verwunderlich, daß der Polizeipräsident selber zunächst nichts Schriftliches in dieser Sache von sich gab und nur seine Präsidialabteilung mündlich anwies, den Kommissar Fritz Michaelis vorzuladen und zu hören. Dies geschah am 29. Januar, also mit behördenfremder Eile. Im ersten Teil seiner Aussage bestritt der Kommissar Michaelis, den Vizepräsidenten Mielke des Mordes bezichtigt zu haben; «er ist weder als mein Feind noch als mein Freund zu bezeichnen. Ich habe daher keine Veranlassung, ihm irgend etwas Schlechtes nachzusagen.» Allerdings habe er vor Wochen dem Kommandeur Kanig gegenüber die Vermutung geäußert, daß die Engländer als Besatzungsmacht sich nicht damit abfinden würden, wenn alle führenden Positionen bei der Polizei in Berlin mit Kommunisten besetzt würden. Dabei «habe ich mich über Mielke in dem oben angegebenen Sinne geäußert». Demnach war die Anzeige nur ein Gespräch unter Uniformierten gewesen, also eher Klatsch als ernst gemeint.

Der Polizeipräsident Paul Markgraf gehörte immerhin auch zu den von Moskau anerkannten Antifaschisten; als Oberst in Hitlers Armee und Ritterkreuzträger war er als Kriegsgefangener Mitglied des Nationalkomitees Freies Deutschland geworden, das von den Soldaten hinter Stacheldraht und Emigranten gemeinsam als Anti-Hitler-Bewegung gegründet worden war. Er konnte es sich deshalb leisten, den anrüchigen Fall Bülowplatz «Verschlossen – Persönlich» unverzüglich in andere Hände zu geben, nämlich in die eines Untergebenen. Sie gehörte dem Leiter der Polizeiabteilung K 5, also gerade jener Politischen Polizei, die von Mielke aufgezogen worden war. Der Leiter von K 5, Erdmann mit Namen, wurde von Markgraf angewiesen, die Herren Kanig und Mielke «verantwortlich vernehmen» zu lassen. Der gefährliche Auftrag landete, «unter dem Siegel der Verschwiegenheit», bei einem Beamten namens Griebsch. Dieser fand in der Mordkartei Aufzeichnungen, wonach die Tat 1933 aufgeklärt und die Täter ermittelt worden waren. Erich Mielke, Arbeiter, entdeckte er an der siebten Stelle einer Täterliste, mit dem Vermerk: «flüchtig». «Ob es sich bei dem in dem hiesigen Vorgang erwähnten Arbeiter Erich Mielke um den jetzigen Vizepräsidenten... handelt, bedarf erst noch der weiteren Nachprüfung.» Der vorsichtige Beamte Griebsch empfahl: «Es wäre ratsam, erst noch weitere... Vernehmungen von den noch zu ermittelnden Beschuldigten durchzuführen, bevor der Vizepräsident Mielke zur Sache vernommen wird.» In einer Nachschrift teilte Griebsch zudem mit, daß er die Akten des Mordprozesses im Archiv des Landgerichts Berlin entdeckt habe. Sie seien «im vorigen Jahr schon einmal bei der Politischen Polizei gewesen und dort bearbeitet worden». Offenbar hatte sich Mielke schon erkundigt, was von seinen Taten amtlich registriert worden war. Zweien der Angeklagten aus dem Bülowprozeß von 1933 verschaffte er eine Stellung bei K 5. Sie machten später in der Stasi Karriere.

Am 4. Februar 1949 ging der Griebsch-Bericht an den Generalstaatsanwalt beim Kammergericht. In einem bürokratischen Pingpong-Spiel zwischen ihm und dem Amtsgerichtsdirektor Berlin-Mitte wurde in den folgenden Februartagen der noch bestehende Haftbefehl von 1933 gegen Mielke aufgehoben, am 7. Februar allerdings wurde ein neuer Haftbefehl erlassen. Nun konnten die Juristen guten Gewissens sagen, sie hätten das Ihrige getan. Am 8. Februar schilderte der Generalstaatsanwalt der sowjetischen Militär-Kommandantur in Berlin brieflich den gesamten Fall bis zum jüngsten Stand. «Ich habe gegen ihn» (Mielke) «bereits Haftbefehl erwirkt», teilte er mit, «und beabsichtige, das Verfahren zu eröffnen. Mit Rücksicht auf die Stellung des Mielke bei einer Zentralverwaltung bringe ich mein Vorhaben zur Kenntnis der Sowjet-Armee».

Nach weiteren fünf Tagen schickte der Generalstaatsanwalt seiner Mitteilung noch 13 Aktenbände des Strafprozesses von 1933 an die Sowjet-Kommandantur hinterher. Er bat, man möge entscheiden, «ob die deutsche Gerichtsbarkeit gegen Mielke zuständig sein soll». Sie kamen postwendend zurück. Wahrscheinlich wurde ihm mitgeteilt, daß er sich an eine falsche Instanz der Sowjet-Armee gewandt hatte, denn am 18. Februar forderte die Rechtsabteilung der Militärkommandantur des sowjetischen Sektors von Berlin bei ihm die Akten an. Sie gingen am 28. Februar dorthin ab – und von da an blieben die Dokumente für lange Zeit verschwunden. Der Generalstaatsanwalt wagte alle Vierteljahre um Rückgabe zu bitten, bekam aber nie Antwort. Erst als auf den Begleitblättern sich die Verweise auf neue Anfragetermine seitenweise reihten, gab er seine Bemühungen 1949 auf und teilte «Vertraulich! Persönlich!» dem General Heinz Hoffmann – dem späteren Verteidigungsminister der DDR – in der Deutschen Verwaltung des Innern mit, «daß der Vorgang bei mir ausgebucht ist».

Auch Mielke hatte die Vorgänge auf dem Bülowplatz inzwischen ausgebucht; er brauchte nicht mehr zu befürchten, daß er ihretwegen Rede und Antwort stehen müsse. Die Akten waren verschwunden, erst lagen sie beim NKWD, dann bei ihm im Safe.

Noch am 17. Oktober 1989 hatten die Mitglieder des Politbüros nicht geahnt, daß ihr Instrument geballter Parteimacht sechs Wochen später spurlos verschwunden sein würde. Krenz und Schabowski berichten in ihren inzwischen veröffentlichten Erinnerungen von der eigenen emsigen Geschäftigkeit, die das Weiterbestehen der SED und ihrer Institutionen sichern sollte, aber sie bauten mit ihren Plänen und Versuchen zur Erneuerung der Partei am Ende nur ein Wolkenkuckucksheim auf. Ihre Bemühungen kamen zu spät. Krenz versuchte noch, sich mit dem Amtsträger der evangelischen Kirchen zu arrangieren, und er hielt abends im Fernsehen eine Rede mit den gleichen Worten, die er zuvor schon an das eilig zusammengerufenen Zentralkomitee gerichtet hatte. Schabowski holte als Erster Sekretär der SED-Bezirksleitung Berlin alle seine Funktionäre zusammen, unterrichtete sie über Honeckers Rücktritt und versuchte, den von der zunehmenden Widersetzlichkeit des Volkes deprimierten Genossen Mut zu machen.

Mielke rüstete in der Stille auf und glaubte sich sicher in der Position des Wächters, des Hüters von Partei und Staat. Am 5. Oktober hatte er alle seine «Diensteinheiten» ermahnt, «feindlich negative Aktivitäten... mit allen Mitteln entschlossen zu unterbinden». Und: «Es sind weitere Reservekräfte bereitzustellen. Sie sind gründlich einzuweisen... damit sie kurzfristig zum Einsatz gelangen können.»

Diese hatten am 7. Oktober bereits mit vollem Einsatz gekämpft, als in Berlin am Prenzlauer Berg Tausende Berliner für Redefreiheit und Demokratie demonstriert hatten. Die Menge ging schon friedlich auseinander, als Kommandos von Mielkes Sicherheitskräften, Volkspolizei und Betriebskampfgruppen zum Angriff übergingen, wie ihr Einsatzbefehl es verlangte. Zahlreiche Demonstranten wurden verprügelt und durch die Straßen gejagt, ein Teil wurde festgenommen und danach bei Vernehmungen grob mißhandelt. Kirchenleute und Anhänger der Protestbewegung sammelten belastende Aussagen, brachten sie vor den Rechtsausschuß der Volkskammer und erreichten, daß der Generalstaatsanwalt angerufen wurde. Dadurch wurde auch die SED-Fraktion des Parlaments gezwungen, sich mit den Vorfällen zu befassen – mit dem Resultat, daß die Volksvertreter nicht die Schläger, wohl aber die Opfer beschimpften, weil sie gegen die Staatsmacht protestiert und den Staatsanwalt angerufen hatten. Die Bilanz Mitte November über diese Vorgänge zeigte, daß fast 3500 Demonstranten vorübergehend festgenommen worden waren, gegen mehr als 600 war ein Ermittlungsverfahren eingeleitet worden, aber es wurde nun auch amtlich festgestellt, daß die Ordnungshüter viele Demonstranten mißhandelt hatten.

Am 8. Oktober hatte Mielke die Leiter seiner Diensteinheiten darauf hingewiesen, daß die «Zusammenrottung feindlicher, oppositioneller und weiterer feindlich-negativer und rowdyhafter Kräfte» zum Ziel habe, «eine Gefährdung der sozialistischen Staats- und Gesellschaftsordnung der DDR herbeizuführen». Eine ZAIG-Information hatte einige Tage später diese Warnung ergänzt. Sie enthielt die Schilderung einer zweistündigen Demonstration am 9. Oktober 1989 in Leipzig, an der 70000 Menschen teilgenommen hatten, die nach dem üblichen Friedensgebet Reformen, Pressefreiheit und freie Wahlen gefordert hatten. «Gorbi! Gorbi!» hätten sie gerufen, und «Wir sind das Volk! Wir sind keine Rowdies». In den Kirchen bei anschließenden Informationsveranstaltungen hätten die Demonstranten gegen jegliche Gewaltanwendung ebenso energisch Stellung genommen, wie gegen die Alleinherrschaft der SED protestiert.

Am 12. Oktober hatte Mielke seine «Dienstbereiche» vor «Provokationen in Form gewaltsamer Grenzdurchbrüche mit massenhafter Beteiligung» gewarnt und den Opponenten unterstellt, daß sie auf diese Weise in erster Linie das 40-Jahre-Jubiläum der DDR stören wollten. Berlin schien ihm dabei besonders gefährdet zu sein; deshalb hatte er seine Leute angewiesen, «mit allen dafür gebotenen Kräften und Mitteln» gemeinsam mit der DVP/Trapo (Volks-Transportpolizei) «eine Anreise solcher feindlich negativer Kräfte... nach der Hauptstadt der DDR unbedingt zu verhindern».

Drei Tage später hatte er jedoch mit einer ZAIG-Information eingestehen müssen, daß ihn die Regime-Gegner an anderem Ort und mit anderen Mitteln seine Schwäche fühlen ließen. ZAIG berichtete über «einige bemerkenswerte Erscheinungen in den Kampfgruppen der Arbeiterklasse im Zusammenhang mit der gegenwärtigen Lageentwicklung». Sie hatten sich gezeigt «im Zusammenhang mit der Abschiebung von ehemaligen DDR-Bürgern aus den BRD-Botschaften in Prag und Warschau». (Gemeint waren die über DDR-Gebiet rollenden Transporte der Flüchtlinge in die Bundesrepublik.) Als Streckenwächter gegen weiteren Zuwachs waren mehr als zehntausend Männer der Betriebskampfgruppen eingesetzt. Nach offizieller Lesart handelte es sich ausschließlich um freiwillige Klassenkämpfer, die betriebsweise zusammengestellt wurden und mit einheitlicher Kleidung, Waffen und anderem militärischen Zubehör ausgestattet waren. Seitens der Parteigenossen wurde scheel angesehen, wer sich, obgleich verhältnismäßig gesund, nicht bereit erklärte, die Rechte der Arbeiterklasse und deren Staat gegenüber Invasoren, Spionen, Ketzern und Diversanten zu verteidigen – was zur Folge hatte, daß viele ohne Überzeugung marschierten. So war denn der Kampfgeist einer solchen Truppe sehr heterogen. Der ZAIG-Bericht warnte: «In verschiedenen Einheiten der Kampfgruppen kam es im Verlauf der Einsätze zu die Kampf- und Einsatzbereitschaft sowie den politisch-moralischen Zustand beeinträchtigenden Vorkommnissen, Handlungen und Erscheinungen.»

Im Klartext: Viele der Freiwilligen traten spontan aus oder weigerten sich, den Befehlen ihrer Vorgesetzten zu folgen. Unter den Meuterern befanden sich – wie ZAIG ausdrücklich vermerkte – auch Gruppenführer und SED-Mitglieder. Die 3. Hundertschaft aus dem Großmaschinenbau «8. Mai» in Karl-Marx-Stadt (heute wieder Chemnitz) löste sich praktisch auf, als sie ihren Einsatzbefehl erhielt. Die meisten Befehlsverweigerungen gab es in Leipzig. Als einen der Gründe für diesen Fehlschlag nennt die ZAIG die «oftmals massiven Beschimpfungen durch Demonstranten und Passanten». Gerufen worden sei: «Schande – Arbeiter gegen Arbeiter» und (unter bezug auf das 40-Jahre-Jubliäum): «Geburtstagsgeschenk der Obrigkeit!»

Mit einem alarmierenden Fernschreiben warnte Mielke am 16. Oktober sämtliche zuständigen Diensteinheiten. Er sah die Gefahr «gewaltsamer Ausschreitungen bzw. Gewalthandlungen», wobei dann jedes Geschehen dieser Art der Zündfunke für weitere Zwischenfälle an anderen Orten sein könnte. Deshalb forderte er seine Dienststellen auf, gegnerischen Veranstaltungen in ihrem Bereich mit «entsprechenden Maßnahmen» zu begegnen, verdächtige Personen «unter operative Kontrolle zu nehmen» und «verstärkte Kontrollmaßnahmen einzuleiten». Er versetzte seine Sicherungskräfte in Alarmzustand, indem er «aufgrund dieser komplizierten Lage ... grundsätzlich Dienst bis auf Widerruf» anordnete.

Sollte Mielke darauf spekuliert haben, daß die Spannungen in der DDR einer gewaltsamen Entladung entgegentrieben, so hatte er sich getäuscht. Die Abgeordneten der Volkskammer wählten Egon Krenz, jetzt Generalsekretär der Partei, mit großer Mehrheit zum Vorsitzenden des Staatsrates und zum Vorsitzenden des Nationalen Verteidigungsrates. Er war bestrebt, das Staatsschiff in ruhigeres Fahrwasser zu steuern. Er befahl, die Polizei dürfe gegen Demonstranten nur eingesetzt werden, wenn von diesen Gewalt gegen Sachen oder Menschen ausginge. Daran war nun auch die Stasi gebunden, denn Krenz hatte sich alle Ämter gesichert, die Honecker zuvor besessen hatte. Später – und damit auf jeden Fall zu spät – machte er sich Gedanken, ob er damit nicht einen Fehler begangen habe.

An Erich Mielke liefen die Veränderungen vorbei, ohne ihn selber zu ändern. Noch immer war er Mitglied des Politbüros, und noch immer regierte er ein Heer von Untergebenen in seiner Burg in der Normannenstraße. Eine Aufforderung besorgter Genossen, die Veteranen der Parteimannschaft sollten sich bei der Neuorientierung nach Honecker von der politischen Bühne zurückziehen, überhörte er geflissentlich. Demonstrativ joggte er jeden Morgen, bekleidet mit einem modischen Trainingsanzug, im verhaltenen Zuckeltrab über die Sandwege der Wandlitzsiedlung und stieg dann anschließend prustend aus dem Schwimmbecken des Hallenbades. Er sei so fit wie eh und je, versicherte er jedem, dem er dabei begegnete.

Es waren turbulente Tage für alle Bürger der DDR, und nicht nur der 82jährige Minister in seinem großen Arbeitsraum in der Normannenstraße mag angesichts einer Fülle von Protestentschließungen, Kundgebungen, Forderungen und Zugeständnissen manchmal die Übersicht über das Geschehen verloren haben. Es gibt in späteren Verhören allerdings auch Anzeichen dafür, daß er die Tragweite der Geschehnisse nicht mehr erkannte, daß er die schleichende Entmachtung der Partei und den Zerfall der Staatsautorität nur noch mangelhaft wahrnahm. Seine abertausend Späher meldeten dem Minister wie immer, was im Volk vorging, aber nicht sein Apparat und noch weniger er selber waren fähig zu ermessen, was auf sie zukam.

Die Konterrevolution, von ihm erwartet, blieb aus. Oder vielmehr: Sie kam leise und ohne Gewalt. Sie stürmte keine Bastionen, und sie schoß nicht. Als die Gegner sich Freiheiten herausnahmen, die ihnen bisher vorenthalten worden waren, zerbrach der scheinbar so monolithische Machtblock der Funktionäre. Die Autorität der Herrschenden zerfiel am augenfälligsten an einer Stelle, an der sie mit Mauern und Zäunen, Minen und Maschinengewehren, mit Wachhunden und Todeszonen ihre stärksten Sicherungen aufgebaut hatten: an den Grenzen zum Westen. Im Politbüro und im Zentralkomitee war man zu dem Schluß gekommen, es werde dem öffentlichen und allgemeinen Unmut ein Ventil geboten, wenn das Überschreiten dieser Grenzen möglich würde, wenn die sogenannten Reisebeschränkungen wegfielen.

Günter Schabowski, zu diesem Zeitpunkt zuständig für die Medienpolitik des Zentralkomitees, gab am 8. November in einer Pressekonferenz in Berlin bekannt, ab sofort seien die Grenzen zum Westen offen. Er bekam wenige Stunden später am Abend einen Anruf, die Menschen sammelten sich zu Tausenden vor den Sektorenübergängen, und ehe er dort eintraf, hatten die Grenzsoldaten schon die Schlagbäume gehoben. Es war, als hätte man die Schleusen eines Stausees geöffnet. Die Menge war in Volksfeststimmung. «Am nächsten Tag», so notierte Schabowski, «war Katerstimmung im Zentralkomitee.» Mielke fragte: «Wer hat uns das eingebrockt?» Er fühlte sich desavouiert.

Zuvor hatte ihn noch ein zweiter Schlag getroffen: Am 8. November war das Politbüro geschlossen zurückgetreten. Dem Zentralkomitee oblag es, ein neues zu wählen. In den Debatten war viel von Verjüngung und Erneuerung der Partei die Rede. Mielke mußte die Chancen für seine Wiederwahl gering einschätzen.

In einer ZAIG-Information hatte er kürzlich lesen müssen, es handele sich bei den Gegnern der Partei «vor allem um jugendliche Personenkreise... die die Stimmung anzuheizen versuchten, darunter vielfach angetrunkene, asoziale und als kriminell gefährdet bekannte Personen», die Sprechchöre «faschistischen und rassistischen Charakters» brüllten. Voller Empörung registrierte er, daß vielerorts die Demonstranten am jeweiligen Dienstsitz der Stasi-Filialen vorbeizogen mit Rufen wie: «Stasi raus!», «Stasi-Schweine raus!» und: «Die Messer sind schon gewetzt!» Der Armeegeneral warnte: «Daraus erwachsen erhebliche Gefahren für die staatliche Sicherheit und öffentliche Ordnung.» Erkennbar sei auch, daß sich die bisher ruhigen Bürger zunehmend mit solchen Aktionen identifizieren.

Selbst die Basis der Partei nahm jetzt ihre Funktionäre mehr und mehr unter die Lupe. Das Zentralkomitee forderte von der Parteiführung in einem Aktionsprogramm die Abschaffung der Privilegien: «Alle Sonderregelungen und Vergünstigungen, die nicht durch Leistungen gerechtfertigt sind», seien «sofort außer Kraft zu setzen». Krenz und Schabowski zogen kurz darauf die Konsequenzen und räumten ihre Häuser in Wandlitz. Mielke blieb mit Frau und der Familie seines Sohnes im Haus Nr. 14.

Das Versiegen der Privilegienquelle in Wandlitz traf das Ehepaar Mielke insofern doppelt hart, als sich daraus auch der Sohn mit Familie bedient hatte. Die Sippe hatte dort nicht nur Lebensmittel, Getränke und Artikel des täglichen Bedarfs in besserer Qualität bezogen. Auch Materialien wurden nach Wandlitz geliefert, mit denen der Neubau eines Einfamilienhauses auf Westniveau bestückt worden war; der Sohn sollte dort künftig wohnen. Die von DDR-Betrieben produzierten Baustoffe hatte sich Mielke kraft seines Amtes beschafft.

Das war alles schon mißlich, aber es kam noch schlimmer: Dem Ausscheiden aus dem Politbüro der SED war am 7. November bereits der Verlust des Ministeramtes vorausgegangen, insofern der Ministerrat der DDR an dem genannten Tag geschlossen seinen Rücktritt erklärt hatte. Auch Erich Mielke war nun nur noch «amtierender» Minister für Staatssicherheit bis zur Wahl einer neuen Regierung. Mit ihrer Neubildung wurde am 13. November Dr. Hans Modrow, Mitglied des neuen Politbüros der SED, von der Volkskammer beauftragt. Als er vier Tage später sein Kabinett vorstellte, war ein Minister für Staatssicherheit nicht mehr darin zu finden. Modrow ersetzte das MfS durch ein «Amt für Nationale Sicherheit», dessen Leiter, der frühere Stasi-General Schwanitz, allerdings auch Ministerrang bekleidete. Nicht lange freilich: Am 14. Dezember 1989 beschloß Modrow auch die Auflösung des AfNS.

Erich Mielke hatte am Abend des 13. November seinen letzten öffentlichen Auftritt als Minister, als er in einer chaotischen Rede, die wiederholt vom Hohngelächter der Abgeordneten übertönt wurde, die Arbeit der Staatssicherheit zu rechtfertigen versucht hatte. Psychologisch war die Rede nicht nur wegen des seither vielzitierten Ausspruchs «Ich liebe, ich liebe doch alle...» höchst aufschlußreich, sondern ebenso wegen des Eingeständnisses, daß alle Signale des MfS «nach oben» die Partei- und Staatsführung nicht erreicht hatten.

Auf Versorgungsmängel, Republikflucht und andere Schwierigkeiten eingehend, erklärte Mielke unter anderem wörtlich: «Wir haben berichtet über diese Fragen. (Zurufe: ‹Wo?›) Wir haben Vorschläge gemacht. (Zurufe: ‹Wo?›) An die Stelle, an die ich verpflichtet bin, als Minister für Staatssicherheit zu berichten. An die betreffenden Genossen, die ein bestimmtes Arbeitsgebiet haben, die haben die Fragen bekommen, für die sie zuständig sind, die anderen (Lachen) die anderen, und auch insgesamt (Unruhe; Zurufe: ‹Konkret!›). Aber wieso, gestattet doch mal, was heißt konkret? Natürlich könnte ich die Namen alle nennen. Aber da kann ich doch nicht insgesamt die Namen alle nennen, aufführen, wohin wir also unsere Informationen alle gegeben haben. Aber wir haben sie gegeben. Glaubt mir! Glaubt mir! Wir haben sie gegeben... Das Einzigste ist, daß vieles, was wir gemeldet haben, nicht immer berücksichtigt wurde und nicht eingeschätzt wurde...» Es war die politische Bankrotterklärung eines alten Apparatschik, der vor dem Schutt seines Scheiterns als Minister für Staatssicherheit stand.

Der Abgang

Das Politbüro-Mitglied, der Armeegeneral, der Minister, a. D. in jeder Funktion, dürfte sich während der folgenden Tage häufig gefragt haben, womit er diesen Abgang verdient habe. In den wenig später beginnenden Verhören zeigte es sich, daß er die Wende nicht anders denn als schlimmes persönliches Unrecht begreifen konnte. Er dachte auch nicht daran, das Haus in Wandlitz zu räumen, obwohl alle Genossen still und unauffällig andere Wohnungen suchten und bezogen.

Jemand erzählte, der Genosse Harry Tisch sei verhaftet worden wegen des Vorwurfs, als Vorsitzender des Freien Deutschen Gewerkschaftsbundes über 100 Millionen Mark bestimmungswidrig verwendet zu haben – unter anderem für ein prächtiges Jagdhaus, zur Hege und Pflege des Wildes in einem riesigen Waldrevier und für den Bau von Straßen und Wegen durch diese Wildnis. Das Fernsehen der DDR brachte einen Bericht über Wandlitz und verstärkte den Volkszorn; der Gegensatz zwischen dem etwas spießigen Wohlstand der Funktionäre und den verfallenden und schimmelnden Fassaden an den Häusern der Normalverbraucher war zu augenfällig.

Die Mielkes hörten zu, als Egon Krenz am 30. November vor der «Aktuellen Kamera» etliche gravierende Fälle vorgehalten wurden, in denen führende Genossen sich unrechtmäßig bereichert und ihr Amt mißbraucht hätten. Er habe, sagte

Krenz, daraufhin den Generalstaatsanwalt der DDR gebeten, nach dem Rechten zu sehen und alle Schuldigen anzuklagen.

Den Ruheständler Mielke beunruhigte das nur wenig. Daß er, wie die Mehrzahl der SED-Spitzenfunktionäre, Vorrechte genoß, die ihm die Partei angeboten hatte, war nach seinen Maßstäben keine Korruption. Und wie stand es bei ihm um den Machtmißbrauch? Unleugbar hatte er von seiner Amtsmacht gründlich Gebrauch gemacht, doch keineswegs – so meinte er – zu seinem persönlichen Vorteil, sondern auch, um der Partei und dem Volk zu dienen. Und seine Methoden? Häufig hatte dabei wohl der Zweck die Mittel geheiligt. In diesem Zusammenhang war es freilich nicht angenehm, daß die Abgeordneten der Volkskammer am 1. Dezember einen Passus aus der Verfassung strichen, der der SED bis dahin die führende Rolle im Staat gesichert hatte. Wie sollte sich da der Sozialismus halten können gegen die wachsende Zahl seiner Gegner? Die Partei konnte nun nicht mehr mit harter Hand regieren. Und was galten nun noch die treuen Dienste, die man der Partei geleistet hatte?

Die ersten Anzeigen gegen Mielke fußten auf dem Vorwurf von Machtmißbrauch und Korruption. Eine kam ausgerechnet von einem seiner Mitarbeiter im Ministerium. «Mir ist bekannt», schrieb der Mann am 4. Dezember 1989 an den Generalstaatsanwalt in der DDR, «daß der ehemalige Minister ein großes Sondergebiet in Wolletz, Kreis Angermünde besitzt.» Wolletz gehörte dem Staat, aber Mielke regierte dort unumschränkt, und der Staat mußte dafür alle Kosten tragen. Dorthin sei er – heißt es in der Anzeige – stets «mit den ihm genehmen Generalen des Ministeriums zur Jagd gefahren», jeweils mit Fahrern und Wagen des Ministeriums. «Geschossen wurde mit Munition aus der BRD, die ein normaler Jäger nicht erhält.» Das Motiv zu diesem Brief verrät der Text; der Schreiber beklagt «die Verurteilung von Menschen, die oftmals unter den härtesten Bedingungen nichts anderes taten als aus tiefster Überzeugung um die gerechteste Sache der Welt, den Sozialismus, zu kämpfen». Deshalb müßten, so forderte der Schreiber, nun die Stasi-Leute «vor weiteren Verleumdungen und Bedrohungen» geschützt werden.

An diesem Tag liefen bei der gleichen Stelle noch weitere Anzeigen ein. Eine davon besagte, der Minister habe «Funktions- und Amtsmißbrauch begangen», indem er bei einigen namentlich aufgeführten Unternehmen die «Verschleierung von ungesetzlichen Handlungen» geduldet habe. Mielke und seine bisherigen Stellvertreter werden in dem Brief beschuldigt, dem Devisenbeschaffer der SED, Alexander Schalck-Golodkowski, der zugleich den Rang eines Stasi-Oberst innehatte, zur Flucht nach West-Berlin verholfen zu haben, nachdem sie von Amts wegen erfahren hatten, daß der Genosse mit Haftbefehl gesucht werde.

Sogar ins Haus des Zentralkomitees am Marx-Engels-Platz lieferte die Post Anklagen gegen Mielke. Ein Brief kam aus Altenberg im Erzgebirge. Der Absender schrieb: «Mir geht es um den Skandalbau Bobbahn.» Sie habe Millionen gekostet, die von anderen, wichtigeren Bauvorhaben abgezogen worden seien, nur weil der Genosse Mielke sich als Mäzen des Sports habe feiern lassen wollen. Er habe mit diesem Projekt «die ganze Struktur des Kreises Dippoldiswalde durcheinandergebracht». Für den Bau der Sportanlage (Bobbahn, Eislauffläche, Biathlonkampfstätten mit einer Schießhalle) seien etwa 500 Beschäftigte aus anderen Betrieben abgezogen worden. Werde die Anlage in Betrieb genommen, fräße sie mit ihren Kältemaschinen so viel elektrische Energie, daß die größeren Betriebe im weiten Umkreis keinen Strom mehr erhielten und stillgelegt würden. Nur wenige Auserwählte hätten diese Sportstätte benutzen dürfen. Selbst deren Schneeräumfahrzeuge würden den umliegenden Gemeinden verweigert, auch wenn dringender Bedarf bestehe. So sei durch Amtsmißbrauch ein großer wirtschaftlicher Schaden entstanden, der doch wohl von einem Gericht bestraft werden müsse.

Mit diesen drei Beispielen aus der zunehmenden Welle von Anklagen ist die Bandbreite der Beschuldigungen keineswegs geschildert. Nicht jede Anschuldigung war stichhaltig, doch die bisher vom Staat besoldeten Berufsdenunzianten der Stasi mußten es nun hinnehmen, daß sie selber denunziert wurden.

Der Generalstaatsanwalt der Deutschen Demokratischen Republik sah sich bereits am 5. Dezember 1989 veranlaßt, gegen Erich Mielke per Verfügung ein Ermittlungsverfahren einzuleiten. Hier seine Begründung: «Erich Mielke ist verdächtig, die Volkswirtschaft der DDR geschädigt zu haben, indem er als damaliger Minister für Staatssicherheit bewirkte und duldete, daß eine Vielzahl von Baumaßnahmen zu Lasten der Volkswirtschaft durchgeführt wurde, obwohl dafür keine volkswirtschaftliche Notwendigkeit bestand. Der wirtschaftliche Schaden ist besonders schwer. Verbrechen gem. § 165 Abs. 1 und 2, Ziffer 1 StGB.» Dieser Paragraph stellte in der DDR den sogenannten Vertrauensmißbrauch unter Strafe.

Zwei Tage später, am Abend, befand sich der «ehemalige Minister für Staatssicherheit Mielke, Erich», bereits in Untersuchungshaft. Zur Sache ließ Mielke protokollieren, keine Beschuldigung träfe zu, er fühle sich jedoch «aufgrund der psychischen und nervlichen Belastung und ohne Rechtsbeistand nicht in der Lage, zu Zusammenhängen Auskunft zu geben». Gegen die Untersuchungshaft protestierte er. Der Militärstaatsanwalt hatte angeordnet, daß er in Einzelhaft untergebracht werde, daß Besuche nur nach Genehmigung zulässig seien, und daß Mielke viermal monatlich eine postalische Verbindung mit seiner Ehefrau zustehe – sofern die Briefe vom Militärstaatsanwalt geprüft würden.

Vorgehalten wurde ihm im Haftbefehl, er habe eine «Vielzahl notwendiger Baumaßnahmen für das Ministerium zum Nachteil der Volkswirtschaft durchgeführt», und er habe «jährlich mehrere Millionen Valutamark» (Devisen) für die bevorzugte Versorgung der ehemaligen Mitglieder des Politbüros «zum Schaden der Volkswirtschaft verwendet», im Kaufhaus Wandlitz. Am 7. Januar 1990 verlängerte der Oberstaatsanwalt das Sündenregister, indem er das Ermittlungsverfahren ausdehnte auf den Verdacht des Hochverrats und des verfassungsfeindlichen Zusammenschlusses: Gemeinsam mit Erich Honecker habe Mielke «landesweit Post- und Fernmeldeverkehr von Bürgern der DDR überwachen» lassen. Ferner habe er, wiederum gemeinsam mit Honecker, durch die Polizei eine friedliche Straßendemonstration auflösen lassen. Durch Polizeiknüppel und Polizeischnüffler seien Verfassungsgrundsätze verletzt worden. Seine wirtschaftlichen Entscheidungen «ohne Kenntnis und Kontrolle der Volkskammer und des Minsterrates» hätten die «Volkswirtschaftskraft als wesentlicher Bestandteil der Staats- und Gesellschaftsordnung der DDR untergraben».

Durch eine weitere Verfügung des Militäroberstaatsanwalts wurde am 24. Januar 1990 das Ermittlungsverfahren abermals erweitert. Mielke wurde zusätzlich vorgeworfen, er habe anläßlich «des 40. Jahrestages der DDR veranlaßt, daß Bürger ohne Einleitung von strafprozessualen Maßnahmen rechtswidrig über einen längeren Zeitraum ihrer Freiheit beraubt wurden». In schlichtem Deutsch: Er habe Menschen, von denen er befürchtete, daß sie die Festivitäten stören könnten, gleichsam in «Schutzhaft» nehmen lassen. Als Mielke dieser weitere Anklagepunkt im Anschluß an seine Vernehmung mitgeteilt wurde, erklärte er, dieser sei nicht gerechtfertigt, und er weigere sich, durch seine Unterschrift zu bestätigen, daß er ihm mitgeteilt worden sei.

Unabhängig von allen Schuldvorwürfen protestierte er bei jeder Vernehmung gegen die Haft; er sei so alt und so krank, daß er haftunfähig sei. Der Ministerrat der DDR ließ ihn deshalb durch den Leiter des Medizinischen Dienstes im Amt für Nationale Sicherheit untersuchen. Der Obermedizinalrat Professor Dr. med. Klaus-Wolfgang Klein, Facharzt für Innere Medizin, zugleich ehemaliger Stasi-Generalmajor, schrieb seinem «langfristig bekannten Patienten... deutliche Zeichen von Alterung an den Gefäßen, insbesondere denen des Herzens und des Hirns» zu, «mit dadurch bedingten Durchblutungsstörungen». «In seinem gewohnten Arbeitsmilieu» habe er diese Mängel noch ausgleichen können. Aber durch den Milieuwechsel «und die verschiedenen Belastungen» sei es zu einem Abbau gekommen, der «zeitweise Verwirrtheit ausgelöst» habe. «Herr Mielke ist bedingt haftfähig», schrieb der Professor, und nur «eingeschränkt vernehmungsfähig». Den Wirklichkeitsgehalt seiner Aussagen könne jedoch nur ein erfahrener Facharzt für Psychiatrie beurteilen.

Das geschah denn auch am 5. Januar 1990. Aus der Untersuchungshaftanstalt Berlin-Rummelsburg wurde Mielke ins Krankenhaus der Volkspolizei gefahren zu Medizinalrat Dr. Schott, Nervenarzt und Chefarzt. Der Doktor ließ ihn reden – je länger, desto sicherer fühlte er sich mit seiner Diagnose, und Mielke tat ihm den Gefallen unbewußt. Alles, was mit ihm geschehe, sei Unrecht, klagte er zunächst «in affektlabiler Jammerhaltung». Diese legte er jedoch sofort ab, als er aufgefordert wurde, doch gegen dieses Unrecht anzukämpfen. Sollten in seinem Bereich, dem Ministerium, Gesetze überschritten worden sein, so sei er dafür nicht verantwortlich zu machen: Er habe stets als Beauftragter des Politbüros und des Generalsekretärs der Partei gehandelt. Was immer man ihm zur Last lege, habe er für die Partei getan. Der Doktor möge ihn doch bitte für haftunfähig erklären, denn wenn er erst wieder frei handeln könne, werde er alle Beschuldigungen widerlegen können. Diesen Gefallen tat ihm der Medizinalrat Dr. Schott nicht. Wenn auch – so urteilte er – «Kritik- und Urteilsvermögen mit alterstypischer Starrheit eingeschränkt seien, so habe er an dem Patienten körperliche und psychische Mängel nur in unwesentlichem Grad festgestellt, so daß Vernehmungs- und Haftfähigkeit aus neuropsychiatrischer Wertung gegeben sind».

Am stärksten traf Mielke der Vorwurf des Hochverrats durch verfassungsfeindliche Aktionen – so etwa die Festnahme von Regime-Gegnern anläßlich der 40-Jahre-Feier oder die Überwachung des Post- und des Telefonverkehrs. Er protestierte: «Was Sie mir sagen, ist unfaßbar! Ein Mensch, der sein Leben lang treu gearbeitet hat und für unseren Staat kämpfte, an wem soll er denn den Hochverrat machen? Ich war doch zuständig, dafür, Hochverrat zu untersuchen und zu bekämpfen.» Als ihm vorgehalten wurde, das Ministerium für Staatssicherheit und fast alle seine Bezirksverwaltungen und Kreisdienststellen hätten mit ihren Abhöranlagen ungesetzlich gehandelt, wandte er ein, er habe «gar nicht mitkriegen können, welche Sachen dort gegen die Verfassung sind. Ich dachte, das geschieht alles für die Durchsetzung der Verfassung und nicht gegen sie.» Und was er etwa zu sagen habe zu den vorsorglichen, unrechtmäßigen Zuführungen und Festnahmen anläßlich des Parteijubiläums? Er behauptete: «Signale waren da, daß sie am 7. Oktober mit Hunderttausend über die Mauer gehen: Ich habe alles getan, damit alles in einer friedlichen Art gelöst wird. Ich soll mich nun auch noch moralisch verantworten? Aber *ich* bin moralisch fertig... Ich stehe gerade für alles, was ich gemacht habe. Ich habe meine Befehle bewußt unterschrieben und durchdacht erlassen auf der Grundlage, was angemessen war.» Gefragt, weshalb denn so viele Menschen so lange festgehalten worden seien, die nichts getan hätten, flüchtete er sich in eine polizeiübliche Phrase: «Das ergibt sich aus der Lage.»

Während Mielke nicht aufhörte, seine Unschuld zu beteuern, versuchte einer seiner beiden Verteidiger, Jürgen Wetzenstein-Ollenschläger, nachzuweisen, daß ein Prozeß gegen seinen 82jährigen Mandanten nicht mehr möglich sei, denn Inhaftierung und Verhöre verursachten bei Mielke eine «immer stärker zutage tretende allgemeine Lethargie» und verhinderten «eine Auseinandersetzung zum Schuldvorwurf». Die Inhaftierung lasse den «altersbedingten körperlichen und psychischen Abbau» rasant fortschreiten. Mielke sei «aus seiner langjährigen politischen Entwicklung heraus...» immer davon überzeugt gewesen, «daß seine Entscheidungen richtig» und «– gleichgültig, wie diese von der heute herrschenden öffentlichen Meinung beurteilt werden –» gesetzeskonform gewesen seien. «Er handelte zu keinem Zeitpunkt im Unrechtsbewußtsein.» Zumindest auf den Mord am Bülowplatz dürfte dies wohl kaum zutreffen.

Aber an dieses Kapitalverbrechen wagte sich zunächst noch keine Instanz. Einfacher waren Erfolge zu erzielen bei den Untersuchungen aktuellen Geschehens, zu dem in Gestalt von Akten, Aussagen, Tonbändern, Geräten und anderen Schuldbeweisen vielerlei Material existierte.

So etwa bei den Stasi-Übergriffen im Postverkehr und im Fernsprechdienst. «Nach bisherigen Ermittlungen», heißt es in einem Schriftsatz des Generalbundesanwalts, «wurde seit 1951 im gesamten Gebiet der DDR ein System von Fernmelde- und Telexüberwachungsvorrichtungen im Bereich des MfS geschaffen, mit dem jährlich mehrere Tausend Anschlüsse überwacht wurden... Weiterhin wurde festgestellt, daß durch MfS republikweit die Kontrolle von Brief- und Kleinstsendungen... erfolgte.» In einem winzigen Ort, der nur auf örtlichen Lagekarten zu finden ist, in Freienbrink, hatte das MfS für den grenzüberschreitenden Postverkehr zwischen Ost und West eine Schleuse eingerichtet. Dorthin wurden täglich alle irgendwie verdächtigen Sendungen und zusätzlich noch einige Wagenladungen normaler Post gelenkt. Das alles galt von da ab als «Irrläufer», damit die Sendungen (postalisch und gerechtfertigt) geöffnet werden konnten. Bargeld und Wertsachen mußten an das Ministerium geliefert werden. Briefe, Umschläge, Verpackungen der Sendungen wurden vernichtet.

Anweisungen zu Aktionen dieser Art ließ Mielke als «Geheime Verschlußsache» in Panzerschränken verschwinden – wohl wissend, daß er gegen die Gesetze verstieß.

Ging es um Sport, griff Mielke gern und tief in die Staatskasse. Seine Aufträge zur Sportlerbetreuung gingen wie immer an seinen Oberst Rahnsch und dessen Mitarbeiter Frank Buchhein, der nach der Wende der Kriminalpolizei freimütig erzählte, daß er bei der Auflösung des Ministeriums die unbewohnten und komplett eingerichteten konspirativen Wohnungen der Staatssicherheit im Auftrag seines Brotherren den unbehausten Kickern des Berliner Fußballklubs «Dynamo» zugeteilt habe. Durch ihn hatten sie auch bisher schon ihre Autos bekommen, etwa einen «Wartburg» oder einen «Lada», jeweils fabrikneu, aus einem Produktionsanteil, den Mielke sich zur freien Verfügung gesichert hatte. Auf die gleiche Weise kamen auch Mielke-Verwandte zu ihren Autos; sie mußten nicht, wie die Normalbürger, den Wagen jahrelang vorbestellen, und erhielten darüber hinaus auch noch etwas Besseres: Mielkes Sohn wählte einen mittelschweren «Peugeot», dessen Ehefrau einen «Mazda 1500». Einen eigenen Wagen besaß Mielke selbst nicht; er und seine Frau ließen sich in den Limousinen des Fuhrparks Wandlitz, auf Staatskosten, kutschieren.

Mit dem eigenen Geld ging der Minister erst in den Tagen der Wende großzügig um. Von seinem Girokonto bei der Haussparkasse des Ministeriums hob er kurzentschlossen einen Teil, nämlich 300000 Mark, ab. Über den Verbleib des Geldes sei er niemandem Rechenschaft schuldig, beschied er einen Vernehmer. Es sickerte jedoch durch, daß er es zu jeweils gleichen Teilen an Genossen und Genossinnen verschenkt hatte, die ihm und seiner Frau seit Jahren in Wandlitz den Haushalt geführt hatten. Nur Übelwollende können annehmen, er habe damit noch rechtzeitig den Familienschatz in Sicherheit bringen wollen, um ihn später jederzeit und auch ratenweise wieder abrufen zu können.

In den Wochen der Wende, als noch niemand wußte, wie es um die Zukunft der DDR bestellt sein würde, war die Situation aller Staatsjuristen vertrackt. Wer würde künftig Gerichtsherr sein? Wer von ihnen würde aufgrund seiner politischen Vergangenheit in die Wüste geschickt werden? Somit war es zweckmäßig, in keiner Weise aufzufallen, weder durch Härte noch durch Milde, weder durch Betriebsamkeit noch durch Faulheit. Nur damit läßt es sich wohl erklären, daß die Ermittler um einige Tatkomplexe herumschlichen wie die Katzen um den heißen Brei.

So hat beispielsweise noch niemand den Minister Mielke auf seine Tätigkeit angesprochen, die er beim K5, also der Politischen Polizei, in den Jahren 1945 bis 1948 ausgeübt hatte. In jenen Jahren erfolgte in der sowjetisch besetzten Zone die sogenannte Entnazifizierung. Während sie in den Westzonen mit großem Formularaufwand und weitgehend in der Öffentlichkeit mehr schlecht als recht und unbefriedigend, sowohl für die Nazis wie auch für die Antifaschisten, ablief, mit spektakulären Verhandlungen der Spruchkammern und Urteilen, die kaum bis zur letzten Konsequenz vollstreckt wurden, spielte sich die Abrechnung mit der Vergangenheit jenseits der Elbe vergleichsweise im Hinterzimmer ab. Wer sich mit dem Hakenkreuz eingelassen hatte, bekam es mit Mielkes tschekistischer Truppe zu tun. Sie schuf sich ihre eigenen Vorschriften und besaß so viel Vollmachten, wie ihr die Besatzer, in diesem Fall das NKWD/NKGB, zubilligten.

Mielkes Polizisten ermittelten und nahmen fest; die sowjetischen Kollegen entschieden, wer ihnen zu übergeben war. Danach hörte man von vielen dieser Gefangenen nichts mehr. Ihre Angehörigen konnten nur hoffen, daß sie noch irgendwo lebten, und sei es in Sibirien.

Nie ist Mielke dazu befragt worden, ob er bei der seinerzeitigen Zusammenarbeit mit den sowjetischen Kollegen wußte, was den Menschen drohte, die er ihnen auslieferte.

Allerdings stritt Mielke bei fast allen Vernehmungen die Verantwortung – für welche Vorgänge auch immer – in der Regel ohnehin ab. Das zeigte sich auch wieder, als er zu den gefälschten Ergebnissen der Kommunalwahlen befragt wurde. Er beteuerte im Brustton eines Biedermannes, er habe mit den Manipulationen – die inzwischen schon erwiesen waren – nichts zu tun gehabt. Als man ihm daraufhin eine von ihm unterschriebene Weisung vorlegte, mit der er die Anzeigen gegen Wahlfälscher ins Leere laufen ließ, schob er das Papier zur Seite und zeterte: «Ich sehe mir nichts mehr an! Ich kann nur wiederholen, daß ich mit den Wahlen nichts zu tun hatte... Die Sache ist für mich erledigt... Ich schaue mir gar nichts mehr an, und ich gebe auch keine Auskunft... Ich weiß nicht, um was es geht!»

Die Taktik des schwindenden Gedächtnisses wendete er am gleichen Tag auch an, als ihn der vernehmende Hauptmann der Kriminalpolizei unvermittelt fragte: «Ist Ihnen ein Herr Markus Wolf bekannt?» Mielke reagierte: «Markus Wolf? Markus Wolf? Ich kann dazu nichts sagen. Ich kann auch zu weiteren Fragen dazu nichts sagen und sage auch nichts dazu, weil ich davon nichts weiß. Ich kann doch nichts zu einem Menschen sagen, zu irgendeinem Menschen...»

Die Vernehmungen des Beschuldigten Erich Mielke wurden von Mal zu Mal kürzer. Sie waren von Anfang an durch ärztliche Atteste auf maximal eine halbe Stunde begrenzt worden. Im Dezember 1989 konnte diese Zeitspanne meist noch durch besänftigendes Zureden des Staatsanwalts oder der Kriminalbeamten voll genutzt werden, auch wenn der Häftling zwischendurch erklärte, er sei in seinem «gegenwärtigen Zustand nicht vernehmungsfähig». Doch Ende Januar 1990 sah sich der vernehmende Kriminalhauptmann genötigt, die Befragung schon nach zehn Minuten abzubrechen. Es gelang ihm dann am 22. Februar 1990 noch einmal, das Gespräch auf 30 Minuten auszudehnen, obwohl Mielke gleich zu Beginn behauptet hatte, er sei «nicht bei klarem Verstand», und er könne «die Fragen nicht verstehen». Soweit er dann überhaupt auf eine Frage einging, verlor sich seine Antwort in Verworrenheit, aber häufig erklärte er sich außerstande, überhaupt etwas zur Sache zu sagen. Schließlich weigerte er sich am Ende auch noch, das Protokoll zu lesen und durch seine Unterschrift zu bestätigen, daß darin Fragen und Antworten richtig wiedergegeben wurden.

Anfang März versuchte der Kripo-Hauptmann noch einmal seinen Häftling zum Sprechen zu bringen. Vergeblich, nach zwei Minuten mußte die Vernehmung abgebrochen werden, weil der Häftling nicht mehr mitmachte; er sei dazu außerstande: «Ich kann die Problematik nicht mehr erfassen...» Er bat darum, «meinen Gesundheitszustand und meine Verfassung dem aufsichtsführenden Staatsanwalt beziehungsweise dem Generalstaatsanwalt mitzuteilen», damit er aus der Haft entlassen werde.

Simulierte er nur? Oder war er tatsächlich außerstande,

klar zu denken? Wahrscheinlich trifft beides zu. Der Sturz von der Ministerhöhe in die Gefängniszelle konnte in seinem Alter nicht ohne Auswirkung auf Physis und Psyche bleiben. Schon 1968 empfahl ein um seine Gesundheit besorgtes Ärztekollegium dem immer Betriebsamen mehr Ruhe und weniger Tempo im Alltag, denn die Adern des Herzkranzes und des Gehirns seien schon ziemlich verkalkt. Sie diagnostizierten außerdem Anzeichen für Gicht und Parkinsonismus, feststellbar an verlangsamten Bewegungen und gehemmter Mimik. Die Doktoren fanden auch schon Spuren beginnender «seniler Demenz», zu deutsch Altersschwachsinn. Dessenungeachtet blieb der Patient Minister. Einer seiner Stellvertreter im Ministeramt, Generalleutnant Schwanitz, sagte nach der Wende: «Er selber hat nie daran gedacht abzutreten, sondern war überzeugt, daß er unersetzlich ist.»

Für die Bürger der DDR war Erich Mielke – fast mehr noch als Erich Honecker – der personifizierte Machtmißbrauch. Sie möchten, was menschlich verständlich ist, daß er bestraft wird. Die Verantwortlichen des SED-Staates juristisch haftbar zu machen erweist sich aber mehr und mehr als ein kompliziertes Problem. Mitte Januar 1991 gab die Berliner Justiz bekannt, daß in ihrem Amtsbereich Ermittlungen gegen die ehemalige DDR-Prominenz in 260 Fällen liefen. Davon betreffen weit mehr als die Hälfte die Schüsse an der Mauer in Berlin und an der Zonengrenze. Wem sie zur Last gelegt werden können, ist noch keineswegs klar. Die Schützen selber, soweit man sie kennt, ziehen sich auf Befehlsnotstand zurück.

Die Grenztruppen der DDR unterstanden, mehrmals wechselnd, zeitweise dem Ministerium des Innern im Rahmen der Volkspolizei, zeitweise dem Ministerium für Staatssicherheit, zuletzt dem Ministerium für Nationale Verteidigung. Soweit Zuständige aus diesen Bereichen wegen der Schüsse an der

Grenze gehört wurden, wiesen sie auf einen Befehl hin, der nicht wesentlich von Vorschriften abweicht, wie sie hinsichtlich des Schußwaffengebrauchs in vielen Staaten an den Staatsgrenzen üblich sind. Freilich bleibt bei solchen Vergleichen unberücksichtigt, daß der Gebrauch einer Schußwaffe sich nach dem Grad der Kriminalität zu richten hat: Auf flüchtende Eierdiebe darf nicht geschossen werden. Den Grenzwächtern der DDR aber hatte bereits jeder, der sich auch nur der Grenze näherte, als Schwerkrimineller zu gelten.

Die DDR-Vorschrift fordert, daß ein Verdächtiger gewarnt werden muß, durch Zuruf und durch einen Schuß in die Luft. «Anruf, Warnschuß, Zielschuß» – das war die Handlungsmaxime. Bei manchen Zwischenfällen an der Grenze wurde diese Vorschrift nicht eingehalten, sei es, weil die Wächter ängstlich und nervös jedes Risiko für die eigene Person vermeiden wollten, sei es, weil sie für verhinderte Grenzverletzungen mit Prämien, Urlaub und Orden belohnt wurden.

Da außer Mielke auch Erich Honecker verdächtigt wird, für den Schießbefehl verantwortlich zu sein, wurde der Staatsratsvorsitzende nach seinem Sturz gefragt, ob er es nicht bedauere, daß 200 Menschen an den Grenzen ihr Leben lassen mußten. Er verneinte es: «Mir tun unsere Genossen leid, die meuchlings an der Grenze ermordet wurden.» Ähnlich würde wohl die Antwort Mielkes lauten.

In der Anklageschrift gegen Erich Mielke wird man, ausgehend vom gegenwärtigen Stand der Untersuchungen, kaum einen Bezug auf die Todesschüsse an der Grenze finden. Nach Auskunft der Berliner Justiz soll er der illegalen Telefonüberwachung in zwölf Fällen angeklagt werden; einer davon betrifft kurioserweise seinen Genossen und Stasi-Oberst Alexander Schalck-Golodkowski. Die Staatsanwaltschaft wird Mielke ferner mit den dubiosen Geschäftspraktiken des Prominenten-Kaufhauses in Wandlitz belasten; SED-

Funktionäre erstanden dort Waren aus dem Westen, zu Preisen, die durch manipulierte Umrechnung zu hohen Defiziten führten, die dann aus der Staatskasse abgedeckt wurden. Ferner wird Mielke der Anstiftung zur Rechtsbeugung beschuldigt, weil er durch eine Weisung verhinderte, daß Anzeigen wegen der Wahlfälschungen bei den Gemeindewahlen 1989 den Gerichten zugeleitet wurden.

Es soll dann in dem Verfahren auch noch festgestellt werden, wieweit er sich strafbar gemacht hat, indem er RAF-Terroristen in der DDR aufnahm und ihnen mit neuen Namen und neuen Papieren sichere Zuflucht vor Strafverfolgung geboten hatte. Während er bei anderen Punkten der Anklage sich darauf zu berufen pflegt, daß er ja nicht auf Grund einsamer Entschlüsse gehandelt, sondern jeweils nur Aufträge des Politbüros oder des Ministerrats erfüllt habe, verfügte er die Aufnahme der RAF-Angehörigen offenbar ohne Rückendekkung, vielleicht bestenfalls mit Wissen Erich Honeckers, der sich weigert, sich dazu zu äußern.

Soweit Bürger der ehemaligen DDR von der Staatssicherheit verfolgt oder geschädigt wurden, werden sie vermutlich von der juristischen Abrechnung mit dem Minister Mielke enttäuscht werden. Es war von jeher schwierig, entthronte Politiker nach einem Systemwechsel in Strafprozessen zur Verantwortung zu ziehen. Mielke ist zwar in Haft, aber in einem Haftkrankenhaus, und wenn es zu einem Prozeß kommt, kann er sicher sein, daß ihm Gerechtigkeit zuteil werden wird – auf jeden Fall mehr, als sein Ministerium sie je einem Angeklagten zugebilligt hat.

Schwierig wird für Mielke die Situation erst, wenn sich ein Ankläger vornehmen sollte, die Morde auf dem Bülowplatz in Berlin aus dem Jahre 1931 aufzuklären die Täter zu bestrafen – 60 Jahre nach der Tat.

Um Morde geht es auch in einem Brief, den der Generalbundesanwalt Alexander von Stahl am 17. August 1990 aus Karlsruhe an den Generalstaatsanwalt der Deutschen Demokratischen Republik nach Berlin in die Hermann-Matern-Straße richtete. «Betrifft: Tötungsdelikte durch Mitarbeiter des ehemaligen Ministers für Staatssicherheit der DDR (MfS)».

Der Generalbundesanwalt schreibt darin: «Der Präsident des Bundesnachrichtendienstes hat mir am 16. August 1990 fernschriftlich folgendes mitgeteilt: ‹Wie hier dienstlich bekannt wurde, hat das MfS bis Anfang der achtziger Jahre auf Weisung von Minister Mielke bei schweren Verratshandlungen und hochrangiger Republikflucht Liquidierungen durchgeführt. Dazu wurden durch die Hauptabteilung I, Abtl. Äußere Abwehr, in Zusammenarbeit mit anderen Diensteinheiten Arbeitsgruppen gebildet, die die Pläne zur Liquidierung erarbeiteten und in einigen Fällen auch durchführten. Ab etwa 1980 wurde diese Methode aufgrund größerer politischer Vorsicht nicht mehr angewandt. Statt dessen wurde versucht, Fahnen- und Republikflüchtige in die DDR zurückzuholen, die Pläne für die Rückführung dieser Personen wurden ebenfalls... in Absprache mit dem Minister erstellt und realisiert... Jeder Hinweis und jeder Versuch wurde als operativer Vorgang bearbeitet›.»

Das Fernschreiben zitiere auch einen Ausspruch Mielkes, wonach es für den Verrat an der Arbeiterklasse nur eine Strafe gebe, nämlich den Tod. Im Detail schildere das Schreiben die Fälle Gartenschläger, Eigendorf und Weinhold, die in diesem Buch bereits dargestellt wurden. Im Schreiben würden auch die Verantwortlichen der einzelnen Fälle genannt. Fall Gartenschläger: Mielke und der damalige Leiter der Hauptabteilung I im Ministerium, Generalleutnant Kleinjung. Im Fall Eigendorf weist der Bundesnachrichtendienst auf die Aussage eines Übersiedlers hin, wonach das Referat «Verkehrsunfall» im Ministerium «sich mit der Liquidierung von bestimmten Staatsfeinden» befaßt habe und daß Mielke den Befehl gegeben habe, die Todesstrafe an Eigendorf zu vollstrecken, mittels Kontaktgift oder einer Manipulation am Kraftwagen. Außer Mielke und Generalleutnant Gerhard Neiber, einem Minister-Stellvertreter, zählt der Bundesnachrichtendienst noch elf Offiziere aus dem Stasi-Ministerium auf, die alle die Mordpläne kennen würden.

Für Gerichte sind Hinweise von Nachrichtendiensten nur bedingt von Wert. Als Zeugen treten die Lieferanten nur ungern ins Licht der Öffentlichkeit, und sie meiden Gerichtssäle erst recht bei Prozessen politischer Art. Sie können Aussageverbot erhalten oder von dem Recht Gebrauch machen, jede Aussage zu verweigern.

Doch bei so konkreten Informationen könnte sich ein Ankläger an die ehemaligen Offiziere der Staatssicherheit halten. Sie müßten als Zeugen die Wahrheit sagen, wenn sie nicht gewärtig sein wollen, als Mittäter gleichfalls angeklagt zu werden.

Ob ihr ehemaliger Chef noch angeklagt und verurteilt werden kann, ist zweifelhaft, auch wenn es eine Gerechtigkeit wäre, daß ein Missetäter bestraft wird. Ein Prozeß würde aber auch zeigen, wie das Gute und das Böse oft nahe beieinanderliegen – etwa wie der junge Erich Mielke, Expedient mit minimalem Verdienst und in einem proletarischen Stadtviertel mit der Not des Alltags in den frühen 30er Jahren konfrontiert, sich vornahm, die Gesellschaft zum Besseren zu ändern.

Auch wenn sich Mielke für einen in der Wolle eingefärbten Marxisten hielt, so überließ er die theoretischen Auseinandersetzungen in der Partei den Intellektuellen – für ihn suspekte Genossen, weil er ihre Wortgefechte für unnötig und parteischädlich hielt. Er hat sich auch nie auf solche Auseinandersetzungen eingelassen. Wichtiger als Ideen waren ihm Taten.

Ein Demokrat wäre Mielke nie geworden; für ihn war es eine Verschwendung von Zeit und Kraft, wenn Gegensätze ausdiskutiert wurden. Kompromisse ging er schon gar nicht ein. Probleme löste er mit Taten. Deswegen war er unter seinen Genossen auch immer nur im zweiten Glied zu finden, stets als Vasall eines Politikers, der sich die Dienste des Polizisten Mielke zu sichern verstand. Walter Ulbricht und Erich Honecker bedienten sich seiner. Beide förderten ihn, schmückten ihn dankbar mit Rangerhöhungen und vielen Orden. Seine Macht einzuschränken wagte keiner von ihnen. Schließlich war er der Hüter aller Geheimnisse, auch der persönlichen. An beider Sturz war er maßgebend beteiligt. Es war sein Ehrgeiz, alles zu wissen. Nur seinen eigenen Sturz sah er nicht voraus, und er konnte ihn sich auch nicht erklären.

Dokumente

Inhalt

Tatort Bülowplatz. Die Warnung der KPD an Berliner Häuserwänden war wörtlich zu nehmen. Die Polizisten Anlauf und Lenck zahlten mit ihrem Leben.

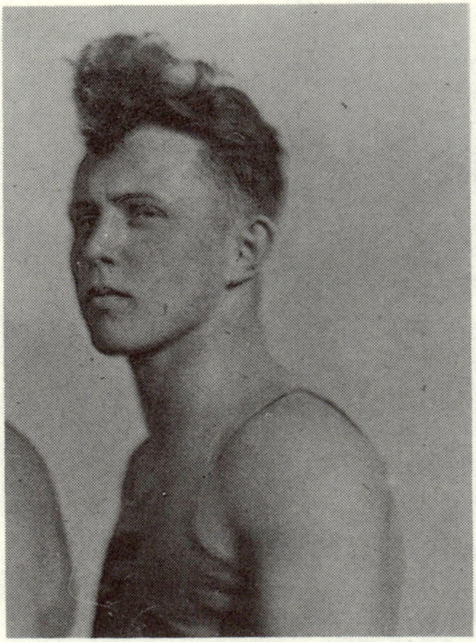

Tatverdächtige: die Jungkommunisten Erich Mielke (links) und Erich Ziemer (rechts).

Die Auftraggeber: die Reichstagsabgeordneten der KPD Hans Kippenberger und Heinz Neumann.

Das Amtsgericht. Berlin-Mitte, Abteilung 128.

Berlin NW 40, den 23. April 1933.
Alt-Moabit 11.
Fernsprecher:

Es wird gebeten, bei allen Eingaben die nachstehende Geschäftsnummer anzugeben.

Haftbefehl.

Geschäftsnummer:

128. G. 979.33.

1) Der Kaufmann Erich Mielke,
geboren am 28.12.07. in Berlin
zuletzt in Berlin, Stettiner Strasse 25, z.Zt. in Rußland und

2) den Techniker Erich Ziemer, geboren am 18. Oktober 1906 in Berlin, zuletzt in Berlin, Biesenthaler Strasse 10, z.Zt. in Rußland

sind zur Untersuchungshaft zu bringen.

Sie werden beschuldigt, in Berlin am 9. VIII 1931 gemeinschaftlich vorsätzlich die Polizeihauptleute Anlauf und Lenk getötet und die Tötung mit Überlegung ausgeführt zu haben,

– Verbrechen gegen §§ 47, 211 BGB. –

Sie sind dieser Straftat dringend verdächtig und fluchtverdächtig, weil die Beschuldigten sich im Auslande aufhalten und ein Verbrechen den Gegenstand der Untersuchung bildet.

Gegen diesen Haftbefehl ist das Rechtsmittel der Beschwerde zulässig. — Statt der Beschwerde kann eine mündliche Verhandlung gemäß § 114 d der Strafprozeßordnung beantragt werden. In der mündlichen Verhandlung wird darüber entschieden, ob der Haftbefehl aufrechtzuerhalten oder aufzuheben ist oder ob, wenn die Verhaftung lediglich wegen des Verdachts der Flucht angeordnet ist, gegen Sicherheitsleistung von der Untersuchungshaft abgesehen werden soll*). —

gez. von Nosl, Amtsgerichtsrat,

Ausgefertigt:

Geiler, Justizangestellter

als Urkundsbeamter der Geschäftsstelle
des Amtsgerichts Berlin-Mitte Abt.

*) Nur bei Verbrechen oder Vergehen (§ 115 StPO.). – Nach der Eröffnung des Hauptverfahrens findet eine mündliche Verhandlung über den Haftbefehl nicht mehr statt (§ 115 b StPO.). Neben einem Antrag auf mündliche Verhandlung ist eine Beschwerde über den Haftbefehl nicht zulässig. Eine bereits eingelegte Beschwerde gilt mit der Anberaumung des Termins zur mündlichen Verhandlung als zurückgenommen (§ 115 c Abs. 2 StPO.).

St. P.
Nr. 4. Haftbefehl (§§ 112 ff. StPO.). — Amtsgericht.

Bericht der Kripo über die Ermittlungen in der Mordsache Anlauf/Lenck

Berlin, den 25. September 1933

Betrifft: Doppelmord an den beiden Polizeihauptleuten *Anlauf* und *Lenck*.

Am Sonntag den 9.8.31 gegen 20.15 Uhr wurden auf dem Bülowplatz die Pol. Hauptleute *Anlauf* und *Lenck* meuchlings ermordet. Der schwerverletzte Polizei-Oberwachtmeister *Willig* konnte nach längerer ärztlicher Behandlung im Krankenhaus gerettet werden. Die Mordaktion ist von der K.P.D. planmäßig organisiert worden. Schon in der Nacht zuvor wurden Zäune und Häuserfronten mit folgender Aufschrift beschmiert: «Für einen erschossenen Arbeiter zwei Schupooffiziere!!! Rot Front nimmt Rache. R.F.B. lebt.» Das Verbrechen war schon am Sonnabendabend geplant. Es kam aber nicht zur Ausführung. Auch am Sonntag – Tattag – mißlangen die ersten Versuche. Gegen 20.15 Uhr erfolgte dann die Ausführung der Tat. Das schwere Verbrechen ist restlos geklärt.

Am 21.3.33 wurde der Arbeiter Max *Thunert*, festgenommen und hier eingeliefert. Am 4. Tage seines Hierseins legte *Thunert* ein Geständnis dahingehend ab, daß er am Tage der Erschießung der beiden Polizei-Offiziere *Anlauf* und *Lenck* (9.8.31) durch einen Max *Matern* zum Bülowplatz mitgenommen worden sei und daß er vordem von ihm eine Pistole bekommen habe. In dem Lokal von *Poddewils* (Bräu-Stübl) in der Hankestraße, im oberen Zimmer, sei zunächst *Matern* mit ihm gegangen. Dort habe er noch 8 oder 9 Personen angetroffen. Nach einiger Zeit habe einer der Anwesenden einem anderen jungen Mann den vorbeikommenden Hauptmann *Anlauf* gezeigt. Hierauf hätten sie das Lokal verlassen und zwar die eigentlichen Schützen zuerst. Hinter diesen die weiteren Personen. Er habe sich zunächst, wie auch die anderen Personen, in der Nähe der Schützen aufgehalten, sei aber dadurch, daß die Polizei mehrmals den Platz räumte, von diesen abgedrängt worden. Als dann die Schüsse fielen und die Pol. Offiziere getroffen zu Boden stürzten, habe er seine Pistole hinter einen dort befindlichen Bauzaun geworfen und sich in einer Tonne verkrochen, die bei einer Baubude auf dem Platz stand. Auf dieses Geständnis hin gelang es den *Matern* in seiner Wohnung festzunehmen und ihn nach einigen Tagen zu einem teilweisen Geständnis zu veranlassen. *Matern* gab darin zu, daß er den *Thunert* am Abend vorher (8.8.31) zu Sonntag, den 9.8.31 vormittags in seine Wohnung bestellt habe. *Thunert* sei am Sonntag auch gekommen und, nachdem sie sich eine Zeit in der Wohnung aufgehalten, sei er mit *Thunert* – nachdem er ihm vorher eine Pistole gegeben hatte – zum Bülowplatz gefahren. Dort habe er mit *Thunert* das Lokal «Bräu-Stübl» in der Hankestraße aufgesucht, woselbst sich die beiden Schützen *Mielke* und *Ziemer* schon befanden. Er habe dann den beiden Schützen den Hauptmann *Anlauf* gezeigt. Außer ihm, dem Thunert und den beiden Schützen, sei niemand weiter in dem Zimmer gewesen. Nachdem er den Hauptmann Anlauf gezeigt habe, seien sie alle zum Bülowplatz gegangen und hätten sich dort aufgehalten. Die Tat sei dann auch von den beiden Schützen ausgeführt worden. Er selbst habe sich an der Tat nicht beteiligt und sei ebenfalls, wie *Thunert*, von den beiden Schützen abgedrängt worden. Auf keinen Fall wollte er etwas davon wissen, daß noch andere Personen in dem Zimmer des Lokals zugegen gewesen seien, sondern betont immer wieder, daß er derjenige sei, der die Schützen auf Hauptmann *Anlauf* aufmerksam gemacht hat. Er will auch derjenige sein, von dem der Mordplan ausgegangen ist. *Thunert* wurde dann am 28.3. und *Matern* am 5.4.33 dem Untersuchungsgefängnis Moabit zugeführt.

Die weiter vorgenommenen Ermittlungen hatten zunächst den Erfolg, daß die beiden Schützen mit den genauen Personalien festgestellt werden konnten und daß sie sich kurze Zeit nach der Tat nach Rußland begeben haben. Weiterhin konnte festgestellt werden, daß die Flucht der Schützen *Mielke* und *Ziemer* durch die Frau *Kippenberger* – Frau des ehemaligen Kommunistischen Reichstagsabgeordneten – bewerkstelligt worden ist und, daß dabei auch ein Arbeiter Karl *Bertram* – er hatte inzwischen versucht, sich das Leben zu nehmen und befindet sich z. Zt. in einer Nervenheilanstalt in Weißensee – mitgewirkt hat. Hier sei erwähnt, daß die Pistole, mit der *Bertram* sich erschießen wollte, von dem Erich *Mielke* stammt. Es ist nicht ausgeschlossen, daß diese Waffe als Tatwaffe in Frage kommt. Leider ist die

Waffe nicht mehr zu beschaffen gewesen, da sie nach dem Selbstmordversuch eingezogen und vernichtet worden ist.

Durch Vernehmung der Eltern des *Mielke* und aus vorgefundenen Briefen wurde der Beweis erbracht, daß ein Emil *Crüger*, der sich z. Zt. der Tat in Rußland befand, dort in Moskau mit dem ihm bekannten Erich *Mielke* zusammen gekommen ist und für diesen Briefe nach Deutschland übermittelt hat. *Crüger*, der sich hier auch in Haft befunden hat, gab die Vermittlung der Briefe zu und ferner, daß er auch in Moskau mit dem *Ziemer* zusammen gekommen sei. Nach den Angaben des *Crüger* sollen sich *Mielke* und *Ziemer* in der letzten Zeit seines Aufenthaltes nicht mehr in Moskau aufgehalten haben. Trotzdem *Crüger* in seinen Vernehmungen immer wieder bestreitet, den Grund der Flucht von *Mielke* und *Ziemer* erfahren zu haben, besteht hier der dringende Verdacht, daß er darüber voll und ganz orientiert worden ist. Dieser Verdacht ist dadurch begründet, daß *Crüger* angibt, *Mielke* habe ihm nur erklärt, er habe eine ganz große Tat in Deutschland verbracht und als er ihn gefragt, ob er das Eisenbahnattentat bei Jüterbog ausgeführt habe, verneinte *Mielke* dieses, mit dem Bemerken, daß die Tat noch viel größer gewesen wäre. Es ist doch keinesfalls anzunehmen, daß *Crüger* auf diese Äußerung hin nicht gefragt hat, ob er nicht die Polizeioffiziere erschossen hätte und daß ihm *Mielke* daraufhin die Wahrheit gesagt hat, da sie ja beide in einer Zelle der K. P. D. in Berlin zusammen waren. Merkwürdig erscheint auch die außerordentlich hohe Summe (etwa 5000 RM) die *Crüger* sich in der Zeit, in der er in Rußland gewesen ist, erspart haben will. *Mielke* und *Crüger* waren eine Zeit vor der Tat – wie schon erwähnt – Mitglieder in einer Zelle, von der die Frau Kippenberger Instrukteurin war. *Crüger* kennt demnach auch die Frau Kippenberger und deren Ehemann genau.

Schon jetzt sei erwähnt, daß der Kippenberger der Anstifter zu dem Doppelmord gewesen ist, worauf noch später eingegangen wird.

Außerdem sei bemerkt, daß *Thunert* in der Tonne, in der er sich versteckt hatte, gleich nach der Tat von der Polizei festgenommen worden war. Nach vierwöchentlicher Untersuchungshaft wurde er jedoch wieder entlassen, da man ihm damals die Tat nicht nachweisen konnte.

Am 17. 7. 33 ging hier von dem Pol. Hauptmann *Lindigkeit* eine Depesche ein, wonach es dem Scharführer *Kubick* vom Sturm 102 gelungen sei, 3 Personen (*Lüdtke, Broede* und *Klause*) festzunehmen, die schon zugegeben hätten, an der Erschießung der Polizeioffiziere mitgewirkt zu haben.

Die drei Personen wurden der hiesigen Dienststelle (KJ I,2) zur Vernehmung und weiteren Bearbeitung vorgeführt.

Die Vernehmungen und Ermittlungen ergaben, daß der Lüdtke mit der Ermordung der beiden Polizeioffiziere nichts zu tun hat. *Lüdtke* ist daher am 22.7.33 dem Geheimen Staatspolizeiamt zugeführt worden, da bei ihm ein größeres Waffenlager gefunden wurde (Maschinengewehre, Granatwerfer, Sprengstoff usw.).

Broede gibt in seiner Vernehmung zu, daß er am Sonnabend vor der Tat (8.8.31) von dem nachher aufgeführten *Klause* den Auftrag erhalten habe, den Ordnerdienst Wedding zu alarmieren und, daß er den Auftrag auch ausgeführt, indem er einen gewissen *Peschky* – auf ihn wird später noch besonders eingegangen werden – bestellt hat. *Broede* bestreitet aber gewußt zu haben, aus welchem Grunde und zu welchem Zwecke die Ordnergruppen alarmiert werden sollten. Dies kann aber auf keinen Fall zutreffen, da er Portier im Karl-Liebknechthaus und über die Tätigkeit des *Klause* genau unterrichtet war. Da er ferner der technische Leiter des Ordnerdienstes Wedding war, hat er von dem Mordplan bestimmt Kenntnis gehabt. Das geht schon daraus hervor, daß er auch am Sonntag einzelne Mittäter bestellt hat. Letzteres streitet er ab. Ferner gibt er zu, daß er am Abend kurz nach der Tat sich mit dem *Klause* auf dem Lenzer Platz getroffen habe und mit diesem das Lokal von Mecklenburg aufgesucht hat, in welchem sich ein Gruppenführer befand, der darüber Meldung erstattete, daß 2 Mitglieder der Gruppen am Bülowplatz verhaftet worden seien. Daß er über den Vorgang am Bülowplatz genau unterrichtet war, kann man aus der Aussage des *Broll* ersehen, indem dieser angibt, daß er den *Broede* in der Neuen Hochstraße – ebenfalls kurze Zeit nach der Tat – getroffen habe und auf seine Frage, was sie denn am Bülowplatz gemacht hätten, sagte, er solle sein Maul halten und machen daß er nach Hause kommt.

Broede hat auch sonst eine bedeutende Rolle gespielt, was aus den Angaben des *Lüdtke* zu ersehen ist. Demnach hat er – Broede – über verschiedene Verstecke, in denen sich Waffen und Munition für die K.P.D. befanden, genau Bescheid gewußt. Er ist auch derjenige, der die Verstecke der beschlagnahmten Waffen preisgegeben hat. *Broede* hat mit dem Ordnerdienst – Terrorgruppen in den verschiedensten Gegenden in der Nähe und auch außerhalb von Berlin – bevorzugt war die Gegend um Bernau und Oranienburg – regelrechte Nachtübungen abgehalten. Auch im Schießen – hauptsächlich geschah dies in den Teufelsgründen – wurden diese Terrorgruppen unter Leitung von *Broede* geschult.

Klause hat angegeben, daß er am Sonnabend dem 8.8.31 von dem kommunistischen Bezirksverordneten *Kunz* den Auftrag bekommen hat, verschiedene Gruppen am Wedding zu alarmieren und sie nach dem Bülowplatz zu bestellen. Diesen Auftrag habe er nicht nur selbst an *Peschky* weitergegeben, sondern hat auch noch den *Broede* damit beauftragt. Die Gruppen seien auch auf dem Bülowplatz erschienen, man habe die Mitglieder aber wieder nach Hause geschickt mit dem Bemerken, sich am Sonntag, den 9.8.31, mittags 12 Uhr in ihren Wohnungen aufzuhalten. Am Sonntag vormittag seien die Gruppenführer beauftragt worden, die Gruppenmitglieder nach dem Lokal von *Lassant* zu bestellen. Zwischen 11 und 12 Uhr habe dann eine Instruktion durch ihn und den von ihm genannten *Peschky* stattgefunden. Zunächst seien 8 Mann, die angeblich ohne Pistolen die Schützen decken sollten, in den Raum geholt und sei ihnen gesagt worden, daß sie, wenn geschossen werde, die fortlaufenden Täter vor Festnahme zu schützen hätten. Hierauf seien sie entlassen und zum Bülowplatz geschickt worden. Alsdann seien 5 Mann hereingerufen worden, die schon im Besitz von Pistolen – es hat sich inzwischen herausgestellt, daß mehr Terrorgruppenmitglieder bewaffnet gewesen sind, – waren. Diesen Leuten habe er und *Peschky* gesagt, daß sie den inzwischen in den Raum geführten Genossen, der auf dem Bülowplatz schießen werde, unbedingt vor Festnahme zu schützen hätten. Gleichzeitig sei auch noch gesagt worden, daß sie auch die Festnahme eines zweiten Genossen, der sich bei den ersteren befinden werde, zu verhindern hätten. Der den Leuten gezeigte Mann sei *Ziemer* gewesen, da er an seiner Figur sehr gut zu erkennen gewesen sei. *Mielke* habe man den Leuten angeblich nicht gezeigt. Nach der Instruktion, seien auch die 5 Leute nach dem Bülowplatz geschickt worden. Nachdem die Leute alle fort waren, habe er – *Klause* – und *Peschky* den *Mielke* und *Ziemer* nochmals darüber befragt, ob sie tatsächlich gewillt seien, den Hauptmann *Anlauf* zu erschießen, worauf diese mit «ja» geantwortet hätten. Auf dem Bülowplatz angekommen, habe er sich in den angrenzenden Straßen – Hirten-, Kleine Alexander-, Weidinger- und Hankestraße – aufgehalten. Er selbst habe von *Kippenberger*, der im Karl-Liebknechthaus sich aufgehalten habe, den Auftrag bekommen, die Verbindung mit ihm und dem Gruppenführer aufrecht zu halten. Als er am Nachmittag zu Kippenberger gekommen sei, habe er heftige Vorwürfe von diesem und auch von dem gleichfalls anwesenden kommunistischen Reichstagsabgeordneten Heinz *Neumann* bekommen, daß der Hauptmann *Anlauf* immer noch am Leben sei und auf dem Bülowplatz herumlaufe. Er habe dann noch den *Peschky* zu Kippenberger bringen müssen, der ebenfalls Vorwürfe deswegen bekam. Zur Zeit der Tat will er – *Klause* – gerade in der Hirtenstraße gewesen und daher die Tat nicht gesehen haben. Nachdem die Schüsse gefallen waren, will er sich die Hirtenstraße herunter, dann die Linienstraße entlang zum Prenzlauer Tor begeben haben, um sich dort verabredungsgemäß mit *Kippenberger* zu treffen. *Kippenberger* sei nicht erschienen, worauf er dann wieder verabredungsgemäß nach dem Lenzer Platz gefahren sei, um sich mit dem Gruppenführer *Peschky* zu treffen. Kippenberger habe ihm den Auftrag erteilt, sich mit *Peschky* zu treffen, um in Erfahrung zu bringen, ob die Täter gut fortgekommen oder ob jemand verhaftet worden sei. Als er zum Lenzerplatz gekommen sei, habe er den *Peschky* und auch den vorgenannten *Broede* getroffen. *Peschky, Broede* und er seien dann nach dem Lokal von Mecklenburg gegangen, da *Peschky* sich in dem Lokal bei einem anderen Gruppenführer erkundigen wollte, ob von ihm Leute fehlen. *Peschky* habe auch in dem Lokal den Gruppenführer – den er (Klause) angeblich nicht genau gesehen haben will – getroffen und habe ihm dann die Mitteilung gebracht, daß 2 Mann gefaßt worden seien. Am nächsten Tage habe er dann erfahren, daß das eine Gruppenmitglied in einer Tonne auf dem Bülowplatz und das andere Mitglied (*Zachow*) in einer Wohnung mit einem Fußschuß festgenommen worden war. Die einzelnen Mitglieder der Gruppen will er (Klause) nicht kennen.

Durch die Angaben des *Klause*, daß der Gruppenführer in dem Lokal von Mecklenburg mitgeteilt habe, daß 2 Gruppenmitglieder fehlen, und er nachher erfahren habe, daß ein Mitglied in einer Tonne (Max *Thunert*) und das andere Mitglied in einer Wohnung mit einer Schußwunde im Fuß festgenommen worden sei und weiterhin, daß aus den früher entstandenen Akten zu erkennen war, daß dafür der

Arbeiter *Zachow* in Frage kommen könne – andere Personen mit einem Fußschuß wurden in einer Wohnung nicht festgenommen –, wurde der Arbeiter *Zachow* festgenommen. In seiner elterlichen Wohnung wurde eine Pistole, ein Dolch und ein Gummiknüppel beschlagnahmt. Ein besonderer Beweis, daß nur *Zachow* als Mittäter in Frage kommen kann, lag für die Unterzeichneten dadurch vor, daß in der Wohnung, in der der Zachow festgenommen wurde, eine gleiche Pistole wie die von *Thunert* hinter den Bauzaun geworfene vorgefunden wurde und die Fabriknummern der Pistolen nur wenige Nummern auseinander waren. Bernhard *Zachow* ließ sich schließlich herbei, seine Beteiligung an der Tat zuzugeben. Er gab auch zu, daß die in der Wohnung – in der er verhaftet worden ist – gefundene Pistole in seinem Besitz gewesen ist und er sie in der Wohnung auf dem Klosett versteckt habe. Als weiterer Mittäter nannte er einen Willi *Becker* aus der Burgsdorfstr. 10 und einen Erich *Wichert*. Später nannte er auch noch einen «Schusterwilli» aus der Burgsdorfstraße als Mittäter.

Durch diese Angaben konnten dann der Arbeiter Willi Becker, der Hilfsmonteur Erich *Wichert* und der Schuhmacher Willi *Balzer* ermittelt werden.

Willi *Becker* konnte nicht festgenommen werden, da er seit Dienstag, den 18. 7. 33 sich seiner Wohnung fernhält und nach Angabe der Mutter angeblich mit seinem Lastkraftwagen I A 80524 einen Umzug nach einem Ort hinter Magdeburg ausführt. Irgendeine Nachricht ist angeblich bis heute noch nicht von ihm bei seiner Mutter eingegangen.

Erich *Wichert* konnte am Freitag den 21. 7. 33 in seiner Wohnung festgenommen werden. Er ist geständig, sich ebenfalls wie *Thunert* und *Zachow* an der Tat beteiligt zu haben. Auch er war im Besitze einer Pistole. Erwähnt sei, daß Wichert den *Balzer* und auch den *Becker* als Mittäter in seiner Vernehmung bezeichnet hat. Willi *Balzer* konnte ebenfalls zunächst nicht festgenommen werden, da er am 21. 7. 33 ganz plötzlich unter Zurücklassung seiner Sachen sich aus seiner Wohnung entfernt hatte. Zu seiner Wirtin, einer Frau *Müller*, hat er bei seinem Fortgang hinterlassen, daß sie ihn als «auf Reisen befindlich» bei der Polizei abmelden solle und daß er für die nächste Zeit nicht mehr zurückkehren werde.

Am 26. 7. 33 konnte der *Balzer* festgenommen werden. Auch er gibt nach anfänglichem Leugnen die Beteiligung an der Tat zu. Auch er war mit einer Pistole bewaffnet.

Weiter wurden als Täter ermittelt:

1. der Arbeiter Willi *Peschky*,
2. der Arbeiter Wilhelm *Schünke* und
3. der Schlosser Herbert *Dobersalzke*.

Peschky, der flüchtig ist und sich angeblich im Saargebiet – Saarbrücken 1, Hohenzollernstr. 37 oder 38 bei Frau Marie *Müller-Assmann* oder Müller-Ossmann aufhalten soll, ist einer von denjenigen, der eine ganz besondere Rolle vor, während und nach der Tat gespielt hat. *Peschky* hat den ersten Auftrag zur Alarmierung der Gruppenmitglieder entgegen genommen, hat diese alarmiert, sie bewaffnet, den einzelnen Mitgliedern darüber Instruktion gegeben, wie sie sich zu verhalten haben, hat Mielke und *Ziemer* persönlich danach gefragt, ob sie tatsächlich bereit seien, den Hauptmann *Anlauf* zu erschießen, hat die Führung auf dem Bülowplatz, vor, bei und nach der Tat gehabt, wurde zu Neumann und Kippenberger in das Karl-Liebknechthaus bestellt und bekam dort Vorwürfe über seine Hinauszögerung der Tat, traf sich nach der Tat mit *Klause* und *Broede* auf dem Lenzer Platz, suchte den Gruppenführer im Lokal von Mecklenburg auf und hat auch im Lokal «Bräu-Stübl» in der Hankestraße den Tätern noch einmal den Hauptmann *Anlauf* gezeigt.

Schünke konnte am 21.7.33 ebenfalls festgenommen werden, er bestreitet noch an der Tat teilgenommen zu haben, ist aber durch die Aussage des *Broll* als Mittäter überführt. *Broll* gibt an, daß als weiterer Täter ein Mann in den dreißiger Jahren, mit roten Haaren, der ganz auffallend stottert, in Frage kommt. Bei der Gegenüberstellung hat *Broll* dem *Schünke* die Beteiligung an der Tat auf den Kopf zugesagt. *Broll* wurde ebenfalls festgenommen und ist geständig. Im Besitze einer Waffe will er nicht gewesen sein, auch will er nicht gewußt haben, daß Polizeibeamte erschossen werden sollten, sondern nur, daß etwas geplant sei.

Dobersalzke ist ebenfalls flüchtig. Die Feststellungen haben ergeben, daß er am Freitag, den 14.7.33 morgens von einer unbekannten männlichen Person aus seiner Wohnung gerufen wurde und seit dieser Zeit nichts mehr von sich hat hören lassen. Dobersalzke ist einer der Führer der Gruppen, die weiterhin noch an der Tat beteiligt waren.

Auf Grund der Beschreibung konnte als weiterer Mittäter Werner und *Scharfenberg* ermittelt und festgenommen werden. Scharfenberg bestreitet an der Tat beteiligt zu sein.

Werner gibt die Tat zu. Er hatte mit seiner Gruppe den Auftrag die eigentlichen Täter zu decken. Er will nicht im Besitze einer Waffe gewesen sein.

Die zur Gruppe *Werner* gehörenden *Konrad* und *Sasse* konnten ebenfalls festgenommen werden.

Konrad gibt die Beteiligung zu. Auch er will nicht im Besitze einer Pistole gewesen sein.

Sasse bestreitet, ist aber durch die Aussage des Konrad überführt.

In dem Stalle, den der *Konrad* von seiner Wirtin abgepachtet hatte, wurden eine lange 08 und eine Dreyse-Pistole mit je 40 Schuß Munition und ein Infanterie-Seitengewehr gefunden.

Als weitere Mittäter wurden noch ermittelt:

Wallitschke und *Kähne*. Beide sind flüchtig. In der Wohnung von Wallitschke wurde ein größeres Waffenlager beschlagnahmt.

Bemerkt sei noch, daß diese Terrorgruppen vom Wedding im Besitze von Sprengstoff, Zündschnur, Granatwerfer, schwere und leichte Maschinengewehre, russische und Deutsche Gewehre, Karabiner usw. waren. Ein großer Teil dieser Waffen konnte beschlagnahmt werden. Hauptverwalter dieser Waffen war der schon erwähnte *Peschky*.

Außerdem sei noch erwähnt, daß die Terrorgruppen vom Wedding auch bei anderen Anlässen, z. B. Frühjahr 1931, Demonstation Friedrichstraße, wo Schaufensterscheiben eingeschlagen und Kraftwagen umgeworfen wurden, bei Filmaufführung «Im Westen nichts Neues», Henningsdorf Landjäger Entwaffnung usw., im Besitze von Waffen erschienen waren.

Festgenommen sind bisher:

1. Kutscher Max *Thunert*, 7.11.05 Berlin geb., Berlin, Berlichingenstr. 16b/Weiß wohnhaft gewesen,
2. Former Max *Matern*, 19.1.02 Berndshof geb., Berlin, Gerichtstr. 39 wohnhaft gewesen,
3. Arbeiter Friedrich *Broede*, 18.6.90 Braunsberg geb., Prinz Eugenstr. 16 wohnhaft gewesen,
4. Arbeiter Michael *Klause*, 21.9.95 Mischana geb., Puttlitzstr. 1 wohnhaft gewesen,

5. Arbeiter Bernhard *Zachow*, 22.8.09 Berlin geb., Nordhafen 7 wohnhaft gewesen,
6. Hilfsmonteur Erich *Wichert*, 26.1.09 Leipzig geb., Kameruner Str. 19 wohnhaft gewesen,
7. Arbeiter Wilhelm *Schünke*, 21.3.97 Berlin geb., Pankstr. 86 wohnhaft gewesen,
8. Schuhmacher Willi *Balzer*, 23.11.10 Groß-Zachwitz geb., Burgsdorfstr. 2 wohnhaft gewesen,
9. Bauklempner Johannes *Broll*, 15.10.09 Neustadt/Westpr., Schwedenstr. 14 wohnhaft gewesen,
10. Ankerwickler Berthold *Werner*, 3.4.00 Berlin geb., Gleimstr. 67 wohnhaft gewesen,
11. Arbeiter Rudolf *Konrad*, 24.6.03 Romanowski geb., Wollgaster Str. 10 wohnhaft gewesen,
12. Arbeiter Paul *Scharfenberg*, 10.2.99 Sonnenburg geb., Kösliner Str. 2 wohnhaft gewesen,
13. Former Walter *Sasse*, 19.3.04 Zempelberg geb., Ruppiner Str. 23 wohnhaft gewesen,
14. Kupferschmied Albert *Kunz*, (Kommunistischer Landtagsabgeordneter) 4.12.96 Bennewitz geb., ohne Wohnung.

Noch gesuchte Personen:

1. Journalist *Hans* Karl *Kippenberger*, (ehem. komm. Reichstagsabgeordneter), 15.1.98 Leipzig geboren, Bellermannstr. 74 wohnhaft gewesen,
2. Schriftsteller Heinz *Neumann* (ehem. komm. Reichstagsabgeordneter) 6.7.02 Charlottenburg geb., Charlottenburg, Kauer Str. 4 wohnhaft gewesen b/Habermann,
3. Ehefrau Thea *Kippenberger* geb. Niemand, Volksschullehrerin a. D., 10.10.01 Hamburg geb., Bellermannstr. 74 wohnhaft gewesen,
4. Markthelfer Walter *Ulbricht*, (ehem. komm. Abgeordneter), 30.6.93 Leipzig geb., Kottbuser Damm 67 b (...) wohnhaft gewesen,
5. Arbeiter Erich *Mielke*, 28.12.07 Berlin geb., b/Eltern, Stettiner Str. 25 wohnhaft gewesen,
6. Techniker Erich *Ziemer*, 18.10.06 Berlin geb., Biesenthaler Str. 19 b/Giessler wohnhaft gewesen,

7. Arbeiter Wilhelm *Peschky*, 1.11.02 Berlin geb., Adolfstr. 24 wohnhaft gewesen,
8. Arbeiter Wilhelm *Becker*, 12.2.10 Berlin geb., Burgsdorfstr. 10 b/ Mutter wohnhaft gewesen,
9. Schlosser Herbert Dobersalzke, 26.1.08 Berlin geb., Boyenstr. 32 b/Wendt wohnhaft gewesen,
10. Maschinenbauer Gerhard *Wallitschke*, 21.10.11 Buckelhausen geb., Gartenstr. 57 wohnhaft gewesen,
11. Arbeiter Paul *Kähne*, 7.12.98 Markau geb., Acker Str. 90 wohnhaft gewesen.
    (Dem K. fehlt an der linken Hand der Zeigefinger.)

Vgl. auch Deutsches Kriminalpolizeiblatt Nummer: 1543, 1620 1631 und 1654 unter 1 Morde – von 1933 –.

Genau und ausführlich beantworten (mit Tinte schreiben).

FRAGEBOGEN

1. Name, Vorname (Rufname unterstreichen)	Erich Mielke
2. Geburtstag und -ort, Bezirk	28. 12. 1907. Berlin - Gesundbrunnen.
3. Staatsbürgerschaft, Nationalität, Religion	Deutscher Ohne Religion
4. Beruf und Eigentumsverhältnisse 1933 und jetzt	gelernt: Expedient-Transport. 1940 bis 1945 Holzfäller; [illegible] Maschinenarbeiter - [illegible]
5. Letzte Wohnadresse; außerdem Wohnadresse vor Februar 1933	Stettinerstr. 25. Gesundbrunnen vor 1933 Moskau - Leninschule
6. Name, Geburtsjahr und -ort der Eltern und Geschwister sowie ihre politische Einstellung und Funktion	Vater: Emil Mielke 4. 11. 1877 in Briesen K. P. D. [illegible] Mutter: Luise " 15. 3. 1874 in Reetzow seit lang K.P.D. Bruder: Heinz " 10. 8. 1910 in Berlin von 1931 bis 1933 K.P.D. Schwestern: Hertha " 12. 7. 1906 in Berlin } Sympath. Gertrud " 1. III. 1909 in Berlin [illegible]
7. Beschäftigung und Eigentum der Eltern (Haus, Größe des Besitzes)	Vater: Holzarbeiter - Mutter: Näherin
8. Wieviel Klassen Volksschule und andere Schulen besuchten Sie und wo? Welche Fremdsprachen kennen Sie?	Volksschule ~~bis zur~~ 7 Klassen 43. Gemeindeschule (Köllnische Gymnasium - Berlin bis zur Untersecunda Französisch - Russisch - Spanisch - ~~[illegible]~~ Englisch [illegible]
9. Verheiratet? (Mädchenname) Beruf und Wohnadresse des Ehegatten, Parteizugehörigkeit bis 1933 und während der Naziherrschaft, Arbeitsstelle	unverheiratet
10. Vorname und Alter der Kinder	./.
11. Waren Sie verhaftet oder gerichtlich verurteilt? Wann durch welches Gericht, weshalb, wielange und wo im Gefängnis, Zuchthaus, K.Z.? Was war der Grund der Entlassung? Welche Erklärung gaben Sie bei der Entlassung ab?	In Abwesenheit verurteilt zum Tode (Bülowplatz) 1930 in Untersuchungshaft Alexanderplatz wegen Teilnahme am verbotenen Int. Jugendtag. verurteilt zu einer Geldstrafe.
12. Waren Sie im Ausland? Wann und wo? In welcher Eigenschaft? Wo waren Sie organisiert? Wo haben Sie gearbeitet?	In der Sowjetunion - Moskau - Lt. Beschluss des Zk. d. K.P.D. besuchte die M.P. Schule [illegible] 1932 - 1934 die Lenin-Schule [illegible] 1935 Ausbildung als Lektor für Militärpol. Fragen. Ende 35 ~~bis August 1936 als Lektor für M.P. Fragen [illegible]~~
13. Welcher Partei oder Organisation gehörten Sie vor 1933 an? (KPD., SPD., Zentrum, Jugend-, Sport-, Gewerkschafts-, Hilfsorganisationen) Zeit, Ort, Funktionen Haben Sie Parteistrafen? Sportverein: Fichte 9a Wedding.	seit 1921 K.J.V.D. 1927 K.P.D. , Agitprop-truppe „Rote [illegible]" Rote Hilfe , R.J. - R.F.B. seit Bildung bis ? alles im Bezirk Wedding - Gesundbrunnen, verschiedene Funktionen Pol. Leiter einer Zelle. - Pol. Instrukteur für Betriebs Hasse & Wrede Metallbetriebs. - Strassen- zeitung redaktionsmitglied. als Reporter für Lokalteil „Rote Fahne" mitgearbeitet. Mitglied des Selbstschutzes [illegible] Parteistrafen keine. ab [illegible] 1931 in der [illegible]

14. Beteiligten Sie sich an politischen Kursen, Schulen, Konferenzen, wann und wo? Art der Schulung oder Tagung. Was wurde dort behandelt? Wer delegierte Sie?	Bis 1931 in Deutschland einige kleine Kurse u. [illegible] Kurse [illegible] als Delegierter von Strassenzelle. In der Sowjetunion: 1932 M. P. Schule – Ende 1932 – bis 1934 [illegible] Delegiert vom Z. K. d. K. P. D. Ende 1934 – 1935 Ausbildung als Lehrer für M. P. Fragen [illegible] Komintern
15. Welche Zeitungen sowie politische wissenschaftliche und andere Bücher haben Sie vor 1933 gelesen? (Geben Sie Titel und Verfasser an)	„Rote Fahne", „Welt am Abend" und andere bürgerl. Ztg.
16. An welcher illegalen antifaschistischen Arbeit haben Sie nach 1933 teilgenommen? Welcher illegalen Organisation oder Gruppe gehörten Sie an? Welche Decknamen führten Sie?	~~[illegible]~~. In Belgien: als Zirkelleiter, Mitglied der Redaktion der „Neue Rheinische Ztg.". Deckname Gaston. In Frankreich: unter den Namen Richard Hebel ~~unter diesen Namen nach Deutschland Ende 1944 mit dem~~ Tod.
17. Welchen Organisationen gehörten Sie unter der Hitlerherrschaft an (NSDAP., SA., SS., HJ., DAF., NSV)? Waren Sie Betriebswart, Blockwart, Luftschutzwart u. a.	/
18. Waren Sie zur Wehrmacht einberufen? In welchen Truppenteilen waren Sie? In welcher Stadt? Ihr Dienstgrad?	
19. Im Falle früherer „Wehrunwürdigkeit" — wie erfolgte die Einstellung in die Wehrmacht?	
20. Welche Auszeichnungen, wofür und wann erhalten?	/
21. In welchen Ländern waren Sie als Soldat? In welcher Zeit und in welcher Funktion?	In Spanien 1936 – Februar 1939 unter dem Namen Fritz Leissner Stabsoffizier – Ausbildungsoffizier – Offizier im Stabe der Inter-Brig. für die Rückführung der Int. Brig. aus Spanien. [illegible]
22. An welchen Gefechten und militärischen Aktionen haben Sie teilgenommen? a) in der Sowjetunion, wann und wo? b) in anderen Ländern, wann und wo?	In Spanien um Madrid. – am Ebro – in Südspanien und am Guadalajara.
23. Im Arbeitsdienst, wann und wo? Was haben Sie dort gemacht? Ihr Dienstgrad?	/
24. Im „Volkssturm" oder ähnlichen Formationen, wann und wo?	/

25. In Kriegsgefangenschaft, wann und wo? Genaue Umstände der Gefangennahme schildern. In welchen Lagern gewesen? Welche Tätigkeit dort ausgeübt?

26. Haben Sie Verwandte und Bekannte im Ausland? Name und Aufenthaltsort. Welche Tätigkeit üben sie dort aus?

Kurt Mielke mein Vetter in der Sowjetunion ? (im Kolchos.)
Hertha Mielke meine Schwester in England. Ihr Verlobter war Jude (Kaufm.)
und flüchtete 1939 nach England. Meine Schwester folgte und heiratete dort

27. Arbeitsstellen seit 1928

Ort	Firma, Branche	Beruf	von	bis
Berlin	Autofabag (Siemens Konzern)	Expedient	1928	1931
Arbeitslos			Febr. 1931 – Juli 1931	
Berlin	Arbeitsamt Kreuzberg	kfm. Angestellter	Aug. 1931	

28. Welche Funktion hatten Sie im Betrieb? (Betriebsrat, Vertrauensmann) /

29. Für welche Funktionen halten Sie sich besonders befähigt?

30. Verschiedenes

31. Jetzige Wohnadresse: Berlin N. 20 Gesundbrunnen Stettiner Str. 25

Datum: 15. Juni 1945 Unterschrift: Erich Mielke.

Anmerkung:

Schreiben Sie auf einem besonderen Blatt ausführlich Ihren Lebenslauf und die Ergänzungen zu den einzelnen Fragen.

Mielkes Genosse aus dem Spanischen Bürgerkrieg, Wilhelm Zaisser, wird erster Minister für Staatssicherheit, Mielke sein Staatssekretär.

Ernst Wollweber wird 1955 Zaissers Nachfolger im Amt. Auch ihm dient Mielke als Vertreter. Mielke (Bildmitte) gratuliert dem Staatspräsidenten Wilhelm Pieck zusammen mit Wollweber (in Zivil) zum 80. Geburtstag.

Am Anfang einer steilen Karriere: Erich Mielke 1949 als Chefinspektor der Polizei und Leiter der «Hauptverwaltung zum Schutze der Volkswirtschaft».

Mielke gratuliert dem Staatsratsvorsitzenden der DDR, Walter Ulbricht, einem der Mitwisser vom Bülowplatz-Komplott.

REGIERUNG

DER DEUTSCHEN DEMOKRATISCHEN REPUBLIK

DER MINISTERPRÄSIDENT

Ministerium für Staatssicherheit
Genossen Erich M i e l k e

B e r l i n

Nachdem ich der Bitte des Ministers für Staatssicherheit, Genossen Ernst Wollweber, ihn aus Gesundheitsrücksichten von seiner Funktion zu entbinden, entsprochen habe, berufe ich Sie mit Wirkung vom 1. November 1957 zum

Minister
für Staatssicherheit.

Berlin, den 1. November 1957

DER PRÄSIDENT
der
DEUTSCHEN DEMOKRATISCHEN REPUBLIK
WILHELM PIECK

Nach § 1 Absatz 2 des Gesetzes der Volkskammer der Deutschen Demokratischen Republik über die Bildung des Nationalen Verteidigungsrates der Deutschen Demokratischen Republik vom 10. Februar 1960 ernenne ich

Herrn Erich M i e l k e

zum

Mitglied des Nationalen Verteidigungsrates
der Deutschen Demokratischen Republik.

Berlin, den sechzehnten März neunzehnhundertsechzig

W. Pieck

Berlin,am 22.3.1950.

Heute,am 22.3.1950,wurde auf Anordnung des Herrn Staatssekretär Mielke,Herr Müller Kurt geb.am 13.12.1903 in Berlin wohnhaft in Hannover Oppenbornstrasse 5. vorläufig festgenommen Die Festnahme wurde von Vp.Inspekteur Scholz und dem Vp.Angest. Kuchenbäcker durchgeführt.Nach der Festnahme erfolgte eine Leibesvisitation,worüber ein Protokoll aufgesetzt wurde. Besondere Vorkommnisse im Verlaufe der Festnahme waren nicht zu verzeichnen.

Scholz

(Scholz)
Vp.Inspekteur

Berlin, am 27.3.1950.

Protokoll der Vernehmung des Müller Kurt geb. 1903, durch Herrn Staatssekretär Mielke, am 23.3.1950.

Frage: Wir wissen, daß Sie Mitglied einer trotzkistischen Organisation waren?
Antwort: Das stimmt nicht.
Frage: Ich fordere Sie auf die volle Wahrheit zu sagen. Sind Sie Mitglied einer trotzkistischen Organisation?
Antwort: Nein, ich gehöre keiner trotzkistischen Organisation an. Ich gehörte aber vor 1932 zu Neumann.
Frage: Wann?
Antwort: 1931 bis 1932
Frage: Wann hatten Sie mit Neumann Verbindung?
Antwort: Anfang 1931 über Remelle.
Frage: Genau?
Antwort: Als ich Vorsitzender des ZKJV war.
Frage: Wann haben Sie Verbindung zu Neumann aufgenommen?
Antwort: Über Remelle
Frage: Wann nahmen Sie Verbindung mit Remelle auf?
Antwort: Als ich Vorsitzender des ZKJV war.
Frage: Worin bestand die Theorie von Remelle?
Antwort: Schlagt die Faschisten wo ihr sie trefft, Kampf gegen Thälmann. Ich habe die Theorie von Remelle unterstützt.
Frage: Wann haben Sie mit Neumann Verbindung aufgenommen?
Antwort: Anfang 1931
Frage: Welche Fragen stellte Neumann über die Notwendigkeit der Bekanntschaft zu Remelle?
Antwort: ...?
Frage: Worin bestanden die Theorien von Neumann und Remelle?
Antwort: Schlagt die Faschisten wo ihr sie trefft und die Th. von den kleinen Zörrgiebels.
Frage: Wer hat diese These aufgestellt?
Antwort: Die Linken, Maslov und Fischer
Frage: Was sagte Neumann zu dieser Stellung?

Antwort: Er bejahte ebenfalls.
Frage: Seit wann kennen Sie Neumann?
Antwort: Ich kannte Ihn schon lange, hatte aber keine Beziehungen zu ihm.
Frage: Neumann und Remelle waren gegen die Partei und Thälmann. Sie auch?
Antwort: Ja.
Frage: Legen Sie Ihre Position aus der damaligen Zeit dar.
Antwort: Ich kannte Neumann-Remelle aus Versammlungen usw., und sie später im KJVD näher kennen
Frage: Welche Linie bezogen Sie als Vorsitzender des KJVD im Jahre 1931?
Antwort: Die Linie der kommun. Jugendinternationale
Frage: Sie haben erklärt, daß Sie die Linie der Neumann u. Remelle bezogen?
Antwort: Anfänglich nicht. Erst bei auftretenden Meinungsverschiedenheiten in der KJI. Darauf bezog ich die Linie der N. u. R. – Remelle war Vertreter der Partei im KJI
Frage: Welche Position haben Sie zu Neumann bezogen?
Antwort: Ich habe die Auffassung von Neumann vertreten
Frage: Welche Auffassung?
Antwort: Ich kann mich nicht mehr erinnern
Frage: Wann gingen Sie von Berlin weg und wohin?
Antwort: 1931 ging ich nach Moskau
Frage: Was dort?
Antwort: Ich wurde II Sekretär der KJI
Frage: Welche und worin bestand diese Tätigkeit in Moskau?
Antwort: Als II Sekretär war ich mehrmals im Ausland, in Österreich, mit William Röst in Frankreich, Belgien.
Frage: In welchen Fragen fuhren Sie ins Ausland?
Antwort: In Jugendfragen
Frage: Wer hat Sie delegiert?
Antwort: Tschimadanow, Wespalow, Pavlow
Frage: Mit wem waren Sie in Moskau?
Antwort: Ruth Khan, Bertram, einem Funktionär aus Kassel, Willi Prinz.
Frage: Waren Sie in dieser Zeit in Deutschland, wann?

Antwort: 20. Juli 1932 – Kominternsitzung mit einer Stellungnahme des Polit-Büros.
Frage: Mit wem waren Sie in Berlin zusammen?
Antwort: Mit Thälmann, dann weitergereist nach Brüssel in Streikfragen verhandelt mit dem II Jugendvorsitzenden. Der erste war verhaftet.
Frage: Wann kamen Sie nach Moskau, genaue Zeitangabe?
Antwort: Mitte des Jahres 1931. Ich hatte in Moskau Verbindung mit Remelle.
Frage: Wann kam Neumann nach Moskau?
Antwort: Ende des Jahres 1932.
Frage: Wann war das XII Plenum?
Antwort: 1931
Frage: Hatten Sie in Moskau Verbindungen zu Neumann?
Antwort: Beziehungen absteigender Linie.
Frage: Worin bestanden diese Beziehungen?
Antwort: In Besuchen, da im Lux wohnhaft. Über diese Besuche habe ich Knorin und Manuilski Mitteilung gemacht.
Frage: Worin bestand die Verbindung zu Remelle?
Antwort: …?
Frage: Welche Unterredung hatten Sie mit Neumann?
Antwort: Über Politik. Diskussion im Anschluß an einen angebl. Besuch Neumanns bei Stalin. Neumann äußerte, daß dieser Besuch sehr wichtig war im Bezug auf die gemeinsame Linie zw. Neumann-Remelle und Thälmann die es nun zu schaffen gilt.
Frage: Stellungnahme nach Stalins Besuch?
Antwort: Die alte Kollektivität mit Thälmann müsse wieder hergestellt werden. Hirsch, Noffke u. a. müßten ausgeschaltet werden.
Frage: Welche Stellung bezogen Sie dazu?
Antwort: Ich habe von Anfang an Knorin über alles informiert.
Frage: …?
Antwort: Remelle Mitteilung gemacht über drohende Gefahr von Osten. Remelle sagte, er mache das alles nicht mehr mit, hier wird man kaltgestellt usw.

Da habe ich das erste mal etwas von Differenzen erfahren. Darüber machte ich Knorin und auch Manuilski Mitteilung. Am 20. Juli hatte ich eine Aussprache mit Thälmann über alle Differenzen. Thälmann sagte, wir wollen das alles vergessen machen usw., er schlug mir vor, meine Verbindungen zu Remelle und Neumann zu bereinigen. Daraufhin hatte ich in Moskau mit Knorin eine Aussprache. Diese Aussprache bezog sich auf den «gemeinsamen Freund» Neumann. Das machte mich schwankend. Seit dem 13 Plenum im September 1932 habe ich jegliche Beziehungen zu Neumann und Remelle abgebrochen. Auf dem Plenum im September 1932 wurde ich aus der Funktion der Komintern ausgeschlossen und hatte seit dieser Zeit keine weiteren Beziehungen zu Neumann und Remelle.

Frage: Warum wurden Sie ausgeschlossen?

Antwort: Auf Grund meiner Zugehörigkeit zur Neumann-Remellegruppe. Ich wurde als Sekretär des EKI ausgeschlossen.

Frage: Was machten Sie nach diesem Ausschluß weiter?

Antwort: Vorerst mußte ich in Moskau verbleiben. Ich gab eine Erklärung über meine Zugehörigkeit zu dieser Gruppe ab. Meine Erklärung umfaßte drei Punkte. Daraufhin wurde ich dem ZK der SU zur Verfügung gestellt.

Frage: Wann waren Sie das letzte mal mit Neumann zusammen?

Antwort: 1932. Nach dem Plenum 1932 überhaupt nicht mehr.

Frage: Mit wem haben Sie über Knorins Äußerung «gemeinsamen Freund» gesprochen?

Antwort: Mit niemandem.

Frage: ...?

Antwort: 1933 ging ich nach Gorki. Dort tätigte ich Massenarbeit mit Ausländern (Fachkräften) im Avtozavod. Geschrieben habe ich mich da nur mit Heckert und Manuilski. Dorthin kam Tschimadanow zu einer Konferenz. Er sagte mir, daß es an der Zeit wäre, meine Frage zu stellen. Ich wurde einige Zeit später zu Manuilski nach Moskau gerufen. Manuilski wollte, daß ich in der SU verbleibe. Heckert aber verlangte, daß ich nach Deutschland zurückfahre (angebl. Beschluß des Polit-Büros). Ich fuhr im April nach Deutschland zurück. In Paris hatte ich eine Aussprache mit W. Pieck.

Frage: Worin bestand die Unterredung mit Neumann im Jahre 1931?

Antwort: Vorerst hatte ich Differenzen mit Neumann gehabt. Er bevormundete mich in unangenehmer Weise. Remelle glättete diese Differenzen. Außerdem sollte auf Betreiben von Neumann, zur Wahl 1930, ein anderer als Jugendvertreter aufgestellt werden.

Frage: ...?

Antwort: Als ich 1929 gewählt wurde, nahm ich als Jugendvertreter an allen Sitzungen des Polit-Büros teil. Remelle war Vertreter der Partei im JV. Neumann sein Stellvertreter. 1927 war ich Mitglied im Bezirksbüro gewesen, vorher Mitarbeiter in der Gewerkschaft d. KJV. Von 1927 bis 28 war ich in Moskau.

Frage: Wann waren Sie ins ZKJV gekommen?

Antwort: Auf dem 11. Verbandstag.

Frage: Wo waren Sie 1926, welche Funktion?

Antwort: Kann ich nicht mehr genau sagen.

Frage: Wer hat die These der kleinen Zörrgiebels aufgestellt?

Antwort: Ruth Khan

Frage: Sie haben also Verbindungen mit Neumann seit 1928?

Antwort: Nein. Bis 1930 keine Gruppentätigkeit.

Frage: (...)

Antwort: Die erstere ja, die andere nicht. Remelle und Neumann hatte die Linie auf den Zusammenkünften vertreten, die Führung müßte geändert werden, Thälmann müßte abgesetzt werden. Zur Gruppe gehörten: Neumann, Remelle, Hiller, Alexander Abusch, Norden, Ruth Khan, Schulte, Flick, Bertram, Prinz.

Frage: Welches Programm stellte sich die Gruppe?

Antwort: Meine Position war, die alte kollektive Führung wieder herzustellen.

Frage: Wer gehörte in Moskau zu dieser Gruppe N. u. R.?

Antwort: Remelle, Neumann und Flick.

Bruno Dubert, ein Österreicher, schrieb einen Brief an meine Frau. Den Inhalt kenne ich nicht. Meine Frau sagte mir nichts davon. Es erzählte mir Heckert.

Frage: Mit wem stand Dubert in Verbindung?

Antwort: Mit Tschimadanov und der ganzen KJI.

Frage: Was war in diesem Brief enthalten?

Antwort: Das weiß ich nicht, er wurde abgefangen.

Frage: Zu wem gehörte Ihre Frau?

Antwort: Auch zur Gruppe Neumann. (...) Sie ist jetzt in Moskau. Sie hatte Beziehungen zu Leo Flick.

Frage: Welche Linie hatte die Gruppe N. u. R.?

Antwort: Es ist mir unmöglich auf Einzelheiten einzugehen.

Frage: Welches Programm stellte sich die Gruppe? Welche Ziele hatte die Gruppe?

Antwort: Herstellung der alten Führung Thälmann-Remelle-Neumann. Remelle wollte die ganze Führung haben. Ich bin eingetreten für die alte Führung.
Frage: Welche Ziele verfolgten Sie in Moskau?
Antwort: Keine, nach Ausschluß habe ich keinerlei Beziehungen mehr gehabt.
Frage: Mit wem hatte Neumann und Remelle in Moskau Beziehungen?
Antwort: Flick, Schulte, Ruth Khan, Prinz, Bertram und einen aus Kassel. Nur Remelle hatte von Moskau aus Verbindungen zu Norden.
Frage: Wer ist David?
Antwort: Redakteur der Roten Fahne, ich habe ihn nie gesprochen nur gesehen. Zu meiner Zeit war er nicht in Moskau. Emil ist ein Literat aus der Roten Fahne, kenne ihn nur vom Sehen. David und Emil habe ich nicht mit Neumann u. Remelle gesehen.
Frage: Welches sind also die Leute, die in Moskau noch mit der Gruppe N. u. R. zu tun hatten?
Antwort: Schulte sah ich bei Neumann. Später äußerte Neumann, daß Schulte für ein Mandat umgefallen wäre. In Moskau hatte ich, von Gorki kommend, einen 8tägigen Kurs absolviert und in dieser Zeit Verbindung mit Ella Schwarz.
Frage: Was ist aus Tschimadanow geworden?
Antwort: Das weiß ich nicht. Raymond hat Ihn bei der KJI abgelöst.
Frage: Wie sind Sie nach Paris gefahren?
Antwort: Über Helsingfors, Stockholm, Paris. In Paris habe ich mit Pieck und Abusch gesprochen. Pieck schickte mich nach Saarbrücken zur illegalen Arbeit. Dort war Karl Heinz Hoffmann mein Org-Leiter. Weiter waren dort Rose – eine Frau die den Literaturvertrieb hatte, Wehner. Durch Verschulden von Wehner wurde ich verhaftet. Im Zuchthaus hatte ich mit Fritz Schmidt aus Kassel Verbindung. 1940 wurde ich in das KZ Sachsenhausen überführt.
Zeugen: Herrmann Rudolf, Fritz Selbmann, Max Reimann. Nach Befreiung aus dem KZ war ich in Berlin im Hauptausschuß OdF mit Karl Radatz, Ottomar Geschke beschäftigt. Ich wohnte in Berlin Auguststraße 46.
Von da aus wurde ich vom Gen. Dahlem nach Westdeutschland geschickt. Ich fuhr im September 1945 nach Hannover. Ich fuhr gemeinsam mit Willi Perg, Max Reimann, Marga Rein.

Frage: Wer kann…?
Antwort: Fritz Sperling, Erika Buchmann, Albert Buchmann, Walter Nesper, Willi Grünert, Holländer, Oskar Müller, Otto Nieberg, Fritz Nicolei, Kurt Lichtenstein u. a.
Frage: Wie stellte sich Remelle zur Wittorf-Affäre?
Antwort: Ich war gegen den Putsch und für Thälmann, der organisiert wurde.
Frage: Wann hatten Sie die erste Zusammenkunft mit Remelle?
Antwort: 1931.
Frage: Welche Sitzungen haben in der Gruppe insgesamt stattgefunden?
Antwort: …
Frage: Wann haben Sie Ruth Fischer kennengelernt?
Antwort: Ich habe sie nur zweimal kurz gesehen. Frau Neumann kannte ich aus dem Lux ebenfalls.
Frage: Wann haben Sie Remelle das letzte mal gesprochen?
Antwort: 1932 vor meinem Ausschluß. Seit ich in das Jugend ZK kooptiert wurde, beeinflußte mich Remelle andauernd.
Frage: Welche Besprechungen wurden zwischen Ihnen, Remelle und Neumann geführt?
Antwort:
Hier gab Müller nur eine Schildung des Zusammentreffens ab, aber beantwortete nicht die Frage.
U. a. sagte er weiter:
Walter Bertram (Perci) äußerte, ob es überhaupt stimmen mag, daß Neumann bei Stalin gewesen ist.
Frage: Wer kennt Sie aus der Zeit von 1931?
Antwort: Artur Becker, Hiller.
Frage: Mit wem standen Sie nach 1945 in Verbindung?
Antwort: Mit Kurt Baumgarten, Robert Lehmann, August Timmermann, August Prinz, Heini Henk, Werner Sterzenbach, Drägemüller, Franz Blume und noch andere.
Frage: Haben Sie privaten Briefwechsel?
Antwort: An Rechtsanwälte ins Ausland. Weiter an einen gewissen Lundt – der war mein Schreiber im Lager.
Frage: Wann kam Remelle nach Moskau?
Antwort: Das weiß ich nicht genau. Er war bei meinem Eintreffen schon da.

Frage: Welche Ziele hatte sich die Gruppe gestellt?
Antwort: Beseitigung der Führung, Verhaftung Thälmanns. Das habe ich zum Teil im KZ von später eingelieferten Kollegen erfahren.
Frage: Welche Rolle spielten Sie in dieser trotzkistischen parteifeindlichen Organisation?
Antwort: Ich bin lediglich hineingezogen worden und habe nach 1932 mit dieser Gruppe restlos gebrochen.

Protokollant:

Scholz
Vp. Insp.

Mielke wird vom Staatspräsidenten Pieck zum Minister für Staatssicherheit ernannt.

«Hauptstadt»-Besichtigung. In der Mitte des Bildes: Walter Ulbricht, Mielke und Erich Honecker.

Wanderung mit Genossen am Baikalsee, Mielke links vom Harmonika-Spieler.

Mielkes Wachregiment wird getauft. Es erhält den Namen: «Feliks Dzierzynski», benannt nach dem ersten Chef der sowjetischen Geheimpolizei.

REGIERUNG DER DEUTSCHEN DEMOKRATISCHEN REPUBLIK
Ministerium für Staatssicherheit
- Der Minister -

Berlin, den 6.7. 1962

Geheime Verschlußsache
MfS 008 Nr. 82216
.... Ausfertigungen
50. Ausfertigung 6 Bl.

Dienstanweisung Nr.: 10 /62

Die Erzielung wertvoller Ergebnisse durch die verstärkte Anwendung der Mittel der Linie -26- zur Lösung der Aufgaben des MfS erfordert Maßnahmen zur Erhöhung der Konspiration und zur Gewährleistung einer straffen Ordnung in der Zusammenarbeit der Hauptabteilungen/selbst. Abteilungen, Bezirksverwaltungen und Verwaltungen mit der Abteilung -26- des MfS bzw. den Referaten -O- der Bezirksverwaltungen.

Dazu weise ich an:

1. Beim Einsatz der Linie -26- für die Lösung der politisch-operativen Aufgaben der Hauptabteilungen/selbst. Abteilungen, Bezirksverwaltungen, Kreisdienststellen ist ein strenger Maßstab anzulegen.
   Aufträge sind nur bei besonders wichtigen Operativ-Vorgängen zu erteilen, wenn andere Mittel nur bedingt angewendet werden können und nicht ausreichend sind, oder weil durch diese Maßnahme die operative Bearbeitung bestimmter Personen erst möglich wird.

2. Die Auftragserteilung darf nur auf den bei der Abteilung -26- bzw. den Referaten -O- der Bezirksverwaltungen erhältlichen Auftragsformularenerfolgen.
   Das Formblatt ist für alle Auftragskategorien gleich.
   Das Kurzzeichen für die gewünschte Kategorie ist jeweils einzutragen:

Auftrag -A- = Telefonüberwachung
-B- = akustische Raumüberwachung
-D- = optische Raumüberwachung
-X- = Konterarbeit und Raumsicherung

Auszufüllen ist weiterhin:

- Angaben über den Beschuldigten
- zuständiger Sachbearbeiter und dessen Telefonnummer
- Empfänger der Berichte oder Dokumentationen und dessen Telefonnummer.

3. Im MfS Berlin sind die Formulare von den Leitern bzw. Stellvertretern der Hauptabteilungen/selbst. Abteilungen oder von einem von ihnen speziell mit der organisatorischen Abwicklung der Zusammenarbeit mit der Abteilung -26- beauftragten Mitarbeiter aufzubewahren, listenmäßig zu erfassen und bei Bedarf an die Leiter der Abteilungen/Referate gegen Quittung auszugeben.

   In den Bezirksverwaltungen/Verwaltungen sind die Formulare von dem Leiter, dem Leiter des Referates -O- oder einem vom Leiter der Verwaltung damit beauftragten Mitarbeiter aufzubewahren, listenmäßig zu erfassen und nur auf Anweisung des Leiters der Bezirksverwaltung oder eines Stellvertreters operativ an die Kreisdienststellenleiter, Abteilungsleiter bzw. Leiter selbständiger Referate gegen Quittung auszuhändigen.

4. Die Formulare dürfen im MfS Berlin nur durch die Leiter bzw. Stellvertreter der Hauptabteilungen/selbst. Abteilungen und Abteilungen, in den Bezirksverwaltungen/Verwaltungen durch den Leiter, die Stellvertreter operativ, die Leiter und Stellvertreter der Abteilungen und selbständigen Referate handschriftlich ausgefüllt werden. Eine Übertragung an andere Mitarbeiter ist nicht statthaft.

A- und X-Aufträge erteilen die Leiter der Hauptabteilungen/ selbst.Abteilungen, Bezirksverwaltungen und Verwaltungen in eigener Zuständigkeit.

B- und D-Aufträge sind von mir oder von meinem, für die betreffende Linie zuständigen Stellvertreter bestätigen zu lassen. Aufträge in Haftanstalten, Hotels, konspirativen Wohnungen und konspirativen Objekten bedürfen dieser Bestätigung nicht.
Bei der Vorlage zur Bestätigung ist in jedem Fall von der auftraggebenden Diensteinheit eine Begründung beizufügen, die vom Leiter der zuständigen Linie im MfS zu prüfen und zu befürworten ist.
Besonders wichtige, kurzfristig zu realisierende Aufträge müssen einen entsprechenden Vermerk erhalten.
Der Leiter der Abteilung -26- meldet mir besonders wichtige Aufträge, die ihm zur Durchführung erteilt wurden und berichtet über das jeweilige Ergebnis.

5. Die Übermittlung des Auftrages an die Abteilung -26- bzw. das Referat -O- der Bezirksverwaltung hat persönlich durch den unmittelbar am Vorgang beteiligten Mitarbeiter oder in versiegeltem Umschlag an den Leiter der Abteilung -26- bzw. den Leiter des Referates -O- der Bezirksverwaltung zu erfolgen.

6. Während der Auftragsrealisierung ist eng mit der Abteilung -2(bzw. den Referaten -O- zusammenzuarbeiten.

Alle Maßnahmen, die von den auftraggebenden Abteilungen eingeleitet werden und sich auf einen erteilten Auftrag beziehen, sind mit der Abteilung -26- bzw. den Referaten -O- abzusprechen.

Die Überwachung bei A-, B- und D-Aufträgen ist ständig durch geeignete Hinweise seitens der auftraggebenden Abteilung zu unterstützen.

Die auftraggebenden Diensteinheiten haben die Überwachungsergebnisse mit entsprechenden operativen Kombinationen zu beeinflussen und mit dafür zu sorgen, daß der Einsatz der Mitt-l nicht länger als unbedingt notwendig erfolgt.

7. Aufträge -A- und -B- werden, wenn kein kürzerer Zeitraum vereinbart wurde, für die Dauer von 30 Tagen durchgeführt. Eine Weiterbearbeitung für maximal 30 Tage erfolgt nur, wenn dies schriftlich beantragt wird.
Eine Bearbeitung über 60 Tage hinaus darf nur mit meiner Genehmigung erfolgen.

Wird keine Verlängerung beantragt, ist der Auftrag durch die Abteilung -26- bzw. das Referat -0- nach Ablauf von 30 Tagen zu beenden.

8. Die Dauer von D-Aufträgen ist in jedem Fall besonders zu vereinbaren.

9. Die Auswertung des Originalmaterials hat zur Geheimhaltung der Quelle in Form von Informationsberichten zu erfolgen, die an den zuständigen Sachbearbeiter weitergegeben werden und in den operativen Vorgängen verbleiben können. Originalberichte sind nur ausnahmsweise und auf besondere Anforderung zu fertigen. Sie sind entsprechend des Rückgabevermerkes innerhalb von 30 Tagen an die Abteilung -26- bzw. die Referate -0- zurückzugeben und dort aufzubewahren. Keinesfalls dürfen Originalberichte in Operativvorgänge eingenäht werden. Abschriften - auch auszugsweise - dürfen von den auftraggebenden Abteilungen nicht gefertigt werden.

10. Die im Ergebnis von D-Aufträgen zu fertigenden Dokumentationen sind in je einem Positivexemplar zum Verbleib an die auftraggebende Diensteinheit zu übergeben.

Alle anfallenden Negative sind im entsprechenden D-Vorgang der Abteilung -26- bzw. der Referate -0- in versiegeltem Umschlag aufzubewahren.

11. Wird die Überwachung bei B- und D-Aufträgen von den auftraggebenden Abteilungen übernommen, sind die schriftlich festgelegten Vereinbarungen zur Behandlung der Geräte und des anfallenden operativen Materials genauestens einzuhalten.

12. Die im Rahmen eines X-Auftrages durchzuführenden Aufgaben sind nach Art und Umfang zwischen den operativen Abteilungen und der Abteilung -26- bzw. den Referaten -0- jeweils zu vereinbaren.

13. Die Berichte und Dokumentationen sind durch die Abteilung -26- bzw. die Referate -0- jeweils dem vom Auftraggeber in jedem einzelnen Fall namentlich zu benennenden Empfänger persönlich gegen Quittung zu übergeben, der für den weiteren Verbleib des Materials voll verantwortlich ist.

14. Die Beendigung von A-, B- und D-Aufträgen durch die Abteilung -26- bzw. die Referate -0- hat nach telefonischer Rückfrage automatisch zu erfolgen, wenn nach Ablauf der festgelegten Termine keine Verlängerung beantragt wurde. Die auftraggebende Diensteinheit ist von der Beendigung eines Auftrages in Kenntnis zu setzen.

15. Das anfallende Originalmaterial ist durch die Abteilung -26- bzw. die Referate -0-

bei A-Aufträgen	10 Tage nach der Aufnahme
bei B-Aufträgen	1 Monat nach Beendigung eines Auftrages

zu löschen.

Macht sich eine längere Aufbewahrungsfrist erforderlich, ist das unter Angabe der gewünschten Zeit durch die auftraggebende Diensteinheit rechtzeitig bei der Abteilung -26- bzw. den Referaten -0- zu beantragen.

16. Die den auftraggebenden Diensteinheiten übergebenen Informationsberichte sind unter Einhaltung der Konspiration in eigener Verantwortung aufzubewahren bzw. zu vernichten.

Originalberichte sind nach erfolgter Auswertung in den operativen Abteilungen von der Abteilung -26- bzw. den Referaten -0- 3 Jahre aufzubewahren.

17. Die auftraggebenden Diensteinheiten haben der Abteilung -26- bzw. dem Referat -O- nach der Beendigung jedes A-, B- oder D-Auftrages eine kurze schriftliche Einschätzung über den Erfolg der zum Einsatz gelangten Mittel zu geben.

Für die strikte Einhaltung dieser Dienstanweisung und der strengsten Konspiration auf dem Gebiet des Einsatzes der Mittel der Linie -26- werden die Leiter der Hauptabteilungen/selbst. Abteilungen, Bezirksverwaltungen und Verwaltungen in ihrem Dienstbereich persönlich voll verantwortlich gemacht.

Diese Dienstanweisung tritt mit sofortiger Wirkung in Kraft.

Die Richtlinie der Abteilung -O- für die Auftragserteilung und Auftragsabwicklung von A- und B-Aufgaben mit der Abteilung -O- in Berlin bzw. mit den Referaten -O- in den Bezirksverwaltungen vom 24.2.1958 sowie das Schreiben der Abteilung -O- Tgb.-Nr. O/147/59 vom 3.2.1959 über die Verlängerung bzw. Beendigung von A- und B-Aufträgen verlieren ihre Gültigkeit und sind durch die Abteilung -26- bis zum 31.8. 1962 einzuziehen.

Mielke

(M i e l k e)
Generaloberst

REGIERUNG DER DEUTSCHEN DEMOKRATISCHEN REPUBLIK
Ministerium für Staatssicherheit
- Der Minister -

Geheime Verschlußsache
MfS C01 Nr. ...

... Ausfertigungen
... Ausfertigung ... Blatt

Berlin, den

Streng geheim!

2 Exemplare
1. Ausfertigung

1. Ergänzung zur Dienstanweisung 10/62

Da der Gegner auf dem Territorium der Deutschen Demokratischen Republik drahtlose operativ-technische Mittel verwendet, sind für den Einsatz operativer Sender (UKW) durch die Diensteinheiten des MfS Maßnahmen erforderlich, die eine schnelle Auffindung feindlicher Geräte wirksam unterstützen.

D a z u w e i s e i c h an :

1. Die Abteilung - 26 - ist verantwortlich für die Verwaltung aller operativen UKW-Sender für die akustische Raumüberwachung sowie deren Einsatz auf dem gesamten Territorium der DDR.

2. Die Hauptverwaltung -A-/Abteilung VIII und die Abteilung -E- erhalten von der Abteilung - 26 - die erforderliche Anzahl von operativen Sendern für den Einsatz im Operationsge-

- 2 -

biet sowie für die Durchführung von operativ-technischen Aufgaben in konspirativen und Festobjekten.

3. a) Der Einsatz von operativen Sendern in der Hauptstadt der DDR, Berlin, ist für alle Diensteinheiten nach Lage des Einsatzortes, der Zeitdauer und der Frequenz durch die Abteilung -26- zentral zu registrieren.
Der Leiter der Abteilung -26- läßt eine zentrale Übersicht führen.

b) Einsätze wie unter a) in den Bezirken der DDR sind unter den gleichen Gesichtspunkten dem Leiter des zuständigen Referates -0- mitzuteilen. Die Leiter der Referate -0- der Bezirksverwaltungen führen einen entsprechenden Nachweis.

c) Der Leiter der Abteilung -26- vereinbart mit den Leitern der Abteilung VIII der HV-A- und der Abteilung -E- ein geeignetes Meldesystem zur Gewährleistung der Maßnahmen unter a) und b).

Mielke
M i e l k e
Generaloberst

Ministerrat
der Deutschen Demokratischen Republik
Ministerium für Staatssicherheit
Der Minister

Berlin, den 7. Dez. 1967

Geheime Verschlußsache
MfS 008 Nr. 419/67
.... Ausfertigungen
291. Ausfertigung 4 Blatt

Befehl Nr. 36/67

Das Post-, Fernmelde- und Funkwesen hat für die wirtschaftlich-organisatorische und kulturell-erzieherische Entwicklung unseres Staates sowie die Vorbereitung der Landesverteidigung große Bedeutung. Mit seinen technischen Einrichtungen hat es die Verbindung zwischen den zentralen und örtlichen Organen der Partei und des Staates, der Wirtschaft und der Landesverteidigung zu sichern. Außerdem obliegt der Deutschen Post die Bereitstellung ihrer technischen Einrichtungen zur Durchführung der politisch-ideologischen und geistig-kulturellen Aufgaben des Hör- und Fernsehfunks, der Presse sowie die Lizenzvergabe und Funkkontrolle für den gesamten Amateurfunk und die in der Volkswirtschaft immer mehr angewandten Formen der Funkfernsteuerung, des Landfunks usw.

Zur Lösung der politisch-operativen Aufgaben des MfS ist die Durchführung der speziellen Aufgaben der Arbeitsgruppe des Ministers und der Linien N, 26, F, M und Postzollfahndung innerhalb des Post-, Fernmelde- und Funkwesens durch eine qualitativ hohe Aufklärungs- und Abwehrarbeit zu sichern.

Die ständig fortschreitende Automatisierung des Fernsprech-, Fernschreib- und Funkwesens im Rahmen der technischen Revolution machen die komplizierten Anlagen in noch größerem Maße störanfällig und erhöhen die Diversionsgefahr.

Die feindlichen Geheimdienste, Agentenorganisationen und andere volksfeindliche Kräfte versuchen ständig, die Einrichtungen der Deutschen Post im Innern der DDR als auch im internationalen Maßstab für Zwecke der Spionage und der politisch-ideologischen Diversion zu nutzen. Besonderes Interesse zeigt der Gegner dabei der Aufklärung und Lähmung der Verteidigungskraft der vereinigten Streitkräfte der Warschauer Vertragsstaaten, die auf dem Territorium der DDR auf die Nachrichtenverbindungswege der Deutschen Post zurückgreifen.

Auf Grund der großen Bedeutung des Post-, Fernmelde- und Funkwesens für alle Bereiche des politischen, ökonomischen und gesellschaftlichen Lebens der DDR, die bewaffneten Organe, die Vorbereitung der Landesverteidigung und die

Durchführung der speziellen Aufgaben des MfS, ist eine allseitige Verbesserung der politisch-operativen Aufklärungs- und Abwehrarbeit und des Schutzes der Objekte durch die Organe des MfS zu erreichen.

Zur Lösung der sich daraus ergebenden politisch-operativen Aufgaben

b e f e h l e   i c h :

1. Im MfS ist zur Gewährleistung der komplexen politisch-operativen Aufklärungs- und Abwehrtätigkeit im Post-, Fernmelde- und Funkwesen in der Hauptabteilung XX eine Abteilung 6 zu bilden.

   Die Abteilung 6 hat folgende Aufgaben zu lösen:

1.1. Organisierung der politisch-operativen Aufklärungs- und Abwehrarbeit im gesamten Post-, Fernmelde- und Funkwesen auf dem Gebiet der DDR.

1.2. Koordinierung der politisch-operativen Abwehrmaßnahmen mit der Arbeitsgruppe des Ministers und den Linien II, VII, M, Postzollfahndung, N, F und 26.

   Zur Abgrenzung der Aufgaben und Festlegung der einzelnen Maßnahmen sind schriftliche Vereinbarungen zwischen dem Leiter der Abteilung 6 der Hauptabteilung XX und den Leitern der angeführten Linien des MfS festzulegen. Die vereinbarten Maßnahmen sind unter Wahrung der Konspiration in die Arbeitspläne der Diensteinheiten aufzunehmen.

1.3. Anleitung und Kontrolle der Referate 6 in den Abteilungen XX der Bezirksverwaltungen/Verwaltungen zur einheitlichen Durchsetzung der festgelegten Maßnahmen.

   Ständige Analysierung der politisch-operativen Lage entsprechend dem Befehl 299/65.

   Zu festgestellten Schwerpunkten hat der Leiter der Abteilung 6 der Hauptabteilung XX Schlußfolgerungen für die Verbesserung der politisch-operativen Arbeit herauszuarbeiten und in Zusammenarbeit mit allen zuständigen Linien im MfS durchzusetzen.

2. Zur Organisierung einer komplexen politisch-operativen Aufklärungs- und Abwehrtätigkeit im Post-, Fernmelde- und Funkwesen sind in den Bezirksverwaltungen/Verwaltungen Referate 6 in den Abteilungen XX in Stärke von 3 - 8 Mitarbeitern zu bilden.

2.1. Die Leiter der Bezirksverwaltungen/Verwaltungen haben entsprechend der Anzahl und Bedeutung der im Bezirk vorhandenen Objekte des Post-, Fernmelde- und Funkwesens die personelle Stärke festzulegen.

Die Organisierung der politisch-operativen Aufklärungs- und Abwehrarbeit in den für die Bezirke wichtigsten Objekten hat nach der Dienstanweisung Nr. 2/67 zu erfolgen.

2.2. Die Leiter der Bezirksverwaltungen/Verwaltungen haben in eigener Verantwortung die Struktur der Referate 6 in den Abteilungen XX festzulegen.
Bei Konzentrierung wichtiger Objekte des Post-, Fernmelde- und Funkwesens können operative Stützpunkte in zentralgelegenen Kreisdienststellen gebildet werden. Die Mitarbeiter dieser Stützpunkte sind dem Leiter der Kreisdienststelle zu unterstellen, in der sie ihren Sitz haben. Der Leiter der Kreisdienststelle eines solchen Stützpunktbereiches hat die notwendigen operativen Maßnahmen mit den Leitern der anderen Kreisdienststellen dieses Bereiches in enger Koordinierung durchzusetzen.

Zur einheitlichen Durchsetzung der politisch-operativen Aufgaben sind durch die Leiter der Abteilungen XX der Bezirksverwaltungen/Verwaltungen die Leiter der Kreisdienststellen auf Linie anzuleiten, die Arbeitspläne und operative Maßnahmepläne zu bestätigen und deren Durchsetzung zu kontrollieren.

2.3. Bis zum 15. 2. 1968 haben die Leiter der Bezirksverwaltungen/Verwaltungen einen Maßnahmeplan für die Bearbeitung der Objekte des Post-, Fernmelde- und Funkwesens in ihrem Zuständigkeitsbereich meinem Stellvertreter, Genossen Generalmajor Schröder, zur Bestätigung vorzulegen.

2.4. Die Leiter der Bezirksverwaltungen/Verwaltungen haben zu sichern, daß unter Einhaltung der Konspiration eine Abgrenzung und Abstimmung der Aufgaben zwischen den Referaten 6 in den Abteilungen XX und der Aufgaben der Arbeitsgruppe des Ministers und der Linien N, 26, F, II, VII, M und Postzollfahndung erfolgt. Zwischen den Referaten 6 und den genannten Linien sind dazu schriftliche Vereinbarungen zu treffen. Diese sind auf der Grundlage der Vereinbarungen zwischen der Abteilung 6 der Hauptabteilung XX und den entsprechenden Linien im MfS zu erarbeiten.

3. Der Leiter der Hauptverwaltung A und die Leiter der anderen operativen Linien (einschließlich der HPF und ASR) haben alle operativen Möglichkeiten zur rechtzeitigen Aufklärung der Pläne und Absichten des

Gegners zur Störung des Post-, Fernmelde- und Funkwesens der DDR auszunutzen und alle erarbeiteten Hinweise sofort an den Leiter der Hauptabteilung XX zu übergeben.

Der Leiter der Hauptabteilung IX und die Leiter der Abteilungen IX der Bezirksverwaltungen/Verwaltungen haben alle in dieser Richtung aus der Untersuchungsarbeit bekanntgewordenen Hinweise ebenfalls dem Leiter der Hauptabteilung XX zu übergeben.

4. Die Dienstanweisung Nr. 2/67 ist in den Diensteinheiten durch die Leiter zu erläutern und durchzusetzen.

5. Der Leiter der Hauptabteilung Kader und Schulung hat bis zum 15. 1. 1968 auf Vorschlag des Genossen Generalmajor Schröder den Stellen- und Strukturplan der Abteilung 6 der Hauptabteilung XX mir zur Bestätigung vorzulegen.

   Die Leiter der Bezirksverwaltungen/Verwaltungen reichen den Stellen- und Strukturplan der Referate 6 der Abteilungen XX über den Genossen Generalmajor Schröder an den Leiter der Hauptabteilung Kader und Schulung ein.

   Der Leiter der Hauptabteilung Kader und Schulung hat zu sichern, daß die Auswahl der Kader und Besetzung der Abteilung 6 in der Hauptabteilung XX und der Referate 6 in den Abteilungen XX der Bezirksverwaltungen/Verwaltungen bis zum 30. 6. 1968 erfolgt.

6. Der Leiter der Hauptverwaltung B hat mir bis zum 15. 4. 1968 auf Vorschlag des Genossen Generalmajor Schröder den Plan für die materiell-technische, nachrichtentechnische und operativ-technische Sicherstellung der Abteilung 6 der Hauptabteilung XX und der Referate 6 in den Abteilungen XX zur Bestätigung vorzulegen.

7. Die Arbeitsrichtlinie für die Bearbeitung der Objekte des Post- und Fernmeldewesens auf der Linie V/1 vom 22. 6. 1959 (VVS Nr. 443/59) wird hiermit außer Kraft gesetzt und ist bis zum 31. 1. 1968 an das Büro der Leitung - Dokumentenaufbewahrung - zurückzusenden.

Mielke
Generaloberst

F.d.R.
Köhler
Oberltn.

100623

95/70

MINISTERRAT DER
DEUTSCHEN DEMOKRATISCHEN REPUBLIK
Ministerium für Staatssicherheit
Der Minister

Berlin, den 1. 6. 1970

Geheime Verschlußsache
MfS 008 Nr. 211/70
15 Ausfertigungen
15. Ausfertigung 2 Blatt

B e f e h l Nr. 22 /70

Die öffentlichen Fernsprechverbindungen zwischen der Deutschen Demokratischen Republik und Westdeutschland werden von feindlichen Kräften zur Aufrechterhaltung der Verbindungen und zu Provokationen ausgenutzt.

Zum Erkennen und Verhindern solcher feindlicher Handlungen

b e f e h l e i c h :

1. Der gesamte öffentliche Fernsprechverkehr zwischen der Deutschen Demokratischen Republik und Westdeutschland sowie Westberlin ist zur Feststellung feindlicher Handlungen in den Abteilungen / Referat O der Bezirksverwaltungen Leipzig, Magdeburg und Schwerin unter Kontrolle zu nehmen.
Die Kontrolle läuft unter der Bezeichnung "Aufgabe -V-".

2. Die Leiter der genannten Bezirksverwaltungen haben kurzfristig Voraussetzungen für eine exakte Kontrolle und Auswertung des Verkehrs in ihren Abteilungen / Referat O auf der Grundlage der dafür zugewiesenen Planstellen zu schaffen.

3. Zur Sicherung des zentralen Charakters der Aufgabe -V- entscheidet der Leiter der Abteilung 26 entsprechend meinen Weisungen über die Weiterleitung daraus anfallender Informationen. Er weist die Leiter der Abteilungen / Referat O dazu an und gewährleistet dementsprechend die Anleitung dieses Aufgabengebietes.

4. Die für die Aufgabe -V- eingesetzten Kräfte (entsprechend dem Stellenplan) und Mittel sind nicht im Rahmen bezirklicher Aufgaben zu verwenden bzw. dafür vorzuplanen. Der Leiter meiner Arbeitsgruppe ist berechtigt, ihren anderweitigen Einsatz anzuweisen.

Mielke

M i e l k e
Generaloberst

Vorschlag für Verteiler:

1. Minister
2. alle Stellvertreter des Ministers
3. Leiter der AG des Ministers
4. Leiter der BV Leipzig, Magdeburg u.Schwerin
5. Leiter der Abteilung 26.

MINISTERRAT
DER DEUTSCHEN DEMOKRATISCHEN REPUBLIK
Ministerium für Staatssicherheit

STRENG GEHEIM!

Der Verbleib des Auftrages ist nachweispflichtig.

(Nicht durch das Sekretariat zu bearbeiten!)

HA/selbst. Abt. ____________

BVfS (Auftraggebende Diensteinheit)

Abt./KD/OD ____________

Serie B Nr. 03822

Telefon-Nr.: zur ständigen Aufnahme der Verbindung

Auftrag z.B.A / 105 / 89

Interne Registriernummer der Linie 26

interne Deckbezeichnung zur Korespondenz zwischen Linie 26 und Auftraggeber

z.B. "Deckel" (Beziehung zum Namen beachten)

Deckbezeichnung

z.B. Spionage (Registriernummer entsprechend der DA 1/76 aus der zentralen Registratur in der Abt. XII)

Vorgangsart/Registriernummer/erfaßt für

z.B. TOPF

Familienname/Geburtsname bzw. Institution — Vorname

| . . . . . | | . . . . | |

PKZ — Geburtsort/-Land — Staatsangehörigkeit

Adresse (PLZ, Ort, Bezirk, Straße, Haus-Nr.) — Telefon-Nr.

[signature]

Kurze Angaben zum operativen Sachverhalt:

Begründung aus dem operativen Vorgang
kurzer Sachverhalt, soweit es die Linie 26 interessiert

Zielstellung:

Welche operativ relevanten Fakten sollen besonders herausgearbeitet werden?

welche relevanten Fakten sollten durch unsere Diensteinheit ermittelt werden
z.B. Aufklärung des Verbindungssystems

Welche operativen Maßnahmen/Kombinationen sind eingeleitet bzw. vorgesehen?

operativ günstigster Termin der Realisierung,
vorgesehene Zeit der Kontrollmaßnahme durch die Abteilung 26

- Aufzählung der Maßnahmen, die während der Oberwachung durch andere Diensteinheiten realisiert wurden und aus denen konkrete Reaktionen zu erwarten waren
- Termin des Beginns der Oberwachung durch uns
- Zeitdauer der Oberwachung

Welche Hinweise machen eine Sofortinformation notwendig?
z.B. Eintreffen eines Kuriers

Bestätigt: (entsprechend der DA 1/84)

Minister bzw. Stellvertreter	Leiter der Hauptverwaltung/Bezirksverwaltung, HA, selbst. Abt.

Angaben, die nicht mehr zum Bestätigungsverfahren gehörten sondern zur Realisierung durch die Linie 26. Diese Angaben waren zur technischen Realisierung bzw. dem Verständnis der Informationen notwendig.

Diese Angaben sind bei der Absprache mit der Abt. 26 zu vervollständigen.

Erlernter Beruf/konkrete Bezeichnung der jetzigen Tätigkeit

Arbeitsstelle

Arbeitszeit

Adresse (Nebenwohnung, Wohnheim, Grundstück, Telefon-Nr.)

Parteizugehörigkeit/gesellschaftliche Funktionen

Hobbys, technische Interessen, Fähigkeiten und Fertigkeiten

Besondere Eigenschaften, Gewohnheiten, Familienverhältnisse

Angaben zu den im Haushalt lebenden Personen und operativ bedeutsame Verbindungen

Charakter der Verb.	Name/ Vorname/ Kosenamen/ Geburtsname	PKZ/ geb. in	Beruf/ Tätigkeit	Arbeitszeit/ Arbeitsstelle

Operativ relevante Veränderungen des Sachverhaltes, neue operativ relevante Verbindungen u. ä. sind mit den verantwortlichen Mitarbeitern der Abteilung 26 abzustimmen.

Dela

Der erfolgreiche Markus Wolf blieb im Hintergrund, als Mielke sich mit den «Kundschaftern» Günter und Christel Guillaume feiern ließ. Wolf war es gelungen, Guillaume im Kanzleramt Willy Brandts zu plazieren.

Glücklich mit Orden und Titeln. Erich Honecker (linke Reihe, 2. von links) zeichnet die Armeegeneräle Heinz Hoffmann (rechte Reihe links) und Erich Mielke (rechte Reihe Mitte) mit dem Scharnhorst-Orden aus. Den Generaloberst Friedrich Dickel (rechte Reihe rechts), Chef der Volkspolizei, ernennt er zum Armeegeneral.

Ein rotes Ehrenbanner für die Staatssicherheit. Mielke und Erich Honecker bei der Verleihung.

Mielke auf dem Höhepunkt seiner Karriere im vollen Ordensschmuck vor der Volkskammer.

Großmutter Gertrud und Großvater Erich Mielke mit ihren Enkelkindern vor dem Staatsheim in Wandlitz.

Am Ende der Karriere vor den Abgeordneten der Volkskammer: «Aber ich liebe euch doch alle.»

Ministerrat
der Deutschen Demokratischen Republik
Ministerium für Staatssicherheit
Der Minister
VVS MfS o008-17/89

Berlin, 6.5.1989

ZOS / Abt 2
ARBEITSEXEMPLAR
Bandlfd: Blatt: 9
Tgb.-Nr.: 34/89
Rückgabe bis: 15.06.89

Befehl Nr. 6/89

Politisch-operative Sicherung der Vorbereitung und Durchführung der Wahlen zu den Kreistagen, Stadtverordnetenversammlungen, Stadtbezirksversammlungen und Gemeindevertretungen sowie von Veranstaltungen anläßlich des 1. und 8. Mai 1989

Auf Beschluß des Staatsrates der Deutschen Demokratischen Republik vom 19. September 1988 finden am 7. Mai 1989 die Wahlen zu den Kreistagen, Stadtverordnetenversammlungen, Stadtbezirksversammlungen und Gemeindevertretungen (im folgenden Kommunalwahlen genannt) statt.

Zur Gewährleistung einer hohen staatlichen Sicherheit sowie öffentlichen Ordnung und Sicherheit in Vorbereitung und Durchführung der Kommunalwahlen sowie während der anläßlich des 1. und 8. Mai 1989 stattfindenden Veranstaltungen

befehle ich:

1. Alle im Zusammenhang mit den Kommunalwahlen zu realisierenden politisch-operativen Maßnahmen sind im Rahmen einer operativen Aktion unter der Bezeichnung

"Symbol 89"

vorzubereiten und durchzuführen.

In die operative Aktion sind die zeitlich angrenzenden operativen Einsätze zur Sicherung der Veranstaltungen anläßlich des 1. Mai 1989 -"Nelke 89"- und des 8. Mai 1989 einzubeziehen.

Einsatzzeiträume:

- operativer Einsatz zum 1. Mai, "Nelke 89"	30.04.1989, 08.00 Uhr - 02.05.1989, 08.00 Uhr
- operative Aktion zu den Kommunalwahlen, Aktion "Symbol 89"	06.05.1989, 08.00 Uhr - 08.05.1989, 08.00 Uhr
- operativer Einsatz zum 8. Mai	08.05.1989, 08.00 Uhr - 09.05.1989, 08.00 Uhr

Militär-Oberstaatsanwalt
Abt. I
AZ Str. I–151/89 S

Berlin, 21.12.1989

Beginn: 14.10 Uhr
Ende: 14.40 Uhr

Ministerium für Innere
Angelegenheiten
Einsatzgruppe I Kriminalpolizei

2. Beschuldigtenvernehmung

des *Mielke, Erich*
PKZ: 281207 – 4 – 30153
in U-Haft seit: 7.12.1989
z. Zt. UHA I Berlin-Rummelsburg
(weitere Personalien bekannt)

Gemäß § 106 StPO wird von der Vernehmung zusätzlich eine Schallaufzeichnung angefertigt.

Frage: Äußern Sie sich zunächst zu Ihrem Gesundheitszustand und dazu in wie weit Sie in der Lage sind, einer Vernehmung zu folgen!
Antwort: Meines Empfindens nach fühle ich mich nicht vernehmungsfähig. Ich bin in ständiger medizinischer Behandlung und meine, in meinem gegenwärtigen Zustand nicht vernehmungsfähig zu sein.
Frage: Ihnen wird mitgeteilt, daß der verantwortliche Arzt der UHA vor Beginn der Vernehmung erklärte, daß Ihre Vernehmung aus medizinischer Sicht nichts entgegensteht, dabei aber Ihr prinzipieller, altersbedingter Gesundheitszustand zu berücksichtigen ist.
Antwort: Trotz dieser Mitteilung nehme ich für mich in Anspruch erklären zu wollen, nicht vernehmungsfähig zu sein. Aus meiner Sicht betrachte ich auch meine Inhaftierung als nicht gerechtfertigt. Dazu werde ich mich mit meinem Rechtsanwalt Graupner verständigen. Ich weiß auch gar nicht so richtig, was man mir vorwirft, da ich mich unschuldig fühle.
Frage: Ihre Erklärung, einer Vernehmung aus gesundheitlichen

Gründen nicht folgen zu können, wird akzeptiert. Ebenso Ihr Wunsch, sich nur im Beisein Ihres Rechtsanwaltes vernehmen zu lassen. Zu Ihrer am morgigen Tag vorgesehenen Unterredung mit dem Rechtsanwalt erscheint es zweckmäßig, Sie nochmals auf den Schuldvorwurf und die Ihnen als Beschuldigter zustehenden Rechte hinzuweisen. In diesem Zusammenhang wird Ihnen nochmals die Verfügung zur Einleitung eines Ermittlungsverfahrens gegen Sie gem. §165 Abs. 1 und 2 Ziff. 1 StGB vom 5.12.1989 durch den Generalstaatsanwalt der DDR zur Kenntnis gegeben. Die in der Verfügung festgehaltenen Einleitungsgründe wurden Ihnen verlesen. Ihnen wird darüberhinaus der Inhalt des §61 und 91 StPO erläutert. Sie werden darüberhinaus darauf aufmerksam gemacht, jederzeit die entsprechenden Gesetzbücher einsehen zu können. Was möchten Sie dazu erklären?
Antwort: Ich habe die Mitteilung verstanden und mir Notizen für mein Gespräch mit dem Rechtsanwalt gemacht. Ich habe mir auch aufgeschrieben, wer an der Vernehmung teilgenommen hat, das habe ich soweit verstanden. Ich erkläre aber trotzdem, unschuldig zu sein. Und wenn mir erklärt wird, daß es um Amtsmißbrauch u. ä. in meinem Ermittlungsverfahren geht, so muß ich das zurückweisen und entsprechende Einzelheiten mit meinem Rechtsanwalt bereden. Ich selber habe in Wandlitz zwar meine Vorteile gehabt, aber keine Handlungen gegen die Gesetze begangen. Alles was ich bisher getan habe, tat ich für die DDR und die Sache des Sozialismus. Weder für meine Person noch für andere Leute, auch nicht für Hermann Axen, auf den ich hier hingewiesen wurde, habe ich meine Funktion ausgenutzt, um Häuser zu bauen noch andere Vorteile zu erlangen. Wolletz, was als mein Schloß schon viel durch die Zeitung ging, ist nicht mein Eigentum, sondern gehört seit Jahren dem MfS. Ich war da ab und zu nur am Wochenende. Zu diesen Fragen werde ich mich aber mit meinem Anwalt konsultieren und dazu, sollte sich mein Gesundheitszustand bessern, in späteren Vernehmungen Stellung nehmen. Mit dem Bau des Freizeithauses für Hermann Axen habe ich nichts zu tun, prüfe es aber.*
Frage: Möchten Sie andere aus Ihrer Sicht als Beschuldigter wichtige Erklärungen vor Abschluß der Vernehmung vorbringen?

* Die Wendung «prüfe es aber» wurde von Mielke handschriftlich eingefügt und paraphiert.

Antwort: Ich bitte zu prüfen, ob ich aus der Haft zeitweilig zum Besuch meiner Verwandten entlassen werden kann. Darüberhinaus bitte ich zu prüfen, in wie weit mich meine Ehefrau zu Weihnachten und zum 28.12.1989, meinem Geburtstag besuchen kann. Nachdem mir auf eine entsprechende Frage mitgeteilt wurde, daß meine Haftbeschwerde als unbegründet zurückgewiesen wurde, möchte ich darauf hinweisen, daß ich eine erneute Haftbeschwerde anstrebe und mich dazu mit meinem Rechtsanwalt konsultiere. Darüberhinaus möchte ich mit Nachdruck darauf hinweisen, daß meine Rechte als Beschuldigter, insbesondere aus der Sicht des internationalen Rechts berücksichtigt werden, wo es ja bekanntlicherweise üblich ist, kurzzeitig zu Besuchszwecken aus der Haft entlassen zu werden. Was die ganzen anderen Vorwürfe betrifft gegen mich und andere, zu denen ich im heutigen «Neuen Deutschland» im Zwischenbericht der Untersuchungskommission gelesen habe und die Korruption u. a. betreffen, werde ich mich dazu mit meinem Anwalt konsultieren und bei Vernehmungsfähigkeit dazu Stellung nehmen.
Frage: Konnten Sie dem bisherigen Vernehmungsgespräch trotz Ihres Gesundheitszustandes folgen?
Antwort: Ich habe alles verstanden. Wenn ich erklärte, daß ich nicht vernehmungsfähig bin und wenn das durch den Abbruch der Vernehmung akzeptiert wird, so möchte ich insbesondere darauf hinweisen, daß ich mich mit dieser Erklärung vor keiner Verantwortung drükken will, sondern tatsächlich momentan nicht kann.

Mir wurde mitgeteilt, daß ich die Schallaufzeichnung der Vernehmung anhören kann.

Ich habe das Vernehmungsprotokoll selbst gelesen. Der Inhalt entspricht meinen Aussagen. Meine Worte wurden richtig wiedergegeben, das bestätige ich durch meine Unterschrift.

geschlossen:

Zimmermann *Erich Mielke*
Major
(Untersuchungsführer)

Riediger
Oberleutnant der K
(Einsatzgruppe K des MfIA)

Renner
Militärstaatsanwalt

An der Vernehmung nahm teil Oberleutnant Olschewski (medizinischer Dienst UHA). Aus medizinischer Sicht erklärte er, nach Abschluß der Vernehmung, daß gegen diese aus medizinischer Sicht keine Bedenken vorlagen.

Olschewski
Oberleutnant

Nach Durchlesen des Vernehmungsprotokolls, darüber wurde eine Schallaufzeichnung gefertigt, sowie der Vornahme von handschriftlichen Korrekturen erklärt der Beschuldigte, das Protokoll erst nach Konsultation mit seinem Rechtsanwalt unterschreiben zu wollen.

Mielke
5.11.1990

Militär-Oberstaatsanwalt
Abteilung I
Az.: Str. I-151/89 S

Berlin, den 05.01.1990
Re.

Beginn: 11.10 Uhr
Ende: 11.30 Uhr

3. Beschuldigtenvernehmung

des *Mielke, Erich*
PKZ: 28120743 0153
in U-Haft seit: 07.12.1989
z. Zt. UHA I Berlin-Rummelsburg
(weitere Personalien s. 1. BV v. 07.12.89)

Zu Beginn meiner heutigen Beschuldigtenvernehmung wurde ich durch den Militärstaatsanwalt auf die Gewährleistung meines Rechtes auf Verteidigung hingewiesen, was sich in der Teilnahme des Rechtsanwaltes, Herrn Wetzenstein-Ollenschläger, an der Vernehmung widerspiegelt.

Eingangs erkläre ich auf Befragen, daß ich mich gesundheitlich nicht in der Lage fühle, der Beschuldigtenvernehmung folgen zu können. Wenn mir auch vorgehalten wird, daß ich im Ergebnis der heutigen Visite als vernehmungsfähig eingeschätzt werde, so bleibe ich dennoch bei meiner Aussage.

Ich habe doch schon ausgesagt, daß ich unschuldig bin. Ich weiß nichts von Freizeitobjekten, konkret für den *Herrmann Axen*, und ich habe solche Genehmigungen für die Errichtung von derartigen Bauten für die persönliche Nutzung von Mitgliedern des ehemaligen Politbüros nicht erteilt.

Wenn mir zum Beispiel auch ein von mir unterschriebenes Antwortschreiben an *Herrmann Axen* vom 15. Februar 1985 zur Einsichtnahme vorgelegt wird, so kann ich mich trotzdem daran nicht erinnern.

Zu diesem Problem kann ich keinerlei Angaben machen. Ich habe bisher nur für den Sozialismus und für meinen Staat gearbeitet und keinen wirtschaftlichen Schaden verursacht.

Zu dem mir vorgehaltenen Farbfoto, das einen Hirsch darstellt, erkläre ich, daß dieses seinerzeit an mich ausgeliehene Bild in meiner Wohnung aufgehängt war und bereits an die Kunstsammlung Dresden zurückgegeben wurde. Daß die Rückgabe erfolgte, ist sicher, Einzelheiten dazu kann ich nicht mehr angeben. Wenn mir ein Schreiben der Kunstsammlung Dresden vom 27.11.1989 vorgezeigt wird, wonach das Bild mit dem Hirsch noch nicht zurückgegeben wurde, so habe ich dafür keine Erklärung. Ich verkaufe doch keine Bilder.

Zur Herkunft und dem Verwendungszweck eines mir vorgelegten Stahlschrankschlüssels mit der angehängten Blechmarke mit der aufgestanzten Nummer 14 – 5/13 weiß ich nichts, auch wenn mir vorgehalten wird, daß sich dieser Schlüssel in meinem Dienstbereich befunden hat.

Befragt nach meinen Sparkonten, erkläre ich, daß ich auf diesen nur selbst verdiente Gelder habe. Da kann mir keiner was vorwerfen, weil ich mich nicht bereichert habe. Auf den Vorhalt, am 23.11.1989 von der Sparkasse des Amtes für Nationale Sicherheit von meinem Konto 300000,– Mark in bar abgehoben zu haben, erkläre ich, daß das stimmt. Ich gebe aber keine Auskunft darüber, was ich mit diesem Geld gemacht habe, weil das meine Sache ist, was damit geschieht. Meiner Ehefrau habe ich das Geld nicht gegeben, weshalb ich darum bitte, daß sie in dieser Hinsicht unterstützt wird.

Abschließend sage ich, daß ich unschuldig mich in Untersuchungshaft befinde. Ich habe zur Kenntnis genommen, daß durch den Militärstaatsanwalt zwei Anträge meiner Rechtsanwälte über die Freigabe eines Geldbetrages von meinem Konto und meine Begutachtung auf Haft- und Vernehmungsfähigkeit bearbeitet wird.

Eingangs der Beschuldigtenvernehmung wurde mir mitgeteilt, daß gemäß § 106 der Strafprozeßordnung eine Schallaufzeichnung darüber gefertigt wird.

Ich habe das Vernehmungsprotokoll gelesen. Der Inhalt entspricht sinngemäß meiner Aussage. Die richtige Wiedergabe meiner Worte bestätige ich durch meine Unterschrift.

Geschlossen: selbst gelesen, genehmigt und unterschrieben:

Zimmermann *Erich Mielke*
Untersuchungsführer

Renner
Militärstaatsanwalt

An der Vernehmung nahm Oberleutnant *Olschewski* als Vertreter des Medizinischen Dienstes der Untersuchungshaftanstalt teil.

Olschewski
Oberleutnant

Militär-Oberstaatsanwalt Berlin, den 16.01.1990

Vernehmung des Beschuldigten

Mielke, Erich
geb. am 28.12.1907 in Berlin
z. Zt. UHA Berlin-Rummelsburg – Haftkrankenhaus

weitere Personalien siehe Beschuldigtenvernehmung

Blatt Band der Akte.

Beginn der Vernehmung: 14.00 Uhr
(im Beisein von Herrn Dr. Janata)

Ich möchte Sie heute, obwohl ohne große Vorbereitung, zu einem kleinen Komplex vernehmen, den ich Ihnen vorgegeben habe und der den Gegenstand des gegen Sie eingeleiteten Verfahrens bildet. Vorher möchte ich Sie jedoch informieren, obwohl das schon durch Ihren Rechtsanwalt erfolgt ist, daß durch den Generalstaatsanwalt der DDR das gegen Sie laufende Ermittlungsverfahren auf die Tatbestände der §§ 96 StGB – Hochverrat – und 107 StGB – verfassungsfeindliche Verbindungen – erweitert wurde.

Ich möchte darauf hinweisen, daß das noch keine Anklage ist, sondern von strafprozessualer Bedeutung, damit innerhalb des Ermittlungsverfahrens Ihre strafrechtliche Verantwortlichkeit nach diesen Tatbeständen geprüft wird.

Heute soll nur das Problem behandelt werden, wozu ich Ihnen Fragen zugeleitet habe, da in Vernehmungen ehemaliger Unterstellter von Ihnen ersichtlich ist, daß nur der ehemalige Minister dazu Aussagen treffen kann.

Frage: Fühlen Sie sich in der Lage zu sprechen, können Sie auf die vorliegenden Fragen Antwort geben?
Antwort: Was Sie mir sagen, ist fast unfaßbar. Ein Mensch, der seit seinem Lebensanfang treu gearbeitet hat und für unsere Sache kämpfte, an wem soll der denn Hochverrat machen.

Ich war doch zuständig dafür, Hochverrat zu untersuchen und zu bekämpfen. Ich bin in einem noch schlechteren gesundheitlichen Zustand geraten durch die Eröffnung, die Sie mir machten. Das verstehe ich nicht. Ich habe der Partei, dem Staat und dem sozialistischen Lager gedient. Dieser Vorwurf ist mir unglaublich und widersprüchlich. Ich werde Einspruch erheben, da es durch nichts bewiesen ist. Ich bin bemüht, zur Aufklärung beizutragen und Fragen zu klären, die notwendig sind. Ich bin jetzt moralisch am Ende, daß man mir das vorwirft, kann ich nicht verstehen und komme nicht darüber hinweg. Es gibt keinen Anlaß dazu, diesen Verdacht aufzuwerfen. Als Minister für Staatssicherheit war ich doch für die Gesetze verantwortlich und hatte für die Durchsetzung der Verfassung zu kämpfen, Beschlüsse des Nationalen Verteidigungsrates durchzuführen. Aber ich konnte nichts entscheiden, ich legte vor und habe meine Entscheidungen bestätigen lassen.

Frage: Die Lage ist so, daß nicht nur die Staatsanwälte, sondern auch die Bevölkerung über ungesetzliche Praktiken des ehemaligen MfS informiert sind. An dieser Tatsache können wir nicht vorbeigehen. Wir haben in fast allen Bezirksdienststellen Abhöranlagen kappen lassen, die beweisen, daß ungesetzliche Praktiken durch die Organe des ehemaligen MfS geübt wurden.

Antwort: Ich habe gar nicht mitkriegen können, welche Sachen dort gegen die Verfassung sind. Ich dachte, daß alles geschieht für die Durchsetzung der Verfassung und nicht gegen sie.

Frage: Wir wollen heute nicht den ganzen Komplex behandeln, sondern schrittweise vorgehen und uns in Anbetracht Ihres Gesundheitszustandes auf wenige Fragen beschränken. Wir haben dazu Aussagen Ihrer ehemaligen Nachgeordneten und prüfen, ob diese glaubhaft sind, d. h. ob diese Aussagen stimmen oder nicht.

Antwort: Meine Mitarbeiter, die alles ehrliche Menschen waren, auch wenn mal Fehler passiert sind, werde ich nicht in den Schmutz treten. Ich kann nicht sagen, was nicht in Ordnung war, was verfassungswidrig wäre. Ich stehe zu meinen Mitarbeitern, die ehrlich und gewissenhaft für die Republik gearbeitet haben und sich für die Partei einsetzten. Mehr kann ich dazu nicht sagen.

Ich war Minister für Staatssicherheit und jeder Staat hat Staatsgeheimnisse. Darüber spreche ich nicht, damit nicht westliche Geheimdienste davon profitieren. Aber seit Monaten ging doch schon vor dem

07.10.1989 die Hetze los vom Westen gegen unseren 40. Jahrestag. In der Presse und in den Nachrichten war die Sache ernst, daß da was passieren wird. Die Sache war außerordentlich beunruhigend. Signale waren da, die Sache war exakt, daß sie am 07. mit 100000 über die Mauer gehen. Die Informationen stammten nicht nur aus wie man so sagt, zuverlässigen Quellen, auch die Gegenseite signalisierte solche Absichten. Das war die Lage, in der wir uns befanden zu dieser großen monatlichen Hetze. Die Dinge wurden durchdacht, auch die Ergebnisse des eigenen Nachrichtendienstes. Lange Überlegungen waren nötig, 140 ausländische Persönlichkeiten waren zu Besuch. Kann das eine Provokation sein, um diese Vertreter abzuhalten, daß es keine Ruhe und Ordnung, keine Sicherheit für sie in der Republik gibt? Die Meldungen verdichteten sich. Auf Grund dieser Tatsache wurden dann die Maßnahmen, die notwendig waren, die Befehle des Nationalen Verteidigungsrates und der Einsatzleitung Berlin getroffen. Entsprechend den Gesetzen und Vorschriften gab es Maßnahmen, die ihre Berechtigung und Verpflichtung für uns als Ministerium hatten. Wir wußten, daß es eine illegale Demonstration, eine Zusammenrottung ist. Wir hatten auch innere Informationen, daß da ein harter Kern ist, der es darauf anlegt, daß es zum Zusammenstoß kommt. Wir haben auch mit Kirchenverantwortlichen gesprochen, die aber schließlich sagten, sie haben keine Macht. So kam es dazu, daß wir unsere Maßnahmen einleiten mußten, denn der 40. Jahrestag durfte nicht gefährdet werden. Alles war im Palast der Republik versammelt, die ganzen Botschafter aus aller Welt, dazu gab es in anderen Ländern eine Bannmeile. Aber das Brandenburger Tor war nur mit normalen Kräften besetzt, mit Posten der Grenztruppen. Deshalb wurden Maßnahmen eingeleitet. Ich habe die Notwendigkeit gesehen, diesen Versuch unter allen Umständen mit friedlichen Mitteln zu verhindern.

Frage: Waren Sie vor Ort und haben Sie sich das angesehen?

Antwort: Sie haben gefragt, ob ich da war; ja ich habe mir das vor dem Palast der Republik angesehen. Ich habe keine Angst um meine Person und um mein Leben gehabt. Es kommt noch eines hinzu, was niemand so gesehen hat. Wir mußten unbedingt dafür sorgen, daß die Strecke für den Rückflug der Gäste gesichert war.

Diese Strecke aber wurde von den ganz bewußten Menschen blokkiert. Eine neue Situation entstand. Es wurde eine neue Strecke ausgedacht, eine Umgehungsstrecke gefunden, die keine Gefahr für die Gäste darstellte. Ich befand mich im Palast der Republik und bin nach Beginn der Veranstaltung ins Einsatzzimmer gegangen, falls Meldungen kommen und Entscheidungen notwendig sind. Ich hatte auch keine Verantwortung selbst, die hatte ich nicht. Denn alles was ich machte, das habe ich als Militär und Untergeordneter getan. Ich war nicht derjenige, der die alleinige Macht, die Verantwortung hatte. Man hatte auch den Einsatzstab Berlin, das sind alles Parteigenossen. An diesem Tag sollte es zu keinen Ereignissen kommen, die nicht würdevoll waren. Ich bin selber nachts nach Hause gefahren.

Ich habe lange überlegt über diese Frage, daß man mit so etwas rechnete. Die Informationen verdichteten sich, alles mußte abgesichert werden, Unter den Linden, Brandenburger Tor, die Botschaften, damit es nicht zu der geplanten Provokation kommt. Monatelang wurde schon propagiert, wie man dem 40. Jahrestag die politische Bedeutung nimmt. Alles, was in meinen Kräften stand, habe ich getan und mein Ministerium, um die Republik zu stärken und nicht zu schwächen, in jeder Beziehung.

Auch ich habe Befehle ausgeführt. Als Minister für Staatssicherheit entnahm ich aus Beschlüssen und Weisungen, was ich zu tun hatte.

Frage: Haben Sie aus der persönlichen Inaugenscheinnahme noch weitergehende Befehle getroffen als die, die schon da waren.

Antwort: Es war alles geregelt und ich habe alles getan, damit alles in einer ruhigen und friedlichen Art gelöst wird. Ich soll mich nun auch noch moralisch verantworten, aber ich bin moralisch fertig. Ein Mensch, der seit dem 14. Lebensjahr verschiedene Male dem Tod ins Auge sah, der hat ein menschliches Verlangen, daß alles in Ruhe und Ordnung vor sich geht und mit politischen Mitteln beherrscht wird. Nun befinde ich mich hier für eine Sache, die auf der damaligen Verfassung basierte. Möge sein was war und auch was falsch war, ich stehe gerade für alles, was ich gemacht habe, ich habe meine Befehle bewußt unterschrieben und durchdacht erlassen auf der Grundlage was angewiesen war. Ich habe die Befehle abzeichnen lassen, weil es so eine ernste Sache war und keine alleinige Staatssicherheitssache.

Frage: Wenn Sie mit einem so energischen Auftreten damals oppositioneller Kräfte gerechnet haben, so waren die dazu getroffenen Vorkehrungen, z. B. Unterbringung in den Zuführungspunkten, aber ganz miserabel.

Antwort: Nein, das kann ich von mir nicht sagen. Wir stehen auch nicht zur Diskussion. Es war bedacht, daß alles in Ordnung geht, daß die Zuführungen nach den Gesetzen erfolgen. Keine anderen Handlungen als die, die die Gesetze vorschreiben.

Frage: Das steht im Widerspruch zu den Aussagen Ihrer Unterstellten. Es gibt die Aussage eines Ihrer Hauptabteilungsleiter, der sich bemüht hatte, Leute frei zu bekommen am 07. und auch am 08.10. die absolut unschuldig sind, zufällig mit rein kamen und dem sie kategorisch verboten, die Leute freizulassen.

Antwort: So etwas gab es nicht. Wenn das so ist, dann wurden sie sofort rausgelassen. Das entspricht nicht meiner Verantwortung und ich habe mich immer an die Gesetzlichkeit gehalten. Ich bin kein Dummkopf der Dinge anweist, für die es keinen Grund gibt.

Frage: Unterstellte sagen aus, daß Sie bei Ihnen intervenierten, aber daß Ihre kategorische Weisung war, wenn die Volksfeste vorbei sind, dann sollen sie meinetwegen gehen, aber bis dahin sollen sie sitzen.

Antwort: Das ist nicht von mir gesagt worden. Es gibt doch nur die Unterschiede, wen hatte es belastet und wen nicht, wer ist Provokateur und wer nicht. Wir waren monatelang im Einsatz. Es war ja immer etwas los. So etwas gab es nicht, daß die Leute so lange festgehalten worden sind, auch solche, die nichts gemacht haben.

Frage: Wie erklären Sie sich, daß so lange Menschen festgehalten wurden, darunter viele, die überhaupt nichts gemacht hatten.

Antwort: Es ergibt sich aus der Lage, daß auch solche mitgenommen wurden, die nichts gemacht haben. Sie wurden aber in der gesetzlichen Frist entlassen.

Frage: Wer hat Sie über den Gang der Dinge in Berlin informiert?

Antwort: Es kamen viele Meldungen, auch vom Untersuchungsorgan. Es sind ja alle entlassen gewesen, ich habe mich eindeutig an die Gesetze gehalten. Nur wenn es einen anderen Grund gab, dann nach der gesetzlichen Frist.

Frage: Wer war verantwortlich für die Lage in den Zuführungspunkten?

Antwort: Das kann ich nicht sagen. Es gab Zuführungspunkte von

uns und der Volkspolizei. Es gibt keine Anzeichen, wo die Staatssicherheit angegriffen wird. Aber der Umfang der Arbeit der Volkspolizei war ja auch größer.
Frage: Ich kenne den Zuführungspunkt Magdalenenstraße. Es gab dort keine Beschwerden. Aber es gab auch noch andere, z. B. hier in Rummelsburg, immer wieder wird gesagt, daß die Volkspolizei zwar da war, aber das Sagen hatten die Leute vom MfS.
Antwort: Das ist nicht so. Heute stellt sich die Sache ganz anders dar. Aber das ist nicht so. Verantwortung trägt jeder Minister selber für seinen Verantwortungsbereich. Ich habe stets darauf geachtet, daß es korrekt zugeht. Keine Frage ist offen geblieben. Nehmen Sie nur mal die Meldung, daß man mit 100000 Mann über die Mauer geht. Was hätte das an diesem Tag bedeutet. Diese Informationen hatte ich von so vielen Quellen, auch von drüben. Wenn man nicht diese Schlußfolgerung gezogen hätte, wäre Schlimmes passiert. Wir wollten nicht den 40. Jahrestag beschmutzen lassen, Unbesonnenheit zulassen. Ich bin unschuldig, was den § 165 StGB betrifft. Ich habe einzig und allein die Interessen meiner Republik und meiner Partei wahrgenommen, nichts mehr. Ich habe mein ganzes Leben dafür eingesetzt. Ich habe von meinem Leben nicht viel gehabt. Mein Bedürfnis war, meine Republik zu stärken, der Arbeiterklasse sollte es besser gehen. Ich gehe keiner Verantwortung aus dem Weg. Die Ereignisse erschüttern mich zutiefst, Treptower Ehrenmal und Gera. Wenn MfS noch dagewesen wäre, wäre das nicht passiert. Ich werde über keine geheimdienstlichen Sachen aussagen. Keine Staatsgeheimnisse verraten.
Ende der Vernehmung: 14.45 Uhr.

geschlossen:	gelesen und unterschrieben:
Girke, Generalmajor	*Erich Mielke*

Rummelsburg, den 25.01.1990
Beginn: 10.00 Uhr
Ende: s. geschlossen

Vernehmungsprotokoll
des Beschuldigten
Mielke, Erich
(weitere Personalien bekannt)
Vernehmung Nr. 06

Zur Sache:

Frage: Herr *Mielke*, fühlen Sie sich in der Lage, diese Vernehmung gesundheitlich durchzustehen?
Antwort: Ich fühle mich gesundheitlich nicht in der Lage. Ich fühle mich zutiefst unschuldig. Ich kann nächtelang nicht schlafen. Einer, der moralisch immer zu seiner Partei gestanden hat, kann gar nicht anders.
Frage: Warum trägt jeder Befehl, jede Weisung, jedes Schreiben die Bezeichnung «Ministerrat der DDR, Ministerium für Staatssicherheit, der Minister»?
Antwort: Befehle, Weisungen und Schreiben so zu bezeichnen, war Vorschrift. Es kann daraus nicht abgeleitet werden, daß somit alle Befehle, Weisungen und Schreiben vor Erlaß im Ministerrat durchgesprochen wurden. Bei Erfordernis erfolgte dies. Andererseits hatte ich als Minister auch eine persönliche Verantwortung zu tragen.

Wenn ich diese Befehle, Weisungen und Schreiben unterzeichnete, dann war ich auch dafür verantwortlich.
Frage: Wer hat die Abteilung M und 26 geschaffen, wer gab den Anstoß dazu?
Antwort: Ich habe die Frage verstanden.

Diese Abteilung wurde geschaffen, um die DDR vor provokatorische Angriffe zu schützen. Das war der Grundsatz.
Frage: Wer hat die Entscheidung getroffen, war das Ihre eigene Entscheidung oder wurde die Entscheidung mit anderen leitenden Funktionären getroffen?
Antwort: Wenn das so ist, dann muß ich das als Minister entscheiden bzw. in Auftrag geben. Alles, alles, was ich getan habe, als Minister, habe ich untergeordnet zur Verteidigung und Schutze der DDR.

Frage: Wie standen Sie zur Schaffung dieser Abteilung?
Antwort: Alles, was ich als Minister tat, habe ich zum Schutze der DDR getan. Ich habe immer im Interesse der Partei gehandelt. Es ging doch darum, Angriffe von außen von anderen Geheimdiensten zu erkennen und abzuwehren.
Frage: Wie vereinbart sich die Arbeit der Abteilung M und 26 mit den damaligen und heutigen Bestimmungen der Verfassung und der Strafprozeßordnung?
Antwort: Ich vertrete die Auffassung als Minister, daß die Arbeit dieser Abteilung in Übereinstimmung mit der Verfassung der DDR und deren Gesetzen bestand.
Frage: Steht die Arbeitsweise dieser Abteilung nicht im Widerspruch zum Artikel 31 der Verfassung der DDR, wo es u. a. heißt, Post- und Fernmeldegeheimnisse sind unverletzbar bzw. zum § 115 StPO?
Antwort: Ich sehe keinen Widerspruch. Ich möchte aber sagen, daß nur solche Personen überprüft wurden, wo Verdachtsmomente gegeben waren. Weiterhin möchte ich sagen, daß die DDR schweren äußeren Angriffen ausgesetzt war.
Frage: Wurden Sie bezüglich der Ausarbeitung von Befehlen und Weisungen von anderen verantwortlichen Personen beraten?
Antwort: Meine getroffenen Befehle und Weisungen basierten immer auf die gesetzlichen Bestimmungen der DDR. Ich wurde dabei nicht durch andere beraten. Ich habe mich von dem Grundsatz «Alles im Interesse des Volkes und zum Schutze der Republik und der Menschen» leiten lassen. Das war der Grundsatz, das war das Bestimmende meines Handelns. Mein politischer Grundsatz war immer immer ausgerichtet auf die Verhinderung von Feindtätigkeit, Spionage, Sabotage.
Vorhalt: Es werden Ihnen der Befehl 36/74 vom 13.12.74, 20/83 vom 20.12.1983, DA 1/84 vom 02.01.84, Befehl 09/86 vom 05.05.86 und die Ordnung 11/86 vom 05.05.86 vorgelegt, gleichzeitig lege ich Ihnen diese Unterlagen zur Einsicht vor. Haben Sie diese erlassen, zu welchem Zweck wurden sie erlassen und auf welcher gesetzlichen Grundlage? Äußern Sie sich dazu!
Antwort: Die mir vorgelegten Dokumente habe ich mir angesehen, bezüglich der geleisteten Unterschrift, und kann sagen, daß ich diese unterzeichnete und somit meine Unterschrift tragen.

Diese Dokumente wurden zum Zwecke der Abwehr erarbeitet. Sie

dienten weiterhin dem Schutze unserer Republik und wurden auf den Grundlagen unserer gesetzlichen Bestimmungen verfaßt.
Frage: Wurden diese Befehle in einem bestimmten Gremium beraten?
Antwort: Aufgrund der politischen und internationalen Lage wurden diese Befehle eigenverantwortlich durch mich erlassen.
Frage: Aus den vorgelegten Befehlen und Weisungen ist unter anderem ersichtlich, daß Ihre Mitarbeiter Stimmungen und Meinungen zu erfassen hatten. Diese wurden an Sie herangetragen. Wie wurde darauf reagiert?
Antwort: Beispielsweise kann ich sagen, daß wir auf solche Mängel, wie undichte Dächer, in der Form reagierten, indem wir über die zuständigen Bereiche solche Maßnahmen einleiteten, daß der Schaden in Kürze behoben wurde. Dafür zeugen Dankschreiben, die wir und auch der Erich *Honecker* erhielt. Diese Antwort ist noch zu konkretisieren.*
Frage: In welchem Gremium wurden die Ihnen bekannt gewordenen Stimmungen und Meinungen konkret angesprochen?
Antwort: Die mir bekannt gewordenen Stimmungen und Meinungen wurden mit verantwortlichen Persönlichkeiten besprochen.
Frage: Wer sind diese Persönlichkeiten?
Antwort: Warum, warum könnte ich, ich nenne keine Namen; ich könnte einen vergessen, könnte einen hinzufügen, aufgrund meines Zustandes, deshalb nenne ich keine Namen.

In Auswertung dieser Stimmungen und Meinungen gab es auch unterschiedliche Auffassungen. Hierzu möchte ich mich nicht näher erklären.

Das Protokoll entspricht in allen Teilen den von mir gemachten Angaben. Meine Worte wurden darin richtig wiedergegeben. Ich bestätige, daß von der Vernehmung eine Schallaufzeichnung gemacht wurde.

Geschlossen: 10.35 Uhr

Neugebauer *Erich Mielke*
Hptm. der K

* Der Satz: «Diese Antwort ist noch zu konkretisieren.» wurde von Mielke handschriftlich hinzugefügt und paraphiert.

Rummelsburg, den 29.01.1990
Beginn: 14.52 Uhr
Ende: s. geschlossen

Vernehmungsprotokoll
des Beschuldigten
Mielke, Erich
(weitere Personalien bekannt)
Vernehmung Nr. 07

Zur Sache:

Frage: Fühlen Sie sich in der Lage, der Vernehmung zu folgen?
Antwort: Ich fühle mich gesundheitlich nicht in der Lage. Wie ich bereits mehrfach erklärte, kann ich nachts nicht schlafen, die anliegende Sache belastet mich sehr, und ich habe den Eindruck, daß mein Gedächtnis nachläßt.
Frage: Herr Mielke, trotzdem Sie erklärten, sich gesundheitlich nicht in der Lage zu fühlen, möchte ich Ihnen einige Fragen stellen, und ich bitte Sie, entsprechend Ihres Gesundheitszustandes, doch zu versuchen, eine Antwort zu geben. Wollen wir so verfahren?
Antwort: Ich werde es versuchen.
Vorhalt: Herr Mielke, Sie haben erklärt, daß die Aussage in der Beschuldigtenvernehmung vom 25.01.1990, Blatt 04, inhaltlich nicht ausreichend protokolliert ist. Deshalb nochmals die Frage: Aus den vorgelegten Befehlen und Weisungen ist unter anderem ersichtlich, daß Ihre Mitarbeiter Stimmungen und Meinungen zu erfassen hatten. Diese wurden an Sie herangetragen. Wie wurde darauf reagiert?
Antwort: Zu dieser Frage möchte ich ergänzen, daß unsere Aufgabe auch darin bestand, die erlangten Informationen zu den betreffenden Stellen weiterzuleiten. So in die verantwortlichen Bereiche der Ökonomie, Kultur und andere. Wenn erforderlich, wurden auch bestimmte Informationen unter den Verantwortlichen ausgetauscht.
Frage: Herr Mielke, wie erklären Sie sich die Tatsache, daß durch Ihre Mitarbeiter Post-, Brief- und Telefonverkehr kontrolliert bzw. abgehört wurden, wo nicht die Voraussetzungen gem. Artikel 31 der Verfassung der DDR bzw. § 115 StPO vorlagen?

Antwort: Ich erkläre, daß diese Tätigkeit nicht im Widerspruch zu den bestehenden Gesetzen stand. Mir sind in der Zeit meiner Tätigkeit als Minister für S derartige Verstöße nicht bekannt geworden.

Frage: Herr Mielke, Sie haben in dem Befehl 14/89 Aktionen «Jubiläum 40» die alleinige Verantwortung festgelegt, unter anderem heißt es: «daß durch den Einsatz aller geeigneten Mittel jeglicher Terror und Gewalthandlungen konsequent zu verhindern sind».

Was bedeutet konsequent?

Antwort: Es ist richtig, daß ich entsprechend dieses vorliegenden Befehls die alleinige Verantwortung des Einsatzes getragen habe. In diesem Befehl ging es darum, diese Veranstaltung so abzusichern, daß eine hohe Ordnung und Sicherheit gegeben war. Auf Grundlage dieses Befehls waren die Leiter und Unterstellten in der Lage, eigenverantwortlich zu handeln. Also die Unterstellten und Kommandeure in ihren Abschnitten handeln konnten.

Frage: Herr Mielke, haben Sie persönlich den Einsatz von Mitteln gefordert, die den Einsatz einfacher körperlicher Gewalt übersteigt?

Antwort: Ach nein, habe ich nicht.

Vorhalt: Der Zeuge Kunst sagte in der Vernehmung vom 03.01.90 aus, daß Sie persönlich die Räumung des Marx-Engels-Forums mit allen Mitteln forderten!

Antwort: Wann soll denn das gewesen sein?

Vorhalt: Das war am 07.10.1989 gegen 18.30 Uhr, auf der Karl-Liebknecht-Brücke!

Antwort: Ich kann mich darauf nicht entsinnen.

Anliegen war es doch, eine hohe Ordnung und Sicherheit zu gewährleisten. So waren ja unter anderem auch die gesellschaftlichen Kräfte in meinen Befehlen miteinbezogen. Es ging darum, die Gewährleistung der Ordnung und Sicherheit zu garantieren, aber ohne Gewalt. Das war ja auch nicht nötig, ein Diskutierklopp war das.

Vorhalt: Der Zeuge *Czech*, Thomas sagte in der Vernehmung vom 22.12.89 aus, daß Sie persönlich am 07.10.89, gegen 23.00 Uhr/23.30 Uhr, im Bereich Schönhauser Allee/Höhe U-Bahnhof forderten: «Dann haut sie doch zusammen, die Schweine!»

Antwort: Dazu wurde ich bereits vom Genossen Oberstleutnant gehört. Ich war nicht da.

Vorhalt: Herr Mielke, in der Politbürositzung, in der Erich Honecker als Generalsekretär abgesetzt wurde, haben Sie nach Angaben des Krolikowski sinngemäß erklärt: «Erich, wenn Du nicht zurücktrittst, dann sage ich hier Dinge, die ich eigentlich mit in mein Grab nehmen wollte»!
Antwort: Mir fällt dazu nichts ein. Ich kann mich daran nicht entsinnen... Ich habe so etwas nicht gesagt*
Frage: Wer war Rechtsträger des Objektes Wolletz, Krs. Angermünde?
Antwort: Rechtsträger war MfS und dies bereits vor Übernahme meiner Tätigkeit als Minister für S.
Frage: Wer trug die Unkosten bezüglich Umbau und Unterhaltung?
Antwort: Diese wurden eingebaut in den Plan. Diese Kosten wurden beantragt.
Frage: Wer war verantwortlich für das Objekt?
Antwort: Es gab einen hauptamtlichen Objektleiter.
Frage: Handelt es sich um ein Ferienobjekt, und wer hat dies genutzt?
Antwort: Es handelt sich um ein Ferienobjekt, und es wurde von Angehörigen des MfS genutzt. Dieses Objekt nutzten sowohl einfache Mitarbeiter bis hin zum General. Die entstandenen Unkosten für die Nutzung des Objektes trugen die jeweiligen Feriengäste. Dies kann auch anhand von Kassenbelegen nachgewiesen werden. Ich persönlich habe auch die entsprechenden Unkosten selbst getragen.
Frage: In diesem genannten Objekt erfolgten mehrfache Umbauten. Wer forderte diese?
Antwort: Die durchgeführten Umbauten wurden von keiner Person speziell gefordert. Die ergaben sich aus der Notwendigkeit, die sich aus der Aufrechterhaltung des Ferienbetriebes ergaben.

Wenn behauptet wird, daß nur ich dieses Objekt nutzte, so sage ich nein, nein.

Wie bereits gesagt, läßt sich dies anhand von vorhandenen Dokumenten belegen.

* Der Satz «Ich habe so etwas nicht gesagt» wurde von Mielke handschriftlich hinzugefügt und paraphiert

Das Protokoll entspricht in allen Teilen den von mir gemachten Angaben. Meine Worte wurden darin richtig wiedergegeben.

Ich bestätige, daß von der Vernehmung eine Schallaufzeichnung gemacht wurde.

Geschlossen: 15.30 Uhr

Neugebauer
Hptm. der K

Erich Mielke

Rummelsburg, den 30.01.1990
Beginn: 14.05 Uhr
Ende: s. geschlossen

Vernehmungsprotokoll
des Beschuldigten
Mielke, Erich
(weitere Personalien bekannt)
Vernehmung Nr. 08

Zur Sache:

Frage: Fühlen Sie sich in der Lage, der Vernehmung zu folgen? Sind Sie in der Lage, das Vernehmungsprotokoll vom 29.01.1990, Vernehmung Nr. 07, zu lesen und zu unterzeichnen?
Antwort: Ich fühle mich nicht dazu in der Lage, ich bin durcheinander geraten.

Ich habe Herzbeschwerden, ich habe auch schon mehrfach dem Staatsanwalt meinen Zustand geschildert.

Ich bitte Sie, mir das Vernehmungsprotokoll an den nächstfolgenden Tagen vorzulegen.
Frage: Warum haben Sie am Vormittag des 08.10.89 telefonisch an den damaligen Leiter der HA/Untersuchung, Herrn Fister, die Weisung erteilt, keine Entlassung von zugeführten Personen, ohne Ihre persönliche Zustimmung, vorzunehmen?
Antwort: Ich habe die Frage verstanden, warum soll man die Frage nicht verstehen? Es ist nicht zutreffend, daß ich Herrn *Fister* eine solche Weisung erteilte.
Frage: Warum haben Sie am Nachmittag des 08.10.89 in dem Telefongespräch mit Herrn *Fister* nicht zugestimmt, Personen zu entlassen, denen keine Rechtsverletzungen nachgewiesen werden konnten bzw. bei denen die 24-Stunden-Frist der vorläufigen Festnahme überschritten wurde?
Antwort: Das höre ich zum ersten Mal, ich habe keine Ahnung davon.
Frage: Ist Ihnen der Herr Fister bekannt? Es handelt sich um den Leiter HA/Untersuchung.

Antwort: Ja, der Leiter der Hauptabteilung, Herr *Fister*, ist mir bekannt. Ich habe mit diesem kein solches Gespräch geführt.

Ich kann mir auch nicht erklären, wie der Herr Fister zu solcher Aussage kommt.

Das Protokoll entspricht in allen Teilen den von mir gemachten Angaben. Meine Worte wurden darin richtig wiedergegeben. Ich bestätige, daß von der Vernehmung eine Schallaufzeichnung gemacht wurde.

Geschlossen: 14.14 Uhr

Neugebauer *Erich Mielke*
Hptm. der K

Rummelsburg, den 31.1.1990
Beginn: 10.10 Uhr
Ende: 10.20 Uhr

Vernehmungsprotokoll
des Beschuldigten
Mielke, Erich
(weitere Personalien bekannt)

Zur Sache:

In Ergänzung des Vernehmungsprotokolls vom 30.1.1990
– Vernehmung Nr. 08 –
wird Ihnen folgender Vorhalt gemacht:

Der Zeuge Fister sagt in seiner Zeugenvernehmung vom 9.9.1990 aus, daß Sie bezüglich des 8.10.1989 die Ihnen in der Beschuldigtenvernehmung vom 30.1.1990 vorgehaltenen Telefongespräche führten und ihm die Weisungen

- keine Entlassung von Personen zuzustimmen ohne seine Zustimmung
- keine Entlassung von Personen zuzustimmen, auch wenn keine Rechtsverletzung vorliegt bzw. die Frist der vorläufigen Festnahme – 24 Std. – überschritten ist

erteilten!

Antwort: Nein. Der Zeuge Fister weiß, wie nach den Gesetzen zu handeln ist. Alles andere gab es nicht und er weiß, daß wir nach den Gesetzen gehandelt haben.

Das Protokoll entspricht in allen Teilen den von mir gemachten Angaben. Meine Worte wurden darin richtig niedergeschrieben.

Geschlossen:

Neugebauer *Erich Mielke*
Hauptmann d. K

Hohenschönhausen, den 22.2.1990
Beginn: 10.00 Uhr
Ende: siehe geschlossen

Vernehmungsprotokoll Nr. 14
des Beschuldigten
Mielke, Erich
(weitere Personalien bekannt)

Zur Sache:

Mit dem Gegenstand der Beschuldigtenvernehmung vertraut gemacht und auf die Rechte als Beschuldigter hingewiesen gebe ich zu Protokoll:

Frage: Herr Mielke, fühlen Sie sich in der Lage gesundheitlich, wie auch immer, der Vernehmung zu folgen?
Antwort: Ich fühle mich gesundheitlich nicht in der Lage dazu. Ich bin am Ende, ich bin fix und fertig. Ich bin nicht bei klarem Verstand. Ich kann nicht folgen, ich kann die Fragen nicht verstehen.
Vorhalt: Entsprechend einer ärztlichen Stellungnahme wird eingeschätzt, daß Sie entsprechend Ihrem Gesundheitszustand maximal 30 Minuten vernehmungsfähig sind. Somit ist es auch Pflicht des Untersuchungsorgans Ihnen in dieser Zeit Vorhalte bzw. Fragen zu stellen.
Frage: Beim Rücktritt des Herrn Honecker wurde Ihnen ein Koffer mit Akten, u. a. von Herbert Wehner, Häftlingsfreikäufen, übergeben. Was können Sie dazu sagen? Wo befindet sich dieser Koffer?
Antwort: Ich kann dazu nichts antworten, ich weiß dazu nichts. Mir ist von einem solchen Koffer nichts bekannt, ich kann dazu nichts sagen. Ich habe davon keine Ahnung.
Vorhalt: Können Sie nicht oder wollen Sie nicht?
Antwort: Ich kann darauf keine Antwort geben.
Frage: Im Geschenkfond, 6. Etage, Zimmer 605 und 607 befinden sich Münzen.

Wem gehören diese Münzen?

Gleichzeitig werden Ihnen von den entsprechenden Einrichtungen Bilder vorgelegt. Es geht doch um die Klärung der Eigentumsverhältnisse!

Antwort: Ich habe keine Vorstellungen, ob erste oder 5. Etage. Ich fühle mich nicht in der Lage dazu etwas zu sagen. Ich möchte meinen Rechtsanwalt sprechen. Ich kann auch nichts zur Herkunft des Bildes sagen. Ich kann dazu keine Auskunft geben. Auch nicht zu den weiteren vorgelegten Bildern. Meine Rechtsanwälte kommen morgen und da werde ich mich mit diesen konsultieren.

Vorhalt: Ihre Rechtsanwälte waren ja nicht in Ihren ehemaligen Räumen tätig und diese wissen ja auch nicht, woher diese Münzen gekommen sind!

Antwort: Ich kann dazu nichts mehr sagen, ich bin nicht mehr vernehmungsfähig.

Frage: Sie waren bis zu Ihrer Verhaftung im Amt und somit in der Lage Ihr Eigentum mit in die Wohnung zu nehmen?

Können Sie dazu eine Aussage treffen, ob Sie das Eigentum mitgenommen haben oder befindet sich noch Eigentum in den Diensträumen?

Antwort: Das alles wegzuräumen, ich war ja so durcheinander, ich kann darauf ja nicht antworten. Ich habe ja in meiner Dienststelle viele Dinge als Minister bekommen. Es wurde vieles hingestellt, ich will darauf keine unwahre Antwort geben. Ich bin nicht im Stande Ihnen dazu behilflich zu sein. Ich bin ja hier eingesperrt und kann mir die Sachen nicht ansehen. Man sieht ja auch an der Sache ob hier Bezugspunkte zu meinem Geburtstag oder menschliche Bezugspunkte bestehen. Ich nenne da Jahrestage oder Geburtstage. Ich bin dazu nicht in der Lage, ich kann dazu nichts sagen.

Ich kann nicht mehr, ich bin fix und fertig.

Frage: Ist Ihnen ein Herr Marcus Wolf bekannt?

Antwort: Marcus Wolf, Marcus Wolf, Marcus Wolf, ich kann dazu nichts sagen. Ich kann auch zu weiteren Fragen dazu nichts sagen. So ist doch ein vorgenommener Umzug Privatsache des Wolf. Ich habe davon keine Ahnung. Ich kann dazu nichts sagen und sage auch nichts dazu, weil ich davon nichts weiß. Ich kann doch nicht etwas zu einem Menschen sagen, zu irgend einem Menschen sagen, der umgezogen ist.

Vorhalt: Herr Mielke, ich habe Sie nicht gefragt, ob irgendein Arbeiter umgezogen ist, sondern Herr Marcus Wolf und dieser war eine Persönlichkeit bei Ihnen!

Antwort: Wenn das bei mir eine Persönlichkeit war, ich habe davon keine Ahnung. Ich weiß nicht, daß diese Sache von uns finanziert wurde. Es ging alles über die Bücher. Ich habe mit dieser Sache nichts zu schaffen.

Frage: In der Vernehmung vom 1.2.1990 haben Sie erklärt, mit den Wahlen vom 07.5.1989 nichts gemein zu haben. Können Sie sich entsinnen?

Antwort: Ja.

Vorhalt: Es wird Ihnen der Befehl (Ablichtung) Nr. 000448 vom 19.3.1989 vorgelegt. Schauen Sie sich diese Ablichtung an, ist es Ihre Unterschrift!

Antwort: Ich sehe mir nichts mehr an. Ich sehe mir nichts mehr an. Ich kann nur wiederholen, daß ich mit den Wahlen nichts zu tun hatte. Ich habe mir auf das bekanntgegebene Wahlergebnis verlassen. Keine wußte, daß eine Wahlfälschung vorliegt. Die Sache ist für mich erledigt.

Vorhalt: Schauen Sie sich nochmals den Befehl an und sagen Sie, wer diesen erarbeitete?

Antwort: Ich schaue mir gar nichts mehr an und ich gebe auch keine Auskunft. Ich bin fertig, ich bin nicht mehr in der Lage dazu.

Vorhalt: Herr Mielke, Sie können ruhig auf die Uhr schauen, es bleibt noch Zeit. Ich mache Sie nochmals eindeutig auf diesen Befehl aufmerksam, weil Sie sagen, mit einer Wahlfälschung haben Sie nichts zu schaffen.

Antwort: Nein.

Vorhalt: In diesem Befehl wurden Verhaltensweisen festgelegt, wie es heißt «zentral getroffene Festlegungen». Wer hat diese getroffen?

Antwort: Ich weiß nicht um was es geht, ich habe mit der Wahlfälschung nichts zu tun.

Vorhalt: Es wird Ihnen der Wortlaut Punkt 1–4 des Befehls 000448 vorgelesen!

Antwort: Glauben Sie mir, was damals war, da habe ich keine Ahnung mehr.

Es haben doch alle geglaubt, daß das Wahlergebnis richtig ist. Und so habe ich es auch geglaubt.

Schluß, ich habe von Wahlfälschung keine Ahnung gehabt. Ich schaue mir keine Unterlagen an, ich bin nicht dazu in der Lage. Ich möchte sagen, soweit wie meine innere Kraft reichte würde ich nie anweisen eine Wahl zu fälschen.

Frage: Warum wurde der Befehl erlassen, daß Anzeigen, die sich gegen eine Wahlfälschung richten nicht entsprechend unserer geltenden Gesetze, zu bearbeiten sind, also eine exakte Prüfung in der 7 Tage-Frist?

Antwort: Ich sage dazu nichts, ich lehne jede Verantwortung für die Wahl ab. Ja, ich lehne jede Verantwortung ab.

Wir haben mit den Wahlen nichts zu tun.

Ich fühle mich nicht mehr in der Lage eine Antwort zu geben. Das Protokoll entspricht in allen Teilen den von mir gemachten Angaben. Meine Worte wurden darin richtig wiedergegeben.

Ich bestätige, daß von der Vernehmung Schallaufzeichnungen gemacht wurden.

Geschlossen: 10.30 Uhr gelesen, unterschrieben

Neugebauer
Hauptmann d. K

Vermerk: Der Beschuldigte Mielke, Erich lehnt es ab, daß Protokoll zu lesen und zu unterschreiben.

Neugebauer
Hauptmann d. K

Berlin, den 06.03.1990
Beginn: 8.55 Uhr
Ende: s. geschlossen

Vernehmungsprotokoll *15. Vernehmung*
des Beschuldigten
Mielke, Erich
(weitere Personalien bekannt)

Zur Sache:

Vorhalt: Herr Mielke, Ihnen wird heute die Möglichkeit gegeben, sich zu folgenden Fragen zu äußern:

1. Welche Entscheidungen trafen Sie bezüglich des Baues oder der Rekonstruktion von Freizeitobjekten der führenden Repräsentanten!
2. Haben Sie 1980 den Einsatz einer Expertenkommission zur Untersuchung des Stromausfalles im Innenring der Waldsiedlung Wandlitz veranlaßt?
3. War das Wachregiment Berlin Ihnen als Minister direkt unterstellt?
4. Haben Sie den Kfz.-Befehl zur kostenlosen Nutzung MfS-eigener Fahrzeuge durch leitende Offiziere Ihres Ministeriums für Urlaubsfahrten u. ä. erlassen?
5. Haben Sie oder *Erich Honecker* die Bildung der W-Gruppe (PKW's für die Waldsiedlung Wandlitz, die durch Angehörige der führenden Repräsentanten kostenlos genutzt werden konnten) veranlaßt?
6. Haben Sie den Befehl an Generalleutnant Wolf erteilt, die wahren Verhältnisse im Ladenkombinat Wandlitz zu verschleiern?
7. Haben Sie die Warenbereitstellung durch Ko-Ko für die Waldsiedlung Wandlitz angewiesen?
8. Haben Sie das kostenlose Betanken sowie die kostenlose Reparatur der Privatfahrzeuge der Angehörigen der führenden Repräsentanten angewiesen?
9. Warum mußte Generalleutnant *Wolf* die Anforderung von Flugzeugen des TG 44 bei Ihnen zur Bestätigung einreichen?

10. Warum mußte beim Einsatz der Flugzeuge der Fluggruppe des MfS analog verfahren werden?
11. Haben Sie Privatflüge der Ihnen unterstellten Hauptabteilungsleiter und Leiter selbständiger Abteilungen mittels Kaderbefehl als Auszeichnung genehmigt?
12. Haben Sie über den Einsatz des TG 44 und der Fluggruppe des MfS entschieden?
13. Haben Sie aus Ihrem Sonderfond Bau und Rekonstruktion von Freizeitobjekten für die führenden Repräsentanten finanziert?
14. Haben Sie oder Erich Honecker alle Entscheidungen zur Ver- und Entsorgung der Waldsiedlung Wandlitz getroffen?

Äußern Sie sich dazu!

Aufgrund meines Gesundheitszustandes und dies mit Nachdruck bin ich nicht mehr in der Lage, mich zu den Vorhaltungen zu äußern. Ich kann diese Problematik nicht mehr erfassen. Ich lehne es ab, auch den schriftlich fixierten Vorhalten durch persönliches Lesen zur Kenntnis zu nehmen. Ich bitte Sie, meinen Zustand zu berücksichtigen und die Vernehmung zu beenden. Ich bitte Sie weiterhin, meinen Gesundheitszustand und meine Verfassung dem aufsichtsführenden Staatsanwalt bzw. dem Generalstaatsanwalt und meinen Verteidigern mitzuteilen, mit dem Ziel, auf eine Haftentlassung hinzuwirken.

Aufgrund meines Gesundheitszustandes lehne ich jegliche Unterschriftsleistungen ab.

Geschlossen: 8.57 Uhr

Neugebauer
Hptm. der K

Berlin, den 07.03.1990
Beginn: 9.45 Uhr
Ende: 9.50 Uhr

16. Beschuldigtenvernehmung
Mielke, Erich
(weitere Personalien bekannt)

Vorhalt: Herr Mielke, Sie sollen heute zusammenfassend zu festgestellten Verletzungen des Fernmeldegeheimnisses gem. Artikel 31 der Verfassung und der Unantastbarkeit der Persönlichkeit der Bürger gemäß Artikel 30 der Verfassung vernommen werden. Sie werden aufgefordert, zu folgenden Schwerpunkten Stellung zu nehmen:

1. Die Verfassung der DDR läßt eine Einschränkung des Fernmeldegeheimnisses nur auf gesetzlicher Grundlage zu. Außerhalb von § 115 Strafprozeßordnung und § 18 des Gesetzes über das Post- und Fernmeldewesen hat kein staatliches Organ das Recht den dienstlichen oder privaten Fernsprech- bzw. Telexverkehr zu überwachen. Entgegen diesen Festlegungen erließen Sie die

   Dienstanweisung 10/62 vom 06.07.1962,
   Dienstanweisung 1/84 vom 02.01.1984

   für die Linie 26 und die

   Ordnung 5/87 vom 03.07.1987

   für die Hauptabteilung III, die die Grundlage für die rechtswidrigen Abhörpraktiken darstellten.

   Gleichfalls verstößt der Erlaß dieser Dokumente gegen § 1 Absatz 2 des Statutes des MfS vom 30.07.1969, welches die Tätigkeit des MfS an die Verfassung und die Gesetze gebunden hat.
2. Nach bisherigen Ermittlungen wurde durch die Linie 26, die Ihnen persönlich unterstellt war, ein republikweites System technischer Anlagen aufgebaut, welches aus mindestens 280 Stützpunkten zur Aufschaltung der Fernsprechteilnehmer und 29 Endstellen zur Überwachung, Aufzeichnung und Auswertung des Fernsprech- und Telexverkehrs bestand. Mit diesen Anlagen, die zum größten

Teil durch das MfS produziert bzw. entwickelt wurden, bestand die Möglichkeit der gleichzeitigen Abhörung und Aufzeichnung von insgesamt 4030 Telefongesprächen.

Die Abteilung 16 der Hauptabteilung III, die den grenzüberschreitenden Fernmeldeverkehr in das nichtsozialistische Ausland überwachte, verfügte im Gebäude der Gotlindestraße in Berlin über eine technische Anlage, mit der gleichzeitig 300 Ferngespräche überwacht werden konnten. Mit der technischen Realisierung der Überwachung von Bürgern waren republikweit ständig mindestens 1200 Mitarbeiter beschäftigt.

Die Existenz dieser kostenaufwendigen, hochmodernen Anlagen war Ihnen bekannt.

3. Mit Hilfe der genannten Technik wurden nach bisherigen Ermittlungen durch die Linie 26 seit 1980 jährlich mindestens 7500 Fernsprechanschlüsse sowie 50 Telexanschlüsse im Gebiet der DDR unbefugt abgehört und ausgewertet.

   Die Abteilung 16 der Hauptabteilung III überwachte darüber hinaus jährlich nochmals mindestens 500 Ferngespräche im grenzüberschreitenden Verkehr.

4. Neben der Fernmeldeüberwachung erfolgte allein durch die Linie 26 jährlich mindestens in 700 Fällen die verfassungswidrige akustische Überwachung geschlossener Räume in Wohnungen von Bürgern, Hotelzimmern und konspirativ genutzten Objekten des MfS mit Hilfe von akustischen Raumüberwachungsanlagen in Miniaturformat (Wanzen).

   In jährlich mindestens 50 Fällen erfolgten in derartigen Objekten auch optische Raumüberwachungen.

   Die Genehmigung derartiger Überwachungen (B- und D-Aufträge) oblag entsprechend der Dienstanweisung 1/84 Ziff. 3.1. Ihrer persönlichen Genehmigung bzw. der Genehmigung eines von Ihnen beauftragten Stellvertreters. Sie hatten somit Kenntnis!

   Gleichartige Technik wurde zusätzlich noch bis Januar 1989 durch andere Hauptabteilungen und selbständige Abteilungen wie z. B. die Hauptabteilungen III und VI eingesetzt.

5. Durch Zeugen wird belegt, daß durch persönlichen Auftrag von Ihnen u. a. die Bürger

   Rainer Eppelmann (Pfarrer)

Wolfgang Schmidt (Diskusweltrekordler)
Bärbel Bohley (Künstlerin)
Thomas Sindermann (Kriminalist)
Otto Reinhold (Gesellschaftswissenschaftler)
Ruth Rackwitz (Abt.-Ltr. ZK)
Schorlemmer
Templin
Havermann
Schalck-Golodkowski
Konrad Naumann
Herbert Häber
Seidel (Abt.-Ltr. ZK)
Manfred Uschner

den verschiedensten Arten der gesetzwidrigen Überwachung unterlagen.

6. Die dargestellte verfassungswidrige massenweise Abhörung des Fernmeldeverkehrs stellt eine Straftat der mehrfachen Anmaßung staatlicher Befugnisse gemäß § 224 Absatz 1 StGB dar.

   Die zur akustischen Überwachung eingesetzten Miniatursendeanlagen wurden nicht von der Deutschen Post genehmigt. Ihre Herstellung und das Betreiben durch das MfS erfüllen den Straftatbestand der Verletzung der Vorschriften über die Sicherheit des Funkverkehrs gemäß § 205 StGB.

   Ihnen werden die entsprechenden Beweismittel vorgelegt. Äußern Sie sich zum Vorhalt! Können Sie die hier gemachten Angaben bestätigen?

Antwort:

Vermerk: Mit Beginn der Beschuldigtenvernehmung wurde dem Beschuldigten Mielke die schriftlich fixierten Vorhalte und die Beweismittelakten, Band I und II, vorgelegt. Anschließend erfolgte eine mündliche Darstellung der Vorhalte.

Durch den Beschuldigten Mielke wurde die Erklärung abgegeben, nicht vernehmungsfähig zu sein, keine Aussage treffen zu können und er von einer persönlichen Einsichtnahme in den vorgelegten Unterlagen Abstand nimmt, es strikt ablehnt. Er beteuerte mehrfach, daß er sich nicht in der Lage fühlt, der Vernehmung zu folgen.

Mehrfach brachte er zum Ausdruck seinen Rechtsanwalt sprechen zu können.

Neugebauer
Hptm. der K

Abteilung I

08.02.1990

Str. I-151/89 S

Übergabeprotokoll

In der Strafsache gegen den Beschuldigten

Mielke, Erich
geb. am 28.12.1907

werden nachfolgend aufgeführte Waffen/Munition an die Waffenkammer des Ministeriums für Innere Angelegenheiten der DDR übergeben:
(zur Verwahrung)

I. aus Beschlagnahmeprotokoll vom 10.01.1990, Anlage 1

Position	11.	1	Pistole «Walther», Kaliber 6.35 mm, Nr. 541925, mit Magazin und 95 Patronen, Kaliber 6.35
	12.	6	fünf Packungen mit je 25 Patronen, Kaliber 7,65 mm und eine Packung mit 15 Patronen, Kaliber 7,65 mm, 140 Stück
	13.	1	Packung mit 25 Patronen, Kaliber 6,35 mm
	14.	1	Packung mit 50 Patronen, Kaliber 5,6 mm
	15.	2	eine Packung mit 50 Büchsenpatronen .22 Hornett und eine Packung mit 20 Büchsen-Patronen .22 Hornett

II. aus dem Sicherstellungsprotokoll vom 20.12.1989

Ziffer	1.1.	1	(eine) Pistole Walther, PPK, Kaliber 7,65 mm Nr. 1004357 mit 7 Patronen
Ziffer	1.2.	1	(eine) Pistole, FN, Kaliber 6,35 mm Nr. 125987 mit 23 Patronen (Browning, «Baby»)

übergeben:

Michalak
Militärstaatsanwalt

übernommen:

Ministerium des Innern
Stabskommandantur
AG Bewaffnung
Mauerstraße 34–38

Quellen

Zur Abfassung des vorliegenden Bandes standen dem Autor die Ermittlungsakten der Generalstaatsanwaltschaft der ehemaligen DDR zur Verfügung. Er dankt dafür jenen Menschen, die sich ihrer Verantwortung vor der Geschichte bewußt waren und die, wie der Autor, der Meinung sind, daß nicht unaufgeklärt bleiben darf, was der Sühne bedarf. Aus verständlichen Gründen bleiben die Helfer hier ungenannt.

Die Akten sind inzwischen dem Generalstaatsanwalt von Gesamt-Berlin ausgehändigt, der zusammen mit seinen Mitarbeitern die Anklage gegen Mielke vorbereitet.

Für die ergänzende Dokumentation sei der Friedrich-Ebert-Stiftung und dem Freund Hansjoachim Höhne, Bonn, gedankt. Wertvollen juristischen Rat erhielt der Autor von Dr. Justus R. G. Warburg und Johannes Schneider, Hamburg. Ihnen sei ebenfalls gedankt.

Literatur

Andert, Reinhold/Herzberg, Wolfgang: *Der Sturz*; Aufbau-Verlag Berlin 1990

Bauer, Leo: *Die Partei hat immer recht*; Beilage zur Wochenzeitung «Das Parlament», Juli 1956

Boveri, Margret: *Tage des Überlebens*; Piper Verlag, München 1968

Boveri, Margret: *Der Verrat im XX. Jahrhundert*, Rowohlt Verlag, Reinbek 1956

Buber-Neumann, Margarete: *Als Gefangene bei Stalin und Hitler*, Deutsche Verlags-Anstalt, Stuttgart 1958

Fricke, Karl Wilhelm: *Die DDR-Staatssicherheit*; Verlag Wissenschaft und Politik, Köln 1989

Gross, Babette: *Willi Münzenberg*; Deutsche Verlags-Anstalt Stuttgart 1968

Hanisch, Erdmann: *Geschichte Sowjetrußlands*, Herder Verlag, Freiburg 1951

Heiber, Helmut: *Die Republik von Weimar*; dtv, München 1966

Herrnstadt, Rudolf: *Das Herrnstadt-Dokument*; Rowohlt Verlag, Reinbek 1950

Hodos, Georg Hermann: *Schauprozesse*; LinksDruck, Berlin 1990

Honecker, Erich: *Aus meinem Leben*; Dietz Verlag, Berlin 1980

Janka, Walter: *Schwierigkeiten mit der Wahrheit*; Rowohlt Verlag, Reinbek 1989

Just, Gustav: *Zeuge in eigener Sache*; Luchterhand Verlag, Frankfurt a. M. 1990

Lang, Jochen von: *Die Gestapo*; Verlag Rasch und Röhring, Hamburg 1990

Lang, Jochen von: *Der Sekretär*; Deutsche Verlags-Anstalt, Stuttgart 1977

Krenz, Egon: *Wenn Mauern fallen*; Paul Neff Verlag, Wien 1990

Leonhard, Wolfgang: *Die Revolution entläßt ihre Kinder*, Verlag Kiepenheuer & Witsch, Köln, 1955

Loest, Erich: *Der Zorn des Schafes*; Linden-Verlag, Künzelsau 1990

Meinel, Reinhard/Wernicke, Thomas (Herausgeber): *Mit trotzkistischem Gruß*; Edition Babelturm, Berlin 1990

Mewis, Karl: *Im Auftrag der Partei*; Dietz Verlag Berlin 1971

Mitter, Armin/Wolle, Stefan (Herausgeber): *Ich liebe euch doch alle!* BasisDruck Berlin 1990

Naumann, Michael: *Spitzel, Stasi, Spione*; in ZEIT-Dossier 1, Wilhelm Heyne Verlag, München 1980

Orwell, George: *Mein Katalonien*; Diogenes, Zürich 1975

Ruge, Wolfgang: *Das Ende von Weimar*, Dietz Verlag, Berlin 1989

Schabowski, Günter: *Das Politbüro*; Rowohlt Verlag, Reinbek 1990

Scharrer, Manfred: *Kampflose Kapitulation*; Rowohlt Verlag, Reinbek 1984

Stiller, Werner: *Im Zentrum der Spionage*; Verlag: v. Hase & Koehler, Mainz 1986

Trotzki, Leo: *Stalins Verbrechen*; Dietz Verlag, Berlin 1990

Voßke, Heinz: *Walter Ulbricht*; Dietz Verlag, Berlin 1983

Venohr, Wolfgang: *Die roten Preußen*; Verlag Straube, Erlangen 1989

Weber, Hermann: *Weiße Flecken in der Geschichte*; ISP-Verlag, Frankfurt a. M., 1990

Wolkogonow, Dimitri: *Stalin*; Claassen Verlag, Düsseldorf 1989

Zimmermann, Hartmut: *DDR-Handbuch*; Verlag Wissenschaft und Politik, Köln 1985

Autorenkollektiv SED: *Geschichte der Sozialistischen Einheitspartei*; Dietz Verlag, Berlin 1978

Autorenkollektiv (Vorsitzender Walter Ulbricht): *Geschichte der deutschen Arbeiterbewegung*; Dietz Verlag, Berlin 1966

Autorenkollektiv (Günther Hortzschanski): *Ernst Thälmann*; Dietz Verlag, Berlin 1982

Der Staatssicherheitsdienst; Herausgegeben vom Bundesministerium für gesamtdeutsche Fragen, Bonn 1962
Der Prozeß gegen Walter Janka; Rowohlt Verlag, Reinbek 1990
SBZ von A bis Z, Herausgegeben vom Bundesministerium für gesamtdeutsche Fragen; Deutscher Bundesverlag, Bonn

Fotohinweise

1 Aus den Polizeiakten – Reproduktion: Dieter Heggemann
2a Privatfoto
2b Aus den Polizeiakten (Reproduktion: Dieter Heggemann)
3a Aus den Polizeiakten (Reproduktion: Dieter Heggemann)
3b Aus den Polizeiakten (Reproduktion: Dieter Heggemann)
4 dpa
5 ADN
6 Ullstein Bilderdienst
7 Ullstein Bilderdienst
8 Ullstein Bilderdienst
9 Manfred Köhler (Archivfoto)
10 Manfred Köhler (Archivfoto)
11 Bildarchiv Jürgens – Ost + Europa-Photo
12 Bildarchiv Jürgens – Ost + Europa-Photo
13 Bildarchiv Jürgens – Ost + Europa-Photo
14 ADN
15 ADN
16 STERN/Foto Kretz
17 Ullstein Bilderdienst/Foto: Raf G. Succo